Minerva Library〈政治学〉1

ジョンソン政権における核不拡散政策の変容と進展

新垣 拓[著]

Minerva Library
POLITICAL SCIENCE

ミネルヴァ書房

ジョンソン政権における核不拡散政策の変容と進展

目　次

序　章　ジョンソン政権と核兵器の拡散問題……………………… i
　1　拡大する核拡散問題の地平……………………………………… i
　2　問題の所在………………………………………………………… 3
　　　（1）2つの核不拡散措置と競合性の問題　3
　　　（2）分析の視角　5
　3　先行研究の検討…………………………………………………… 6
　4　本書の構成………………………………………………………… 7

第**1**章　核不拡散に向けた2つの政策アプローチ………………… 11
　1　NATO核共有制度による同盟アプローチの形成 ……………… 11
　　　（1）西ドイツ核武装問題の浮上　11
　　　（2）NATO核共有制度の創設　15
　　　（3）核不拡散政策としての性格を強めるNATO核共有制度　19
　　　（4）ケネディ政権とMLF構想の浮上　25
　2　多国間制度アプローチの起源…………………………………… 29
　　　（1）軍備管理交渉と同盟関係の影響　29
　　　（2）ケネディ政権における進展　31
　　　（3）NPT交渉と競合性の問題　33

第**2**章　暗礁に乗り上げるMLF構想 ……………………………… 49
　1　停滞するMLF構想 ……………………………………………… 49
　　　（1）ジョンソン政権とMLF構想　49
　　　（2）NATO諸国の反応　51
　2　MLF構想の方針転換 …………………………………………… 54
　　　（1）ボール委員会における見直し作業　54
　　　（2）ボール報告書　58
　　　（3）強まるバンディの疑念　61
　　　（4）ANF構想の提案　63
　　　（5）MLF構想からMLF/ANF構想へ　67

目　次

第3章　世界的な核拡散リスクの浮上………………………79

1　ジョンソン政権における多国間制度アプローチの位置付け………79
（1）停滞する軍備管理・軍縮交渉　79
（2）ACDA の働きかけ　81
（3）国務省の壁　84

2　世界的な核拡散に対する危機意識の芽生え………………86
（1）中国核実験と核能力委員会の設置　86
（2）核拡散問題に関する大統領特別委員会の設置　89

3　ギルパトリック委員会における議論………………………92
（1）多国間制度アプローチ重視論の展開　92
（2）核不拡散条約の受容度　96
（3）世界的な核拡散リスクと米国の態度　102
（4）ギルパトリック報告書　105
（5）包括的な政策プログラムの提示　108
（6）ジョンソン政権の反応　112

第4章　同盟アプローチにおける変化…………………………125

1　新たな NATO 核共有政策の模索……………………………125
（1）NSAM322 号の影響　125
（2）マクナマラによる「選抜委員会」の提案　128
（3）国防相特別委員会における協議　131

2　戦力共有方式案と政策協議方式案…………………………133
（1）MLF 構想の放棄を求めるバンディ　133
（2）集団的・戦略核戦力の創設案に固執するボール　136
（3）国務省特別検討チームの核共有案　140

3　エアハルト訪米と MLF/ANF 構想の延命……………………142
（1）「決断」を巡る政権内の議論　142
（2）ジョンソン＝エアハルト会談　145

第5章　多国間制度アプローチの一進一退 …………………… 157
1　多国間制度アプローチの静かな進展 …………………… 157
（1）NSAM335号　157
（2）ギルパトリック報告書の限定的な復活　160
2　インド核問題への対応 …………………………………… 161
（1）安全の保証問題の浮上　161
（2）アジア版核共有制度の検討　166
（3）NSAM351号の発令と包括的な政策案の作成　170
3　NPT交渉の再始動 ……………………………………… 173
（1）NPT米国草案の作成　173
（2）ソ連のNPT草案の衝撃　175
（3）NPT合意の条件に関するバンディの確信　178
（4）修正案の作成　180

第6章　同盟アプローチの完成 ……………………………… 193
1　NATO核共有政策の急展開 ……………………………… 193
（1）NATO危機の影響　193
（2）戦力共有方式の有効性　195
（3）SPECOMを巡る国務省と国防省の議論　199
（4）NSAM345号の発令　201
2　政策協議方式案の進展 …………………………………… 206
（1）SPECOMの成果　206
（2）MLF/ANF構想の事実上の凍結　211
3　政策協議方式案の制度化 ………………………………… 212
（1）NATO核計画グループの創設　212
（2）活動を開始するNPG　213
（3）焦点となる戦術核兵器の役割　215

第7章　多国間制度アプローチの大きな進展 ……………… 227
1　NPT成立に向けた取り組みの本格化 …………………… 227

（1）パストーレ決議案の可決　227
　　　（2）インド核問題の浮上と新たなNPT草案の作成　230
　2　慎重に進められる対ソ交渉……………………………………………234
　　　（1）ENDCにおける米ソ議長間交渉　234
　　　（2）国連における米ソ交渉の再開　235
　　　（3）担当レベルでの暫定合意案　238
　　　（4）ジョンソン大統領の反応　240
　　　（5）西ドイツへの配慮　242
　　　（6）暫定的な第1条案の形成　245
　3　西ドイツによる暫定案の受容……………………………………………249
　　　（1）キージンガー政権に対する暫定案の説明　249
　　　（2）公式解釈の策定問題とNPT第1条・第2条の確定　252

終　章　競合性の克服……………………………………………………269
　1　ジョンソン政権における核不拡散政策の課題…………………………269
　2　核不拡散政策を進展に導いた3つの要因………………………………270

資料一覧　275
あとがき　295
人名・事項索引　299

略語一覧

ABM（Anti-Ballistic Missile） 弾道弾迎撃ミサイル
ACDA（Arms Control and Disarmament Agency） 軍備管理・軍縮庁
ADM（Atomic Demolition Munitions） 特別原子破壊兵器
AEC（Atomic Energy Commission） （米）原子力委員会
AMF（Atlantic Missile Force） 大西洋ミサイル戦力
ANF（Atlantic Nuclear Force） 大西洋核戦力
CDU（Christian Democratic Union） （西独）キリスト教民主同盟
CIA（Central Intelligence Agency） 中央情報局
CINCEUR（Commander-in-Chief, Europe） 在欧米軍最高司令官
CSU（Christian Social Union） （西独）キリスト教社会同盟
C^2（Command and Control） 指揮・統制
DPC（Defense Planning Committee） 防衛計画委員会
ENDC（Eighteen Nation Disarmament Committee） 18ヶ国軍縮委員会
EURATOM（European Atomic Energy Community） 欧州原子力共同体
IADA（International Atomic Development Authority） 国際原子力開発機関
IAEA（International Atomic Energy Association） 国際原子力機関
ICBM（Inter-Continental Ballistic Missile） 大陸間弾道ミサイル
INR（Bureau of Intelligence and Research） （国務省）情報分析局
IRBM（Intermediate Range Ballistic Missile） 中距離弾道ミサイル
ISA（International Security Agency） 国際安全保障局
JCAE（Joint Committee on Atomic Energy） 上下両院合同原子力委員会
JCS（Joint Chiefs of Staff） 統合参謀本部
LTBT（Limited Test Ban Treaty） 部分的核実験禁止条約
MC（Military Committee） 軍事委員会
MLF（Multilateral Force） 多角的核戦力
MRBM（Medium Range Ballistic Missile） 準中距離弾道ミサイル

NAC (North Atlantic Council)	北大西洋理事会
NASA (National Aeronautics and Space Agency)	国家航空宇宙局
NATO (North Atlantic Treaty Organization)	北大西洋条約機構
NDAC (Nuclear Defense Affairs Committee)	核防衛問題委員会
NIE (National Intelligence Estimate)	国家情報評価
NNWS (Non-Nuclear Weapon State)	非核兵器国
NPG (Nuclear Planning Group)	核計画グループ
NPT (Treaty on Non-Proliferation of Nuclear Weapons)	核不拡散条約
NPWG (Nuclear Planning Working Group)	核計画作業グループ
NSAM (National Security Action Memorandum)	国家安全保障行動覚書
NSC (National Security Council)	国家安全保障会議
NWS (Nuclear Weapons State)	核兵器国
OAU (Organization of African Unity)	アフリカ統一機構
PAL (Permissive Action Link)	電子安全装置
POC (Program of Cooperation)	協力プログラム
PWG (Paris Working Group)	パリ作業グループ
QRA (Quick Reaction Alert)	緊急発進待機
SAC (Strategic Air Command)	戦略空軍司令部
SACEUR (Supreme Allied Commander Europe)	欧州連合軍最高司令官
SHAPE (Supreme Headquarters Allied Power Europe)	欧州連合軍最高司令部
SPECOM (Special Committee of Defense Ministers)	国防相特別委員会
TNDC (Ten Nation Disarmament Committee)	10ヶ国軍縮委員会
UNAEC (United Nations Atomic Energy Commission)	国連原子力委員会
USIA (United States Information Agency)	米国文化情報局
WEU (West European Union)	西欧同盟
WG ((SPECOM) Working Group)	作業グループ

序　章
ジョンソン政権と核兵器の拡散問題

1　拡大する核拡散問題の地平

　1968年7月1日，ジョンソン（Lyndon B. Johnson）大統領はホワイトハウスのイースト・ルームにおいて，55ヶ国以上の代表が見守る中，「核兵器の不拡散に関する条約（NPT）」の調印を終えた。同大統領が「核の時代が始まって以来，最も重要な国際協定」と評したNPTの成立は，核不拡散に向けてソビエト社会主義共和国連邦（以下，ソ連）と協調して取り組むワシントンの姿勢を表した画期的な出来事であった。同条約の大きな特徴は，1967年1月1日以前に核爆発装置を起爆させた「核兵器国（NWS）」の核兵器保有を認める一方，それ以外の「非核兵器国（NNWS）」による核兵器取得を禁止していることである。この「不平等性」にもかかわらず，今やその加盟国は191ヶ国（2015年6月時点）を数えるに至り，主要な国際規範の1つとして受容されている。NPTの締結は，米国の核不拡散政策という文脈においてだけでなく，現在における国際秩序の安定という点においても，ジョンソン政権が残した大きな成果である。

　米国政府がNPT締結に向けて取り組むことになった背景には，世界的な核拡散に対する懸念があった。1963年3月，ケネディ（John F. Kennedy）大統領は「1970年代，15或いは20，はたまた25もの国家が核兵器を保有しているという世界に合衆国大統領が直面している可能性がある。それは，最大の危険であり災いであると感じている」という懸念を公言していた。それから1年7ヶ月後となる1964年10月16日，中華人民共和国（以下，中国）が核爆発装置の起爆に成功したことにより，ワシントンでは，この懸念が現実味を帯びるようになった。すなわち，1950年代に原子力の民生用技術が世界的に拡大して

いたことを背景に，インドや日本，スウェーデン，イスラエル，そしてアラブ連合共和国（以下，エジプト）といった潜在的な核兵器開発能力を有する国家が，北京の行動に触発されて核武装の道を歩むのではないかという，世界的な核武装の「連鎖反応」に対する危機感が高まったのであった。但し，1964年に浮上したこの世界的な核拡散という危機は，ソ連による核保有以来，米国が初めて直面することとなった核拡散問題というわけでは決してなかった。

　1950年代以降，ワシントンが直面していた核拡散問題とは，ドイツ連邦共和国（以下，西ドイツ）による将来的な核武装への懸念という，NATOにおける核拡散問題であった。それは，具体的な兆候や根拠に基づいたものではなく，あくまで理論上の可能性にとどまる漠然とした不安であった。しかしながら，ソ連の戦略核能力の向上を背景に，安全保障上の理由から核兵器の取得を目指す可能性が同国には十分あるとみられていたのであった。さらにこの時期，英国が1952年に核実験を成功させたのに続き，フランスも核兵器開発を本格的に開始しており，同盟内での同等の政治的地位を確保するという目的から将来的に核武装を目指す可能性も懸念されていたのであった。

　米国政府にとってこの問題への対応が困難であった背景には，西ドイツが東西冷戦の最前線に位置しておりソ連の軍事的脅威に大きく晒されているという地政学的条件があった。さらに，英国やフランスの核兵器開発に対して，実質的に容認する姿勢を米国政府が示してきたことも影響していた。したがって，仮に同盟国であるボンが安全保障上の理由から核武装を目指した場合，米国政府が明確に拒否する姿勢をとることは，政治的に難しかったのであった。さらに，NATO加盟に際して合意したパリ協定において，西ドイツは同国領土内において核・生物・化学兵器を製造しないという誓約を既に交わしており，核兵器取得に向けた具体的な兆候もないという状況において，米国政府が採りうる直接的な核不拡散措置は事実上無きに等しいのであった。

　ジョンソン政権が発足した1964年においても，この西ドイツ核武装問題は未解決のままであった。その上，中国による核実験実施により，同政権は従来のNATOにおける核拡散への懸念だけでなく，新たに世界的な核拡散という問題にも直面することになった。この時期，米国の核不拡散政策は大きな局面を迎えていたのであった。

2　問題の所在

(1) 2つの核不拡散措置と競合性の問題

　このような状況において，ジョンソン政権は核不拡散に向けた2つの政策措置を追求していた。まず，西ドイツ核武装問題に対しては，在欧米軍が管理する核兵器の運用に同盟国を参画させる，というNATO核共有制度の構築を通じて，将来的な核武装の防止を目指していた。同制度は，核戦力を中核として構築されていたNATO防衛戦略の実行可能性の確保を主要な目的として，1950年代末期から主要な欧州同盟国と米国との2国間枠組みの下で運用が開始されていた。その後，西ドイツ核武装問題に対する懸念の高まりを背景に，1960年代初頭からは，次第に核不拡散政策としての性格が強まっていた。

　具体的な政策措置として検討されていたのは，ケネディ政権期に提案された，NATO指揮下にポラリス・ミサイルを搭載した洋上艦隊を創設するという「多角的核戦力（MLF）」構想であった。西ドイツも同構想の実現を支持する姿勢をみせていたことから，ジョンソン政権は，この集団的・戦略核戦力創設案の実現に向けて，引き続き取り組んでいく方針を決定した。すなわち，MLF構想を通じて，西ドイツの安全保障上の不安に応えると同時に同盟内の平等性を確保することにより，ボンが将来的に核武装の道へ進む可能性を抑えようとしたのであった。

　次に世界的な核拡散に対しては，NPTを始め包括的核実験禁止や兵器用核分裂性物質の生産停止・削減を規定した多国間条約を締結することで防止することを目指していた。このような取り組みは，1950年代後半から国際連合（以下，国連）やジュネーブに設置された18ヶ国軍縮委員会（ENDC）において進められていた。1961年12月，核不拡散を定めた国際協定の締結を求める国連決議第1665号が全会一致で採択されたことにより，核不拡散義務を定めた国際協定の締結に向けた気運が大きく高まっていた。米国政府は，1961年頃からソ連と同協定締結に関する交渉を開始しており，ジョンソン政権においてもENDCにおける対ソ交渉を主要な舞台として多国間条約の締結に向けた取り組みが継続されることになったのであった。

このようにジョンソン政権は，文脈の異なる 2 つの核拡散問題の解決に向けて，MLF 構想という NATO 核共有制度の追加的な構築と，NPT を始めとする多国間条約の締結を目指していた。ところが，同政権成立直後に，これらの政策措置の間には競合性が生じることとなった。というのも，NPT 締結の主要な交渉相手であるソ連が，MLF 構想を実質的な核拡散行為であると反発し，米国が同構想を撤回しない限り，NPT はおろか他の軍備管理・軍縮交渉についても進展は望めないという態度を示したからであった。

　ワシントンにとっては，MLF 構想と NPT は当然ながら核不拡散に向けた整合性のある政策措置であり，ソ連の主張は到底受け入れられないものであった。しかしながら，世界的な核拡散を防止するために NPT 締結を目指すのであれば，モスクワの態度は無視できない問題であった。但し，ソ連の要求に応じて MLF 構想を放棄した場合，米国政府に対する西ドイツ政府の不満・不信を高めることに繋がるのは必至であり，かえってボンを核武装へと追いやる危険もワシントンでは十分認識されていた。ジョンソン政権は，NATO 核共有制度の構築と核不拡散を規定した多国間条約の締結という，2 つの政策措置の間における競合性の問題に直面したのであった。

　核不拡散に向けたその後の取り組みの結果，ジョンソン政権期において NPT は無事締結されるに至った。その一方，MLF 構想は実現されなかった。1966 年 12 月，NATO 核防衛に関する常設の政策協議機関として，核防衛問題委員会 (NDAC) 及び核計画グループ (NPG) が設置されたものの，結局，NATO 内に集団的・戦略核戦力が創設されることはなかった。

　NPT が成立し MLF 構想が実現されなかったという，このジョンソン政権における核不拡散政策は，どのように理解されるべきであろうか。2 つの政策措置間に浮上した競合性の問題は解決されたのであろうか。もしそうであるならば，それはどのように解決されたのであろうか。或いは，競合性の問題は克服されず，政策措置の優先度を巡る二者択一の問題という構図の下で，米国政府が NPT の締結を優先的に追求することを決定した結果，ソ連の要求通り MLF 構想を断念したことを意味するのであろうか。その場合，NATO における核拡散問題はどうなったのであろうか。米国政府が 1950 年代から抱いてきた，西ドイツ核武装問題に対する懸念は解決されたのであろうか。NDAC や

NPGの創設は，モスクワとの合意に向けた妥協の産物として見出された，MLF構想の代替案であったのであろうか。

（2）分析の視角

本書の目的は，ジョンソン政権において，西ドイツ核武装問題の解決に向けたNATO核共有制度の構築という政策措置と世界的な核拡散問題の解決に向けたNPT締結という政策措置の間に生じた競合性の問題は解決されたのか，という疑問に答えることを通じて，同政権における米国の核不拡散政策の形成過程を明らかにすることである。

本書では，核不拡散政策を新たな核兵器保有国出現の防止・阻止に向けた取り組みと定義し，NPT締結を始めとする多国間条約の締結に向けた政策過程だけでなく，NATO核共有制度の構築に関する政策過程についても考察の対象とする。前者については，それらの政策措置が主に多国間の軍備管理・軍縮条約の締結を追求していたことを踏まえ，「多国間制度アプローチ」と呼ぶことにする。後者については，NATO核共有制度の改善を通じて西ドイツの安全保障を強化することで，同盟国による核武装を防止しようとしたという特徴を踏まえ，「NATO核共有制度による同盟アプローチ」（以下，同盟アプローチ）と呼ぶことにする。このような分析視角を設定することにより，ジョンソン政権における核不拡散政策の形成過程を包括的に辿ることができるだけでなく，両アプローチの相対的関係の問題——核不拡散に向けた政策措置間の競合性の問題——に対するジョンソン政権の対応についても考察することが可能となる。

考察の対象時期は，ジョンソン政権が発足した1964年からNPT第1条・第2条が確定した1967年までを中心とする。これらの条文は，NWS及びNNWSの核不拡散義務を規定しており，何が核拡散行為として禁止されるべきなのか，その文言をめぐって米ソ間で激しい意見対立がみられた。米国は，NATO核共有制度は実質的には核不拡散措置としての側面もあるため，禁止される項目に含まれるべきではないと主張した。その一方でソ連は，MLF構想のような核共有制度は，西ドイツに対して核兵器へのアクセスを許容する事実上の拡散行為であり厳格に禁止されるべきであると主張したのであった。第

1条・第2条の確定に至る過程は,政策アプローチ間の競合性の問題の推移を分析する上で,格好の考察対象なのである。

3　先行研究の検討

ジョンソン政権における米国の核不拡散政策については,1次史料を用いた優れた先行研究が多数存在する。それらの大きな特徴は,同政権における核不拡散政策としてNPT締結に向けた取り組みだけを取り上げ,米ソ交渉や米国政府内の政策過程に焦点を当てて考察していることである。それらの研究では,本書が核不拡散政策の1つとして位置付けているMLF構想を始めとするNATO核共有制度に関する取り組みについては,NPT交渉において最大の争点として取り上げられているものの,核不拡散とは異なる問題領域に属する政策という位置付けからしか論じられていない。[3]そこでは,最大の争点であったMLF構想が放棄されたことで,NPT交渉が大きく進展したという解釈が一般的である。また,米国のNATO核共有制度に関する従来の研究では,米国やNATO核戦略や防衛政策を辿る同盟内関係を焦点として分析されているものの[4],同盟国に対する核不拡散政策という側面を有していた点に注目した考察が十分になされているとはいえない。[5]

その背景には,NPTの締結が非常に画期的な出来事であったことや,それが核不拡散政策として容易に把握されやすいという点があった。さらに,NATO核共有制度が本来は軍事的要請に基づいて浮上した案であり,同盟国への核拡散を明示的に禁止する直接的な核不拡散措置ではなかったという特徴も要因として考えられる。ただし,ジョンソン政権では,同制度も同盟国に対する事実上の核不拡散措置として位置付けられていた。したがって,同政権における核不拡散政策の形成過程を解明するためには,NATO核共有制度に関する取り組みも分析対象に含める必要がある。さらに,NPTだけを核不拡散政策として位置付ける分析視角では,核不拡散に向けた2つの政策措置間に浮上した競合性の問題に同政権がどのように対応したのかという疑問に答えることができない。

本書では,同盟アプローチと多国間制度アプローチという分析視角を設定す

ることにより，従来の研究において見過ごされていた西ドイツ核武装問題及びNATO核共有制度という対応措置も含めて，ジョンソン政権における核不拡散に向けた取り組みやその政策過程を包括的に考察することが可能となる。さらに，両アプローチを相対的に考察することにより，各政策措置間に浮上した競合性の問題の帰趨という，先行研究では見逃がされていた重要な政策過程について明らかにすることができる。

4　本書の構成

　本書の構成は次のとおりである。第1章は，前史として，ジョンソン政権が成立するまでに，米国の核不拡散政策として2つの政策アプローチが形成される過程を明らかにする。そこでは，1950年代後半から西ドイツ核武装問題が主要な核拡散問題として米国政府に認識されていたこと，その対応策としてNATO核共有制度が同盟国に対する核不拡散政策として位置付けられるようになった過程を論じる。さらに，国連総会や軍縮・軍備管理交渉における核拡散問題への関心の高まりを背景に，国際条約を通じた核不拡散政策としての多国間制度アプローチが浮上する過程も考察する。第2章から第7章は，ジョンソン政権における核不拡散政策の形成過程を3つの局面に分けて，これら2つの政策アプローチの形成過程や相互関係を分析する。

　最初の局面とは，両アプローチを辿る取り組みが停滞した1964年を中心とする期間であり，第2章と第3章において考察される。第2章は，同盟アプローチの主要な政策としてケネディ政権期に浮上した多角的核戦力（MLF）構想について，当初は積極的な取り組みをみせていたジョンソン政権が，政策方針を転換させるに至る過程を明らかにする。第3章は，1964年10月に中国が核実験を実施したことを受けて，世界的な核拡散リスクがジョンソン政権において認識されるようになった過程や，この問題を検討するために設置された特別委員会において多国間制度アプローチ重視論が展開されるものの，ジョンソン政権として同盟アプローチの実現を優先させる姿勢を変えるまでには至らなかった過程を考察する。

　次なる局面は，1965年に入り，2つの政策アプローチにおいて変化が表れ

る時期であり，第4章と第5章において分析される。第4章は，MLF構想に関する政策方針の転換を受けて，新たなNATO核共有制度の代替案が，ホワイトハウスや国務省を中心に検討される過程を明らかにする。さらに，マクナマラ（Robert McNamara）国防長官のイニシアティブにより，MLF構想のような戦力共有方式案ではなく，核政策に関する政策協議を中核とした政策案がNATOにおいて実体化していく過程も論じる。第5章は，インド核問題の浮上による世界的な核拡散に対する危機感の広がりを背景に，限定的ながらも多国間制度アプローチが進展する過程を分析する。

最後の局面は，1966年から1967年にかけて，同盟アプローチの完成したことで多国間制度アプローチも大きく進展する時期であり，第6章と第7章において考察される。第6章は，MLF構想のような集団的な戦略核戦力案が事実上凍結される一方，従来の2国間での戦力共有方式とNATO核計画グループという政策協議方式というかたちで，同盟アプローチが完成するに至る過程を明らかにする。第7章は，同盟アプローチが完成されたことを背景に，膠着状態が続いていたNPT交渉が段階的な進展をみせ，NPT第1条の文言についてソ連側と暫定的な合意に至る過程や，NPT草案に関する協議が奏功し，西ドイツを始めとするNATO諸国の同意を獲得できたことで，NPTの第1条及び第2条が確定する過程を考察する。終章では，本書の設問に対する解答を提示する。

注

(1) Lyndon B. Johnson, *The Vantage Point : Perspectives of the Presidency 1963-1969*, (Holt Rinehart and Winston, 1971), p. 462 ; "Remarks by President Johnson on the Signing of the Nonproliferation Treaty, July 1, 1968", *Documents on Disarmament* [*DODA*], *1968*, pp. 458-460.

(2) "News Conference Remarks by President Kennedy on Nuclear Testing {Extract}, March 21, 1963", *DODA*, *1963*, pp. 112-113.

(3) そこでは，軍備管理・軍縮政策の考察という文脈において，核不拡散条約の成立過程に焦点を当てた研究が主流となっている。代表的な研究としては以下の研究がある。Henley H. Barnes Jr., "The Nuclear Non-proliferation Treaty : Participants, Interests and Processes in American Foreign Policy Formulation", (Ph. D

dissertation submitted to Rutgers University, 1976); Roger K. Smith, "The Origins of the Regime : Non-Proliferation, National Interest and American Decision-Making, 1943-1976", (Ph. D dissertation submitted to the faculty of the Graduate School of Georgetown University, 1990); Shane Joseph Maddock, "The Nth Country Conundrum : The American and Soviet quest for nuclear nonproliferation : 1945-1970", (Ph. D dissertation submitted to the University of Connecticut 1997). マドックの博士論文は近年出版されている。Shane J. Maddock, *Nuclear Apartheid : The Quest for American Atomic Supremacy from World War II to The Present*, (The University of North Carolina Press, 2010).

近年では，米国においてジョンソン政権に関する外交文書の公開が進んでいることを背景に，1次史料を幅広く用いた研究がなされているが，いずれもNPT交渉に焦点を当てた研究であり，NATO核共有制度を核不拡散政策の観点から考察した研究はみられない。Hal Brands, "Rethinking Nonproliferation : LBJ, the Gilpatric Committee, and U. S. National Security Policy", *Journal of Cold War Studies*, Vol. 8, No. 2, (Spring, 2006), pp. 83-113; Francis J. Gavin, "Blasts from the Past : Proliferation Lessons from the 1960s", *International Security*, Vol. 29, No. 3, (Winter, 2004/05), pp. 100-135；黒崎輝「アメリカ外交と核不拡散条約の成立（一），（二）」東北大学『法学』第65巻第5号（2001年12月）644-705頁，第65巻第6号（2002年2月）789-842頁；黒崎輝『核兵器と日米関係――アメリカの核不拡散外交と日本の選択1960-1976』（有志舎，2006年）；津崎直人「ベルリン危機における西ドイツ核武装問題と核拡散防止条約の起源（1961-1962年）（一）――核不拡散体制の起源」『法学論叢』150巻5号（2002年）95-117頁；津崎直人「ベルリン危機における西ドイツ核武装問題と核拡散防止条約の起源（1961-1962年）（二）・完――核不拡散体制の起源」『法学論叢』151巻4号（2002年）112-133頁；津崎直人「核拡散防止条約の起源（1955-1961年）（一）」『法学論叢』159巻5号（2006年8月）59-81頁；津崎直人「核拡散防止条約の起源（1955-1961年）（二・完）」『法学論叢』161巻1号（2007年4月）46-67頁。

(4) John Steinbruner, *Cybernetic Theory of Decision : New Dimensions of Political Analysis*, (Princeton University Press, 1974); David Schwartz, *NATO's Nuclear Dilemmas*, (The Brookings Institution, 1983); Thomas A. Schwartz, *Lyndon Johnson and Europe : In the Shadow of Vietnam*, (Harvard University Press, 2003); Helga Haftendorn, *NATO and the Nuclear Revolution : A Crisis of Credibility, 1966-1967*, (Oxford University Press, 1996); Catharine M. Kelleher, *Germany and the Politics of Nuclear Weapons*, (Columbia University Press, 1975); Christopher

Bluth, *Britain, Germany, and Western Nuclear Strategy*, (Oxford University Press, 1995); Jeffrey Boutwell, *The German Nuclear Dilemma*, (Cornell University Press, 1990); Paul Buteux, *The Politics of Nuclear Consultation in NATO 1965～1980*, (Cambridge University Press, 1983).

(5) この点については，米国の核不拡散政策史を概観したクローゼンの研究においても指摘されていない。Peter A. Clausen, *Nonproliferation and the National Interest : America's Responses to the Spread of Nuclear Weapons*, (HarperCollins College Publishers, 1993).

第1章
核不拡散に向けた2つの政策アプローチ

　ジョンソン政権が成立した当初，米国政府が直面していた核拡散問題とは，西ドイツによる将来的な核武装に対する懸念であった。1950年代半ばから浮上したこの問題に対して，米国政府は，NATO核共有制度を代替措置とすることで同盟内の核拡散を防止するという政策を追求するようになった。その一方で，この時期には，国連総会や軍縮・軍備管理交渉における核拡散問題への関心も高まりをみせており，米国政府も国際条約を通じて核拡散防止を目指す政策を採用するに至った。それでは，どのように西ドイツ核武装問題が浮上し，NATO核共有制度が核不拡散政策としての側面を強めるようになったのであろうか。また，国際条約といった多国間制度による核不拡散という考えはどのように形成され，具体的な政策としてどのような取り組みが行われていたのであろうか。本章では，これらの問題に焦点を当てながら，ジョンソン政権における核不拡散政策の前史として，核共有制度による同盟アプローチと多国間制度アプローチが米国の核不拡散政策として形成される過程を考察する。

1　NATO核共有制度による同盟アプローチの形成

（1）西ドイツ核武装問題の浮上
　1950年代後半，米国政府では，西ドイツが将来的に核武装を目指すのではないかという懸念が，一定の信憑性を持って次第に認識されるようになった。但し，それは具体的な根拠に基づいたものではなく，あくまで理論上の可能性にとどまる漠然とした不安であった。実際，1954年12月，西欧同盟（WEU）やNATO加盟を定めたパリ協定への署名に際して，アデナウアー（Konrad Adenauer）西独首相は，西ドイツが核兵器を始め生物兵器や化学兵器を領土内で製造しないことを宣言していたし，核兵器開発に向けた具体的取り組みがみ

られたわけでもなかった。そもそも，当時の状況からすれば，米国を始め英国，フランス，そしてソ連が，西ドイツの核武装を容認することは現実的には考えられない事態であった。そのような状況であったにもかかわらず，西ドイツによる将来的な核武装に対する懸念がワシントンで抱かれるようになり，それが容易には払拭されなかったのは，1950年代半ばからNATOを巡る安全保障環境が大きく変化しつつあったことにより，実現可能性は別にしても，西ドイツが核兵器取得を目指しても不思議ではない，それを合理的判断として米国も理解できる状況が生まれたからであった。

1950年代初頭から，NATOの防衛戦略・態勢は米国の核戦力に大きく依存するかたちで構築された。そこでは核戦力が防衛手段の中核に位置付けられる一方，その大部分を保有していたのは米国であり，有事の際には核兵器を使用するというワシントンの防衛コミットメント——拡大抑止——によって，西欧同盟諸国の安全保障は支えられることになったのであった。1953年に成立したアイゼンハワー（Dwight D. Eisenhower）政権は，同年10月に「基本的国家安全保障政策（Basic National Security Policy：NSC162/2）」を承認し，多面的で長期化するソ連の脅威に対抗するため，核戦力の「大量報復能力」を柱とする「大量報復戦略（Strategy of Massive Retaliation）」を打ち出した。後に「ニュールック戦略」と呼ばれる，この核戦力重視の安全保障政策が形成されるのと並行して，NATOでも将来的な核兵器配備を見越した防衛戦略・戦術の再検討作業が進められた。1954年11月，NATO軍事委員会の常設グループ（Standing Group）は，核兵器を含めた欧州防衛戦略のあり方を示した戦略文書「今後数年間におけるNATO軍事力の最も効果的なパターン（The Most Effective Pattern of NATO Military Strength for the News Few Years：MC48）」を承認した。MC48が採択されたことにより，ソ連側による軍事侵攻に対して即座に戦略・戦術核兵器を使用して報復攻撃を行うという，核戦力を中核とする防衛態勢の構築がNATOでも目指されることとなった。

これらの防衛戦略の特徴は，圧倒的な数的優位にあると認識されていたソ連軍との戦略ギャップを相殺する手段として，核兵器の果たす役割を重視していたことであった。実質的には，米国の保有する戦術・戦略核戦力に大きく依存した防衛態勢の構築を目指していた。但し，その重要な前提として，NATO

が核戦力バランスにおいて優位にあること,米国本土がソ連から直接攻撃を受けない「射程圏外」にあるという条件が満たされている必要があった。

1957年8月26日の大陸間弾道ミサイル(ICBM)の発射実験に続き,同年10月7日には人工衛星スプートニクの打ち上げをソ連が成功させたことにより,この前提は大きく動揺することとなった[7]。この出来事により,米国本土を直接的にしかも数十分単位という極めて短時間に攻撃できる戦略核能力を,ソ連が獲得しつつあることが明らかとなったのであった。すなわち,理論上は,欧州防衛の為にソ連軍に対して核兵器を使用することは,米国本土に対するソ連からの核攻撃を招くことになるため,従来宣言してきた核兵器の大量報復どころか,一発であっても容易に使用することができないという状況が生まれたのであった。これらの出来事を契機として,米国が西欧諸国に対して提供している拡大抑止の信憑性及び信頼性に与える影響も懸念されるようになった。実際,ドゴール(Charles de Gaulle)仏大統領は「どの米国大統領もシカゴとリヨンを交換することはしないであろう」と発言し,米国が自国民を犠牲にしてまで本当に西欧同盟諸国の防衛のために核兵器を使用するのか,という疑念を示したのであった[8]。

このように,1950年代後半,戦略核能力を始めとするソ連の軍事力が向上したことを受けて,米国の拡大抑止の信憑性・信頼性が動揺したことにより,実効性はともかく,西欧諸国において米国の核戦力に依存しない独自の核抑止力を取得する動きがみられても不思議ではない状況が生まれたのであった。ワシントンでは,核兵器が宣言通りに使用されない場合が理論的に成立するという認識がボンにおいて強まった場合,東西冷戦の最前線に位置する西ドイツが,安全保障上の要請に応える合理的な選択として,独自核の取得を目指す可能性が十分あると懸念されるようになったのである[9]。

ワシントンにおける西ドイツ核武装への懸念を強めたもう1つの変化は,1952年に核実験を成功させていた英国に続き,フランスが核兵器取得に向けた取り組みを本格化させたことであった。同国は英国同様に第2次世界大戦中から核兵器開発計画を有しており,1950年代初頭から核兵器開発を開始していた。しかしながら,米国や英国からの技術協力を得られなかったことから自力開発を進めていた[10]。1958年4月,ガイヤール(Felix Gaillard)首相は1960年

に核実験を実施することを決定し，同年7月に政権の座に返り咲いたドゴール大統領もその決定を踏襲したのであった。フランスの核兵器開発が米国政府にとって問題であったのは，それが西ドイツに与える影響であった。ワシントンでは，ボンは安全保障上の問題だけでなく，「同盟における平等性」の問題——ロンドンやパリと同等の政治的地位にあるかどうか——に敏感であるとみられていた。したがって，将来的に「2級国家」に転落することを免れるための「身分保障」として，いつか核武装の道を目指すかもしれないという不安も共有されていた。フランスによる核開発の動きは，西ドイツの核武装を触発するおそれを浮上させたのであった。その上，確信的な同盟国の核保有を阻止する上で，直接的な政策措置を講じることが事実上難しいという現実をつきつけたのであった。

　そもそも米国は同盟国の核武装に対して，歴史的な経緯を背景に，基本的に容認する姿勢を示してきた。英国の核兵器開発に対しては，第2次世界大戦中に締結された「ケベック協定（Quebec Agreement）」や「ハイドパーク覚書（Hyde Park Aid-Memoire）」により技術協力や情報共有を行うことが定められており，トルーマン政権期に同盟国も含めた諸外国との原子力協力を制限する米原子力法（The U.S. Atomic Energy Act of 1946）が制定されたことにより停滞したものの，アイゼンハワー政権では1954年に米原子力法の修正を果たしたことで，大きく進展することとなった。さらに，1957年10月の米英首脳会談においてマクミラン（Harold McMillan）英首相から核協力拡大の要請があると，アイゼンハワー政権はそれに応じて修正案を連邦議会に提出し，1958年7月に修正原子力法が制定された。この修正により，米国は核兵器設計，製造技術，核弾頭以外の部品提供，核原料・核兵器に利用可能な副産物の提供が許容されることになった。

　フランスに対しても，核兵器開発への協力支援の要請に限定的ながらも応じ，同国の核武装に反対することはしなかった。ドゴール大統領は，アイゼンハワー政権に対して，原子力潜水艦，濃縮ウラン生産，核関連施設，弾道ミサイルの誘導・推進システムなどの核兵器関連技術に関する2国間協力・支援の拡大を求めたのであった。ワシントンは，1958年米原子力法における原子力分野での「十分な進歩」を遂げているという基準を同国は満たしていないという判

断から，その要請を受けることはなかった。但し，1959年9月にドゴールと会談したアイゼンハワー大統領は，米原子力法によりフランスとの核協力が制限されている状況を問題視する発言を行い，ダレス (John F. Dulles) 国務長官も前年に原子力潜水艦開発を巡る米仏2国間協力に積極定な姿勢を示していた。[16] さらには，フランスの研究用原子炉の燃料となるプルトニウム提供に応じる等，アイゼンハワー政権はフランスとの核協力を明確に拒否する姿勢を前面に出すことはしなかった。[17] この問題に関して，アイゼンハワー自身は，同盟国を「2級国家」として扱うべきではなく，パリの核保有を容認すべきであるだけでなく積極的な開発支援を行うべきである，としてドゴール大統領に同情的であった。既に核保有国となった英国に対する核開発協力は実施可能である一方，フランスを始めとする他の同盟国に対しては同様の協力が禁止されることは，NATOの一体性維持という観点から大きな問題であり，「同盟を継続させていく上で大きな障害となっている」のであった。[18]

このように，同盟国である英国やフランスの核兵器開発に対して，英国の場合には米国の国内法の修正まで行いながら，米国政府は協力支援を行ってきたのであった。したがって，主要な同盟国であり，東西冷戦の最前線に位置する西ドイツが安全保障上の理由から核保有を目指した場合，英国やフランスの核兵器開発を事実上容認している米国には，それに公然と反対する正当な理由が見つからないのであった。ボンがそのような行動を実際に採る可能性は現実的には低かったが，可能性がゼロではないという認識が，ワシントンの不安を継続させたのであった。

（2）NATO 核共有制度の創設

西ドイツ核武装問題に直面した米国政府であったが，この懸念を解決するための具体的な政策措置がすぐに見出されたわけではなかった。西ドイツは，既に核兵器の生産・製造を行わないことを誓約しているため，より直接的な政策措置を同盟国に講じることは，政治的に難しいことであった。さらに，その懸念が将来に関することであり，その当時実際に顕在化してはいなかったことも，具体的な政策措置の検討を難しいものとしていたのであった。このような状況において米国政府は，米軍の核兵器運用に同盟国を参画させるというNATO

核共有制度を,実質的な核不拡散措置として位置付けるようになった。ただし,1950年代後半に運用が開始された同制度は,核兵器を主要な柱として構築されてきたNATO防衛戦略の実行可能性の確保という,あくまで軍事的要請に応えることを目的として生まれた政策であり,核不拡散を目指して浮上した政策ではなかった。

NATO核共有制度が検討されるようになった背景には,いくつかの要因があった。第1には,1950年代を通して核兵器の即時的使用を前提とした防衛戦略が,NATOでも策定されてきたことであった。1954年12月に北大西洋理事会(NAC)で承認されたMC48では,有事の際に即時的に核兵器が使用されることを定めていたが,1957年5月にNACで採択された「NATO領域防衛のための全般的戦略概念(Overall Strategic Concept for the Defense of the North Atlantic Treaty Organization Area: MC14/2)」も「すべての利用可能な手段により即時的かつ破壊的な核反撃を実施する能力及び敵の猛撃に耐え生存する能力を確保すべき」ことを謳っており,[19]さらに同日に採択された「戦略概念の実施手段(Measures to Implement the Strategic Concept: MC48/2)」でも,MC14/2を実施する上で「いかなる状況においても侵略者を破壊する能力やすべての必要な施設を有する十分に効果的なすべての軍種における核反撃戦力が維持・保護されなければならない」ことを定めていた。[20]

第2には,MC14/2やMC48/2というNATO防衛戦略に基づいて,在欧米軍だけでなく欧州諸国の部隊も核使用に必要な能力が構築されていたことであった。[21]当初は通常戦力の増強を期待されていた西欧同盟諸国に対しても,米国は核爆弾及び核弾頭を搭載できる航空機やミサイルといった「核兵器搭載・発射可能兵器(atomic-capable weapons)」が,米国から軍事支援プログラム(Military Assistance Program)を通じた配備が進められていた。[22]さらに,1956年頃からは,これらの同盟国部隊に対して,米国内で核兵器の使用に関する訓練も実施していた。[23]このように,1950年代半ばまでに,米国は核兵器運搬可能兵器及びその訓練を同盟国に提供することで,NATO全体で核兵器の使用が可能な戦力を構築してきたのである。しかしながら,有事の際にそれらの核兵器搭載可能兵器に米国から核兵器が確実に提供されるのかという肝心の点に関する具体的な取決めや手順についての協議は,米欧政府間で行われていなかった。[24]

第1章 核不拡散に向けた2つの政策アプローチ

　果たして，1956年12月に開催されたNACでは，西ドイツやフランス，オランダからNATO核防衛態勢においてより大きな役割を果たしたいという意見が示されたのであった。さらに，1957年5月，ボンで開催されたNACにおいてピノー（Christian P. Pineau）仏外相が，有事の際に同盟国への提供を目的とした核兵器（核爆弾・核弾頭）の備蓄をNATO内に創設すべきという考えを示した。「NATO核備蓄（NATO Atomic Stockpile）」制度の創設という要請を受けて，核兵器使用が可能な運搬手段を保有する同盟国部隊に対して，有事の際に米軍の核兵器が確実に譲渡される制度が国務省と国防省との間で検討された。

　国務省では，同制度案に積極的な意見が主流であった。欧州局は，米国と特定の同盟国間の2国間枠組みでの核共有制度ではなく，NATOという多国間枠組みという特徴を評価していた。実質的には，平時において米軍が管理し有事の際に同盟国部隊に移譲するための核兵器を備蓄するという2国間での保証を与えることになるが，そこにNATOという「風味（Flavor）」を与えることに利点があると考えていた。そうすることで，核兵器保有の意向を明らかにしたフランスの態度を変えることができるかもしれない。さらに，2国間協定では同意を得ることが難しい核兵器保管の権利を，NACを通じて比較的容易に得ることができる可能性も高まる。しかも，このような制度は当時の米原子力法の枠内で実施できることもあり，米国として不利益を被ることもない。国務省の認識では，「NATO核備蓄」と称するものの，実質的には米国と英国が核兵器をコントロールしている現状を何ら変更するものではないのであった。

　その一方国防省では，NATO核備蓄制度案に対する慎重論が主流であった。統合参謀本部（JCS）は，既に英国の爆撃部隊との間で同様の形態での運用を実施していたこともあり，政策内容自体には合意する姿勢を示していたものの，NATO核備蓄制度という名称に難色を示していた。1956年にグランサー（Alfred M. Gruenther）将軍の後任として欧州連合軍最高司令官（SACEUR）に就任したノースタッド（Lauris Norstad）将軍の意見を踏まえ，最終的にNATO核備蓄制度の創設に賛成することを決定した。

　これらの議論を経て，アイゼンハワー政権は，①米原子力法の規定に基づき核兵器の備蓄管理とコントロールは米国が保持し，②同盟国が使用する核爆弾

17

及び核弾頭の備蓄・配置についてはSACEURが立案するという内容で核備蓄制度を創設することを決定したのであった。さらに，1957年8月及び10月のスプートニク・ショックよる影響を緩和するため，ワシントンは英国配備が決定していた中距離弾道ミサイル（IRBM）についても，その配備案を他の西欧同盟諸国に対して提案することを決定したのであった。

1957年12月15日，NATO結成以来初の首脳会合となったNACにおいて，アイゼンハワー大統領はダレス国務長官と共に，NATO核備蓄制度，IRBMの欧州配備案，科学研究，教育・研修の協力プログラム，近代兵器の協同生産プログラムを米国案として提示した。その後の協議の結果，NATOは，「必要な際には，同盟防衛のために即時的に利用可能な核弾頭を備蓄する」制度の創設，さらにIRBMをSACEUR指揮下に置き，核兵器使用において米国と核兵器配備国の両者の同意を条件とする「2重鍵方式（dual-key arrangement）」に基づいて運用することを決定した。

NACで決定された核共有制度とは，米国と同盟国との2国間枠組みの制度であり，①核兵器を提供する側である米国と，②米軍及び核兵器備蓄施設を受け入れ有事の際に提供を受けた核兵器を各種の運搬手段（航空機，ミサイル及び発射装備システム）に搭載して運用する，という内容であった。NACにおける決定を受けて，米国では1958年に米原子力法が修正され，同盟国部隊の核兵器使用に関する訓練やそれに必要な情報提供を含む協力が行えるようになったことにより，実際に1959年から60年にかけて，欧州同盟国と「協力プログラム（POC）」協定が，核共有制度を受け入れる同盟国と締結された。さらに，同協定に基づいて米軍の各軍種と同盟国間で，核兵器の備蓄，警備・安全管理，コントロール及び運用に関する実務的な取決めが結ばれた。この2つの協定を軸に，戦術核兵器（核爆弾・核砲弾）及び戦域核兵器（IRBM）を対象とした2国間枠組みに基づいたNATO核共有制度の運用が開始されたのであった。この制度の下で対象となっていたのはソ連本土にはとどかない戦術核兵器が大部分であり，例外的にIRBMがイタリアとトルコに配備されることとなった。

NATO核備蓄制度における指揮・統制体制は，平時においては，米軍と被配備国部隊との間で教育・訓練が実施されると同時に，NATOの要請に基づいて在欧米軍最高司令官（USCINCEUR）の立場も兼職しているSACEURの指

揮の下で，NATO に提供用の核爆弾・弾頭などが特定の在欧米軍基地に貯蔵・管理されていた。有事の際には，NAC の決定に基づき，SACEUR が USCINCEUR としての権限に基づいて米軍の核兵器を NATO 加盟国の軍事当局に提供されるという仕組みになっていた[38]。NAC における核兵器の使用決定には米国の同意が必要であることや，SACEUR は米軍人である USCINCEUR が兼職というかたちで就いているため，米国の意思に反して核兵器が使用される可能性が極めて低い体制であった。

このように，米国は，英国の核戦力を除き，欧州に配備されていたすべての核兵器が米国の意図に反して使用されない状態を構築していたのであった[39]。NATO 核備蓄制度は，NATO という「表面的な装い」をまといつつも，実質的には米国の厳格な核兵器コントロールに基づいた核共有制度であった。

この時期には，この核共有制度が実体化される一方で，ソ連本土を射程に収める長距離弾道ミサイルを NATO の枠組みで運用する核共有案も，NATO 内で検討されていた。それは，ノースタッドを中心とする欧州連合軍最高司令部（SHAPE）が主導するかたちで浮上した提案であり，米国と同盟国の 2 国間枠組みではなく，NATO 指揮の下で米国が提供する核弾頭を搭載する準中距離弾道ミサイル（MRBM）を運用するという案であった。しかしながら，ノースタッドの希望とは異なり，第 2 世代 IRBM 開発費用の分担に関する米国政府の思惑や，NATO の枠組み外で同兵器を保有・運用することを望んでいた英国やフランスの確信的態度を背景に，1959 年末になっても同案は進展をみせていなかった[40]。

（3）核不拡散政策としての性格を強める NATO 核共有制度

NATO における核共有制度が構築されつつあった 1950 年代後半は，英国やフランスという同盟国による核開発が活発化していた時期でもあった。米英間の核協力が大きな進展を遂げていたこの時期，欧州大陸ではフランスも核開発を本格化させつつあった。このようなフランスの動きに対して，米国政府内では，米国としてどのような態度を採るべきなのかという問題についての検討が始まったばかりであった。それは「第 4 番目国問題（The Fourth Country Problem）」として米英間で話し合われていたが，同盟国という立場からそれを支援

すべきなのか，本格的な核戦力の構築を阻止すべきなのか，合意はされなかった。さらに，フランス核開発問題に関してアイゼンハワー政権の注目を集めていたのが，1958年末頃からフランスが西ドイツやイタリアと先進兵器の開発・製造についての3国間協力を進めていたことであった。

このようなフランスの動きは，NATO内の核拡散に対する懸念を米国政府内で強める要因となった。特に，この問題を憂慮していたのは，国務省の政策企画室や欧州局であった。1958年初頭，NATO核備蓄制度の創設が合意されたばかりのこの時期に，政策企画室のオーウェン (Henry Owen) は，早くも新たな核共有案を作成していた。

オーウェンの取り組みの背景には，フランスによる「自立的な核能力 (independent nuclear capability)」の取得により，西ドイツを始めとする他の同盟国も核武装の道を歩み始めるのではないかという強い懸念があった。NATOにおいて新たな核兵器保有国が現れた場合，「NATOが分裂する傾向が強まり，自立的な核兵器の数が増加するに伴い，それらが誤って使用される危険」が高まる。したがって，米国は「NATOにおいて新たな核保有国が現れることを防止」することを目的として，核共有制度を構築することが必要なのであった。オーウェンによれば，同盟国が核武装を考えるのは国家威信という理由だけでなく，米国が提供してきた拡大抑止の信頼性に対する疑念を背景に，「米国や英国が核兵器を独占していることに対する鬱積した不満がある」からであった。フランスの核開発は，まさにこのような欧州の不満の現れであると映っていた。

NATO核備蓄制度については，それがフランスの核開発を防ぐことができるのかどうかを判断するのは時期尚早であるとオーウェンは考えていた。したがって「当面の間は，現行のNATO核備蓄計画を進めることを通じて米国が核拡散に反対するという立場を明らかにすることにより，独自核開発への動きを弱めるようにすべき」と認識していた。ただし，同制度に期待される効果がみられない場合には，「欧州大陸諸国の国家威信や安全保障上の要請を満たすような，独自核の代替案を提示する」必要性を指摘していた。

オーウェンが検討していた代替案とは，米軍保有の核兵器を始め，欧州地域に配備されるすべての核兵器を，NATOの下で集団的に管理する体制を構築するという核共有案であった。すなわち，NACの下に「核兵器管理局 (Nuc-

lear Authority：NA)」を創設し，NATO核備蓄制度において米軍が管理している核兵器を，この管理局が「多角的に保管（multilateral control)」するというものであった。
(45)

　米国が，実際にこの「北大西洋理事会核管理局（NACNA）」創設案を進める場合には，欧州大陸に配備されているすべての核兵器がこの核管理局の下に置かれるということについて欧州諸国が同意することや，この管理局の創設により独自核開発プログラムを本格的に追求しないという確証を米国が得られることを条件とすべきだと論じられていた。オーウェンのNACNA創設案に対しては，フランスの核武装も含めNATOにおける核保有国の出現を防止するという目的について，欧州局の関連部署からは概ね支持する意見が示されていた。
(46)
(47)

　1960年に入ると，アイゼンハワー政権では，国務省，国防省，米原子力委員会から成る検討チームが発足し，核共有のあり方についての検討作業が行われていた。そこでは，「多角的な核共有（multilateral sharing)」についても議論が重ねられていた。この集団的な核共有制度の必要性を巡る議論の焦点は，核兵器コントロールのあり方——核兵器使用に対する拒否権の所在——に対する同盟諸国の要請にどのような方法で応えることができるのか，という問題であった。そこでは，フランスを除き，同盟諸国は概ねNATO核備蓄制度に満足しているが，西ドイツやイタリア，ベルギー，オランダは，米国の拒否権の及ばないNATOの核能力を強化するような制度の構築を，非公式ながら支持していると指摘されていた。そこで問題視されていたのは，NATO核備蓄制度では，このような同盟諸国の懸念に応えられない可能性があることであった。
(48)
(49)

　この時期，ハーター（Christian Herter）国務長官はNATOの長期的課題に関する研究を元政策企画室長だったブーイー（Robert Bowie）ハーバード大学教授に依頼した。その後，8月にその研究成果となる報告書が提出された。この報告書では，NATO防衛に関する軍事的課題に加え，経済的課題，東側陣営に対する姿勢，強固な政治的関係の構築，政策目標達成に向けた方法論など，NATOが直面する長期的課題に関する様々な課題についての政策提言が示されていた。その中でもNATO防衛における課題として，ソ連の核ミサイル能力の向上により米国の戦略核能力が提供してきた拡大抑止の信憑性が低下する傾向にあることが指摘されていた。その結果，ソ連による「核の威嚇（nuclear
(50)

blackmail）」及び欧州地域を対象とする「限定的侵攻（limited aggression）」という2つの脅威に，欧州諸国が晒される状況が生じつつあるとされた。しかし，①拡大抑止の信頼性が動揺していること，②甚大な付帯損害を招くことから戦術核兵器といえどもその使用には消極的にならざるをえないことから，現状では有効な対抗手段が事実上ないという問題があるとされた。⁽⁵¹⁾

このような状況では，軍事的側面ではソ連の軍事侵攻や危機における同盟の共同対処行動が難しいものとなるのに加え，政治的側面としては，同盟内で核拡散への圧力が高まると予測されていた。そこでブーイーが重視したのは，米国だけでなく，西欧諸国にもソ連本土を射程に収める戦略核戦力を付与することであった。それは対ソ抑止の信憑性の維持・確保という観点からも有効であるし，スプートニク以降浮上した拡大抑止の信頼性への懸念を緩和することにも繋がると考えたのであった。[52] 但し，ここで問題となるのは，そのようなNATOにおける戦略攻撃能力をどのようなかたちで実現するのかという方法論であった。

理論的には2つの選択肢が考えられた。1つは，欧州同盟国が英国のような米国の核戦力に依存しない「自立的抑止力（independent national deterrence）」を獲得するという，同盟内での核拡散を容認する方法であった。もう1つは，NATOという集団的な枠組みにおいてSACEUR指揮下に戦略核戦力を創設するという方法であった。前者は，軍事的有効性を十分備えるまで非常に多大な費用を要し，実際には限定的で確実性の乏しい抑止効果しか期待できず，現実的な選択肢ではなかった。また，フランスのように核保有を目指す同盟国に何らかの核開発協力を行うことは，良好な同盟関係の維持という観点から短期的には正当性を認めることができる一方，すべての同盟国に同様の協力を行うことは困難であることから，長期的には同盟国間に軋轢を生み，NATOの一体性を損ねることになると断じたのであった。したがって，ブーイーが推したのは後者の選択肢であり，具体的には，NATOの指揮下にポラリス原潜艦隊から構成される戦略核戦力を創設することであった。すなわち，同盟国による核武装の代替案として，核共有制度の多角化を目指したのであった。

この集団的・戦略核戦力案は，その時期米国と西欧諸国との間で交渉・合意されつつあった2国間での核共有制度と異なり，射程距離の長い戦略核兵器を

共同運用の対象として念頭に置いていた。2国間枠組みが対象としていたのは，主に核爆弾を搭載可能な戦闘攻撃機や爆撃機，核砲弾を使用可能な榴弾砲，核弾頭搭載した短距離ロケットという戦術兵器が対象であり，西ドイツ領内から東ドイツ，東欧諸国までを射程とする戦術核兵器であった。その一方，ブーイーが念頭に置いていたのはMRBMであり，モスクワを始めとするソ連本土を射程圏内におさめる戦略兵器であった[53]。したがって，形式的ながらも，有事の際にはNATOが直接ソ連本土を報復攻撃できる能力——戦略核抑止力——を獲得することで，スプートニク・ショックを契機に動揺した拡大抑止の信憑性・信頼性の回復に繋がると期待されたのであった[54]。但し，核兵器コントロールのあり方については，参加する欧州同盟国との間で協議しながら決定するとしており，実際にどのような基準や手続に基づいて核兵器の使用が決定されるのかという重要な問題については，報告書においては明示されていなかった[55]。

ブーイーは，その創設に際して2つの段階を想定していた。すなわち，同戦力創設に関する政府間交渉，装備調達，教育訓練の期間を考慮した場合，この多角的報復戦力を数年間のうちに実体化することは困難であるため，まず，米国がポラリス原潜艦隊をNATO指揮下に移してして運用を開始し，その後，他のNATO諸国から要請があった場合に，このポラリス原潜艦隊を，その所有権（ownership）も含めてNATOに移管することで，NATO戦略核戦力を創設するというものだった。同戦力の運用に関しては，①抑止の信憑性を高めるために米国の拒否権の対象としないこと，②同盟の一体性を強化するために，参加国が提供する部隊がその国の指揮下に引き揚げられないように「十分に多角的（sufficiently multinational）」である必要があり，したがって，同戦力は最低3ヶ国以上の乗員が各艦に乗船して運用するという「混合乗員運用制（mixed-manning）」を採ること，さらに，その運用コストも含めた部隊の管理全体を「多国間（multinational）」で行うことが謳われていた。

このように，ブーイー報告書で提示されたのは，同盟国が集団的に参画する多国間枠組みで核戦力部隊を運用するという，ノースタッドが以前から主張していた考え方に非常に近い内容だった[56]。しかも，この「多角的な抑止力（a multilateral deterrent）」は，より信憑性の高い抑止力であり，核武装よりもより魅力的な代替案として同盟国にも受け入れられると考えられていたのであった[57]。

ブーイー報告書を受けて，アイゼンハワー政権では核共有制度のあり方や具体的な政策案が検討された。1960年10月3日，ホワイトハウスで開かれた会議において，国務省はブーイー報告者で提言されたNATO・MRBM戦力創設案を支持する姿勢を示すようになった(58)。同会議に出席したマーチャント（Livingstone Marchant）国務次官補（政治問題担当）は，この集団的・戦略核戦力構想の目的を次のように説明した。それは第1に，欧州同盟国に対する安全を保証すること，第2に，同盟国による自立的な核武装に対する代替案となることでNATO内での核兵器拡散を防止すること，第3に，核共有に関する問題を協議する枠組みを提供すること，の3点であった。同戦力の実現に向けた手順としては，まず米国がポラリス原潜をSACEUR指揮下へ提供して暫定的な部隊として運用を開始する第1段階を経て，ポラリス原潜を欧州同盟国が費用を共同負担して調達し，常設的なMRBM潜水艦隊を創設するという，2段階方式を提示した(59)。
　アイゼンハワーは，このNATOにおける集団的な戦略核戦力構想に賛成の意を示しながら，同構想によりフランスとの考え方の違いを埋めることができるのではないかという期待を示した。同艦隊の創設により，「NATOの一体化及び結束の強化を図り，加盟諸国の士気を高める」ことに繋がるとして，NATOという集団的枠組みという側面に強く賛同したのだった(60)。
　その後，11月から12月上旬に開かれた国家安全保障会議（NSC）の協議を経て，アイゼンハワー政権はNATO・MRBM戦力構想を正式に提案することを決定した(61)。この決定に基づき，12月16日，ハーター国務長官はNATOの長期的課題に対する米国の考え方を同盟諸国に対して提案したのだった(62)。そこで示された課題とは，第1に効果的な「NATO核能力」を維持することであり，第2に通常戦力（シールド戦力）の要請を早急に満たすことであった。前者に関しては，同盟全体として最大限の抑止力を獲得するため，SACEUR指揮下にNATO・MRBM戦力を創設することを提案した。ブーイー報告書やその後の米国政府内の協議で検討されていたように，1963年までの「暫定的MRBM戦力」として米国はポラリス原潜5隻（80発のMRBM）をNATOへ「コミット（commit）」する第1段階と，その後の同盟国の要求に応じて常設部隊を構築する第2段階からなる道程表を示した。さらに，同戦力の特徴とし

て，混合乗員制，共同所有，創設・維持費用の共同負担という「多角的（multilateral）」な側面が強調され，このような枠組みがMRBM分野における共通防衛に向けた集団的基盤をもたらす最善の方法であり，同盟の結束に対しても極めて大きな政治的重要性を有すると同盟国に提案したのであった。

1950年代後半において，拡大抑止の信憑性及び信頼性が動揺したこと，英国に続きフランスが核兵器取得に向けた取り組みを本格化させたこと，対ソ抑止という観点から同盟国の核武装を阻止する正当な理由・論理を見出すことが容易ではなかったこと，という3つの要因を背景に，米国政府内では西ドイツによる核武装への懸念が次第に抱かれるようになっていった。この同盟内の核拡散問題に対して，ワシントンはNATO防衛という軍事的要請から進展した核共有制度を間接的な核不拡散措置として活用する政策案を見出すに至った。すなわち，NATO・MRBM戦力案という集団的・戦略核戦力の創設を通じて代替的に信頼性のある核抑止力を構築し集団的に運用することにより，西ドイツを始めとした同盟国による核武装の防止を目指したのであった。

（4）ケネディ政権とMLF構想の浮上

1961年に発足したケネディ（John F. Kennedy）政権は，アイゼンハワー政権末期に示されたNATO指揮下にポラリス艦隊を創設する提案に対して，慎重な姿勢を示していた。1961年5月，カナダ議会で行った演説において，ケネディ大統領は，米国として，同盟諸国が希望し実現可能であると判断した場合，「所有権及びコントロールにおいて真に多角的」である「NATO海上戦力を最終的に創設する可能性に期待を寄せている」として，NATO・MRBM案も同政権も継続して支持する姿勢を明らかにしたのであった。但し，それは同戦力の創設に関する協議は「通常戦力の増強目標を達成した後」に検討するという条件付きの承認であった。実際，ケネディ自身はこのMRBM案の実効性に懐疑的であり，マクナマラ（Robert S. McNamara）国防長官もその軍事的意義について疑念を示していた。そのような状況の中で，NATO・MRBM戦力案が継続して掲げられることになったのは，国務省の積極的な働きかけが影響したからであった。

その中心的役割を果たしていたのが，1961年11月に大統領特別補佐官補

（国家安全保障問題担当）から政策企画室（Policy Planning Council）議長に就任していたロストウ（Walt W. Rostow）や同室スタッフのオーウェン，欧州局のシャエッツェル（J. Robert Schaetzel）国務副次官補（大西洋問題担当），さらにはボール国務次官であった(64)。特に，同案を強く支持していたオーウェンにより，1962年4月，「NATO核プログラム」と題する国家安全保障行動覚書（NSAM）147号が発令され，ケネディ政権としてNATO内の集団的核戦力について本格的な検討作業が開始されることとなった(65)。これを受けて，5月にアテネで開催されたNACにおいて改めて米国から同案が示されたのであった。

米国政府内では，同年8月，国防省において混合乗員運用制を始めとしたMRBM戦力の軍事的側面に関する検討作業が，米海軍を中心に行われた。この過程において，米原子力潜水艦の父とも呼ばれるリコーバー（Hyman G. Rickover）提督から最新鋭艦で軍事機密の塊であった原子力潜水艦を多国籍で運用することに対する強い反対が示されたことを受けて，当初，ポラリス原潜を主要なプラットフォームとしていたNATO・MRBM提案はポラリス・ミサイル8基を各々搭載する25隻の洋上艦隊へと変更された(66)。

この時期になると，NATO・MRBM戦力は「多角的核戦力（MLF）」と呼ばれるようになり，国務省ではアイゼンハワー政権期に国務省政策企画室長を務めブーイーへの委託研究を直接担当したスミス（Gerald C. Smith）を国務長官特別補佐官（MLF問題担当）として迎え入れながら，欧州同盟国への働きかけを開始したのであった(67)。後に，ワシントンで「秘密結社（the cabals）」や「神学者達（the theologians）」と呼ばれるようになった彼らが，MLF構想を強く支持していた背景には，2つの大きな目的があった。第1の目的は，MLFという集団的核戦力での運用経験を通じて欧州同盟国の政治的統合を促進することであった(68)。第2の目的は，西ドイツ核武装の可能性を排除することであった。ソ連本土を射程圏内に収めるポラリス・ミサイルを搭載した原子力潜水艦隊を，英国やフランスも参加するかたちで運用するMLFは，西ドイツ核武装の可能性を抑える上で必要となる，拡大抑止の信憑性・信頼性の維持による安全の保証と同盟内の平等性という2つの条件を満たすと考えられていたのであった(69)。

国務省と国防省を中心にMLF構想の検討作業が本格化する中，1962年10月，ケネディ政権は，スミスと海軍の副作戦本部長であったリー（John M.

Lee）提督を西欧同盟諸国に派遣し，MLF構想の説明と参加を呼びかけた。しかしながら，同構想の主要なプラットフォームがポラリス原潜から洋上艦隊に変更されたことの軍事的実効性への影響，核兵器コントロールのあり方，創設費用の負担に関する懸念から，同盟諸国は慎重な姿勢を示したのであった。この結果を受けて，1962年末には，MLFに対するケネディ大統領自身の期待も低下し，同構想の実現に向けた取り組みは停滞するかにみえたのであった。しかしながら，1962年12月から翌年1月にかけて相次いで表面化した英国やフランスとの緊張関係を緩和する機能がMLF構想に期待されたことで，ケネディ政権はその実現に向けた取り組みを強化したのであった。

最初に表面化した問題は，弾道ミサイル開発を巡る英国との関係であった。1960年から米国は，自力開発を断念した英国の要請を受けて，同国が次世代の核戦力として期待されていた空中発射型弾道ミサイル・スカイボルトの開発を進めていた。しかし，ケネディ政権において実施された発射実験も失敗が続き，スカイボルト開発計画は難航していた。1962年，ケネディ政権は同開発計画の中止を決定した。ここで問題となったのは，このような重大な決定について当時のマクミラン英政権に十分な説明が行われておらず，1962年12月にカリブ海のナッソーで行われた米英首脳会談の直前に英国首相官邸の認識するところとなったことであった。英国政府は，財政負担の批判が少なくなかったにもかかわらず「自立的核抑止力（independent deterrence）」の保持を掲げており，その主要な柱として期待されていたスカイボルトは政治的にも重要な兵器プログラムであった。したがって，その開発中止というワシントンの一方的な決定は，英国の対米不信感を大きく強めることとなった。

この決定を知らされたマクミラン（Harold Macmillan）は強く抗議し，スカイボルトを代替する弾道ミサイル・システムを求めた。ケネディ大統領は，ナッソー協定を結びポラリス原潜5隻の売却に合意したのであった。但し，ケネディ政権は，売却されるポラリス原潜をNATO指揮下の多国籍（multi-national）（同協定第6条）或いは多角的（multi-lateral）（同協定第7条）戦力の構成要素とする条項を同協定に盛り込み，MLF構想と連携させる可能性を残したのであった。実際，翌年1月には，NSAM218号を発令し，ナッソー協定の実施という文脈で「多角的核戦力の創設に向けた交渉を進める」ことが承認されたので

あった。⁽⁷²⁾

　対英関係の危機は，ナッソー協定の締結により収束へと向かった。しかしながらこの協定自体が，フランスとの関係に緊張を生む要因となった。米国が最新鋭のポラリス原潜を英国のみに売却することを後から知らされたドゴール大統領は，この協定を米英の排他的な「特別関係」の現れとみなし，1963年1月，英国のEEC加盟を拒否するに至った。同月22日には，仏独通商友好条約を締結し，米国主導での秩序形成に異を唱える独自路線を大きく加速させた。ワシントンでは，パリの行動をケネディ政権が掲げていた大西洋パートナーシップ構想への大きな挑戦として捉えると同時に，対仏接近を警戒する立場からボンとの関係強化を重視する意見も国務省を中心に示されていた。

　このような状況の中，オーウェンを始めとするMLF推進派は，NATOの結束強化という観点から改めてMLF構想の意義をケネディ大統領に説いたのであった。このような働きかけが奏功し，ケネディ政権はMLFの実現に向けて再度取り組みを強めることを決定したのであった。これを受けて，国務省内にはMLF問題担当の特別国務次官補室が設けられ，マーチャント大使が同室長に就任し，スミスも上級代表として配属された他，国防省からも数名のスタッフが派遣され，同盟諸国政府に対する政策説明や交渉，米国政府内での政策調整が行われることとなった。⁽⁷³⁾

　1963年2月から5月にかけて，マーチャントを始めとするMLF担当者は英国，フランス，西ドイツ，イタリア，ベルギーなどの西欧諸国を歴訪しMLF構想への参加を改めて働きかけた。そこでは，ポラリス洋上艦隊，参加国から構成される「核執行委員会（nuclear executive committee）」により運用され，核兵器使用の決定は全会一致を採ること，他の運搬手段を含むことについては否定されないこと，同構想の前提条件として米国以外に2ヶ国以上のNATO加盟国が参加することが説明された。⁽⁷⁴⁾英国とフランスは消極的態度を示した一方で，⁽⁷⁵⁾前向きな姿勢を示したのは西ドイツ，イタリア，ギリシャ，トルコであった。⁽⁷⁶⁾

　西ドイツ政府では，シュレーダー（Gerhard Schroeder）外相，フォン・ハッセル（Kai-Uwe Von Hassel）国防相がMLF構想を支持する姿勢を示していた他，エアハルト（Ludwig Erhard）新首相も独米関係及び同盟内関係の強化という観

点から同構想を重視する姿勢を示しており，1963年4月24日，MLF構想に参加することを正式に閣議決定した。この背景には，①MLF構想に支持を表明し参加することで，フランスとの親密な関係は大西洋同盟への忠誠と両立するとボンがみなしていることを示すことができる，②MLF艦隊によって欧州の防衛と米国の防衛を繋ぐことができる上，核兵器の共同所有は核兵器使用についての共同決定（co-determination）の可能性を開くことになる，③西ドイツの犠牲のもとで米ソ間の軍備管理協定が成立することを阻止することができる，といった議論が展開されていたのであった。

1963年10月からは，MLF設立条約の策定に向けた関係諸国間の実務者協議がパリとワシントンにおいて始まった。「パリ作業グループ（Paris Working Groups）」として発足したこの協議体には，米国，英国，西ドイツをはじめ，ベルギー，イタリア，ギリシャ，トルコ，オランダの8ヶ国が参加し，各国のNATO常駐代表大使により協議が進められた。パリ作業グループには，軍事小委員会（Military Sub-Group），財務小委員会（Financial Sub-Group），法律小委員会（Legal Sub-Group），警備・安全管理小委員会（Security and Safety Sub-Group）が置かれ，各小委員会での議論をまとめた作業ペーパー（Working Paper）が定期的に開催される定期会合において検討されることとなった。

2　多国間制度アプローチの起源

（1）軍備管理交渉と同盟関係の影響

米国の核不拡散政策において，国際ルールや条約の形成を通じて核拡散を防止するという多国間制度アプローチは，国連やジュネーブを舞台とする軍縮・軍備管理交渉（以下，軍備管理交渉）の中で形成されてきた。これにより，同アプローチの進展にはソ連との合意が必要条件となったため，東西冷戦を背景として，構造的な制約要因が生じることとなった。ソ連との交渉や合意は，NATO弱体化などソ連側の別の意図のために利用される場合や実際には履行されない場合により，結果的に米国自身の利益が損なわれる可能性があった。さらに，軍備管理交渉は欧州地域の安全保障にかかわる問題が提起される場となっており，米国は西欧同盟国の代理人としての役割も担うことになった。し

かも，米国の場合，同盟国は複数存在することから，米国を含めた西側の立場を調整し，その下で統一的な政策方針を見出すことは容易ではなかった。多国間制度アプローチを追求することは，米国，同盟国，ソ連との三角関係の中で，同盟諸国に対する安全の提供と同盟の維持，ソ連との協調による軍備管理問題に関する利益の確保という2つの関数から構成される連立方程式を解くことであった。

1946年6月14日，トルーマン（Harry S. Truman）政権は第1回国連原子力委員会（UNAEC）において，原子力の国際管理案を提示した。この提案を示したバルーク（Barnard Baruch）米国代表に因んで「バルーク案」と通称されることとなった同案では，国際原子力開発機関（IADA）を創設し，実質的に米国以外の国家による原子力開発を国際管理下に置くこと，将来的に米国も含めて核兵器の製造や保有を禁止すること，核兵器や核物質を違反して所有・使用した国家には制裁措置が課されることが提案された。ソ連は，このバルーク案が国連安保理国の拒否権を認めないことや，米国の核独占状態を事実上固定するものであるとして強く反発した。結局，同年12月30日のUNAECの投票でソ連はポーランドと共に棄権したため，全会一致制をとるUNAECにおいて同案は採択されなかった。その後も原子力開発の国際管理を巡る交渉は，ソ連側からの提案が示されたが，進展することはなかった。

アイゼンハワー政権における軍備管理交渉は，1954年4月に国連軍縮委員会の下に設置された5ヶ国小委員会を主な舞台として行われた。この時期，核不拡散に関する議題として取り上げられることになったのは，核実験の制限・停止に向けた条約交渉であった。1955年5月，西ドイツ核問題に対する懸念を強めたソ連が提案したことが契機となり，核兵器開発に必須である核実験を禁止することやその原料となる核分裂性物質の生産を制限・停止することで，新たな核保有国の出現を防止するという間接的な核拡散防止策が主要な議題となったのであった。

ただし，1950年代を通じて核実験禁止条約を巡る協定は難航した。その上，核保有国による拡散行為や非核保有国による核兵器取得を禁止する協定については，米ソ間で本格的に協議されることはなかった。その背景には，いくつかの要因があった。第1には，アイゼンハワー政権が，軍備管理交渉の進展の前

提として，ドイツ再統一問題などの東西間の政治問題の解決がなされるべきという連関政策を採用したことであった(83)。これにより，軍備管理交渉は東西関係の事実上の「従属変数」となり，軍備管理に関する問題自体の合意を目指すというよりは，東西両陣営の政治宣伝の恰好の舞台として，心理戦の主戦場となったのであった。第2には，国防省や原子力委員会（AEC）を始めとして，米国自身の核開発の制限につながる核実験の制限・停止に対する根強い反対意見が存在していたことであった(84)。第3には，アイゼンハワー政権では，フランスの核開発や西ドイツの将来的な核武装懸念に対しては，同盟アプローチが追求されていたことであった。

このような状況の中，スタッセン（Harold E. Stassen）大統領特別補佐官（軍縮問題担当）やダレス国務長官の主導により，1956年以降，アイゼンハワー政権は軍備管理政策の方針を徐々に転換させていった。スタッセンやダレスは，核兵器拡散は米国の安全保障への脅威であるという認識の下，その解決のためにはソ連と軍備管理協定を結んで，新たな核開発計画を妨げなければならないと主張したのであった(85)。1956年5月には，5ヶ国小委員会において連関政策を緩和させ，ドイツ再統一問題の協議とは切り離して，特定の問題について限定的な軍備管理交渉を進めることが共通方針として合意された(86)。1958年10月から，米英ソの3国間で核実験禁止条約を巡る交渉が開始されるに至った。しかしながら，具体的な進展がみられることはなく，同交渉はケネディ政権まで持ち越されることとなった。

（2）ケネディ政権における進展

ケネディ政権が成立すると，大統領自身の問題意識を背景に，多国間制度アプローチは一定の進展をみせた。第1には，軍備管理交渉に関する米国内外の制度が整備されたことであった。1961年9月26日，軍備管理・軍縮政策の推進を担当する政府機関として，軍備管理・軍縮庁（ACDA）が国務省内に創設され，初代長官にフォスター（William C. Foster）が就任した(87)。ACDAは，政策問題に関する調査研究の実施，大統領や国務長官を始めとする関係省庁の長，連邦議会に対する政策の助言・説明，国際交渉の準備と管理，政策に関する情報発信や広報活動を行うことが主な機能として定められていた(88)。

ACDA の創設により，専門性の高い技術的知見に基づいて，軍備管理・軍縮政策を統一的に進めることが可能となったのであった。ただし，軍備管理・軍縮政策は，米国だけでなく同盟国の安全保障に関わる問題についてソ連との合意を目指すという構図で形成される。そのため，ホワイトハウスや国務省，国防省の意向を踏まえた政策調整をする必要があることから，政治的に機微な問題を扱うことも少なくなく，この政策過程における ACDA の影響力は限定的であった。[89]

　第2にケネディ政権では，軍備管理・軍縮政策に関する省庁間の協議制度として1958年に設置された長官委員会（Committee of Principals）も改組された。[90] 同委員会は，委員長を務める国務長官の他，国防長官，CIA長官，米国文化情報局（USIA）長官，原子力委員会（AEC）委員長，JCS議長，大統領特別補佐官（科学技術担当）から構成されていた。通常は，ACDA が立案した政策案が長官委員会に提出され，そこでの討議を踏まえた調整案が最終的な意思決定のために大統領に提示されるという手順がとられていた。[91] 国際的な交渉枠組みも次第に整備された。1962年3月には，国連外の交渉枠組みとして1960年に創設されていた10ヶ国軍縮委員会（TNDC）[92] が，非同盟諸国8ヶ国を加えて18ヶ国軍縮委員会（ENDC）に拡大された。[93]

　第3にはケネディ政権では，核実験禁止を巡る対ソ交渉が，部分的核実験禁止条約（LTBT）の成立というかたちで進展した。ただし，TNDC で進められていた同交渉は，査察問題を巡る米ソ間の意見対立を背景に空転しており，1961年からソ連が大規模な核実験を再開したことから難航していた。ケネディ政権は，大気圏，宇宙空間，水中，地下のすべてにおいて核実験の禁止する包括的な条約の締結を目指していたが，1962年6月から地下核実験を許容する部分的な核実験禁止条約の妥結を短期的な目標として追求することに方針を転換させた。[94] 1963年7月，モスクワ交渉においてソ連側も米国の提案を受け容れ，8月5日，米国，英国，ソ連の3ヶ国は LTBT に調印した。

　さらに，核拡散問題に対する国際的な関心が高まったことも，ケネディ政権における進展であった。1961年12月4日，アイルランドが1950年代後半から継続的に提案していた核不拡散に向けた国連決議案が，核不拡散を定めた国際協定の締結及び核保有国及び非核保有国を含めた加盟国に核不拡散を求める

内容の国連決議第 1665 号（以下，アイルランド決議）が，全会一致で採択された[95]。アイルランド決議は，一般的な核不拡散協定の締結をすべての国家に求める内容となっており，核保有国と非核保有国のそれぞれに核不拡散義務を規定するという内容は，その後の NPT 交渉における条文の基本原則となった。

（3）NPT 交渉と競合性の問題

核拡散問題に対するケネディ政権の政策は，当初，核実験禁止問題と同様に，第 2 次ベルリン危機をめぐる対ソ交渉の文脈において検討されていた。すなわち，対ソ交渉を米国にとって有利に進めるためのカードとして，両ドイツにおける核兵器の制限・禁止を利用するという認識を有していたのであった[96]。その後，米国政府内で中国の核開発問題への懸念が強まってきたことを背景に，1962 年 6 月末からベルリン問題に関する交渉方針の転換が検討された[97]。8 月 8 日，ラスク国務長官はドブルイニン（Anatoli F. Dobrynin）駐米ソ連大使と会談し，核不拡散問題をベルリン問題とは切り離し，欧州以外の地域も含めた一般的な核拡散防止協定の可能性について交渉することをソ連側に提案したのであった[98]。

8 月 23 日，ラスクと会談したドブルイニン大使は，核拡散防止協定に関してソ連側が求める基本原則を示した[99]。第 1 の原則は，核兵器保有国の義務として，非核保有国に対して核兵器及びその製造に必要な技術情報を「移譲（transfer）」しないこと，第 2 には，非核保有国の義務として，核兵器を製造しない又は他の諸国から核兵器及びその製造に必要な技術情報を取得しないこと，というものであった。さらに，「軍事同盟を通じた非核保有国への核兵器の移譲も排除されなければならない」として NATO 核共有制度を牽制する原則も示された。

ケネディ政権では，モスクワの姿勢における変化の現れとしてこのような動きは好意的に受け取られていた。ただし，核不拡散協定を検討した国務省内の関係局の見解では，フランスや西ドイツ，中国が同協定に参加する可能性は極めて低いことから，米国やソ連，英国，その他参加する可能性の高い国々が，個別に核不拡散の意図を宣言するかたちを目指すべきであるとされた。さらに，同協定交渉の進め方について，英国，フランス，西ドイツとの協議を進めるこ

とも決定された。

　これを踏まえ，8月31日，国務省内で核兵器の「不移譲宣言（Non-Transfer Declaration）」案が作成された。この宣言草案は3つの義務規定から構成されていた。第1には，フランス，英国，米国，ソ連の4ヶ国は「核兵器を直接又は軍事同盟を通じて間接的に，現在核兵器を保有していない国家のコントロール下に移譲しないこと，及び他の諸国がそのような兵器を製造することを支援しない」ことを宣言する。第2には，それ以外の締約国は「核兵器を製造しないこと，核兵器のコントロールを直接又は軍事同盟を通じて間接的に取得しないこと，そのような兵器の製造における他の諸国からの支援を要求しない又は受けないこと」を宣言するという内容であった。

　同盟国との協議は1962年11月までに行われ，英国は全面的に好意的であり，フランスは西ドイツが核拡散防止協定を受容するのであれば賛成するという立場をみせていた。さらに西ドイツは，中国がそのような協定に参加するのであれば受け入れるという姿勢を示していた。これを踏まえて，11月21日，ラスク国務長官は，同協定の可能性について改めてソ連側に働きかけることをケネディ大統領に提言した。ここでの目的は，第1に，「中国を含む東側陣営が同協定に加盟するとソ連が発言できる立場にあるかどうかを見極めること」であり，第2には「ソ連に対して核兵器の移譲禁止という義務について米国側の文言を正確に伝えること」であるとされた。ケネディ政権は，ソ連の圧力により中国を同協定に将来的に加盟させ，間近に迫っている中国の核武装を防止することを期待していたのであった。

　1963年4月12日，ラスクはドブルイニン大使に対して，前年8月に作成されていた米ソ英仏の4ヶ国による核兵器の不移譲宣言案とその解釈を示した長官委員会の議事録を提示した。米国側の説明では，核保有国の義務規定は，「現在核兵器を保有していない国家に軍事同盟を通じた核兵器の移譲を排除すべきである」という，8月23日にソ連側から提示された3番目の原則も反映されたものであった。ケネディ政権が提示した解釈によれば，この宣言では，NATOやWTOにおいて非核保有国部隊のコントロール下に核兵器を配備することは禁止され，「米国もソ連も各々が核兵器のコントロールを保持し，非核保有国のメンバーが単独で配備又は使用されないようにすること」が義務と

第1章 核不拡散に向けた2つの政策アプローチ

して課されるとされた。ただし，この宣言では「米国又はソ連が多国間防衛戦力（a multinational defense force）の部隊の管理下に核兵器を保管することを禁止しない」とされ，MLF 構想のような集団的核戦力の創設や，核兵器の配備や使用に関する多国間協議・手続きに米ソ両国がそれぞれ参加することは禁止されないという立場が示されていた。

この提案に対してソ連側は，核拡散の防止という原則については賛成の立場をとる一方，米国が提示した不移譲宣言案やその解釈には同意できないという姿勢を示した。1963 年 5 月 9 日付で作成された覚書（Aid-Memoire）において，米国の提案した内容では「核拡散の制限という問題を解決することはできない」と断じた。それどころか，米国の提案は核不拡散とは全く逆の結果につながると批判したのであった。ソ連が懸念していたのは，軍事同盟を通じた間接的な核拡散のリスクであり，具体的には MLF 構想を通じて「核兵器が西ドイツの報復主義者や軍国主義者達の手中に落ちる」事態であった。

その背景には，MLF 構想において，核兵器使用の意思決定プロセスに米国以外の NATO 同盟国も加わる可能性が検討されていたことがあった。ソ連からすれば，西ドイツは財政的な貢献を通じて，核兵器の使用決定に関する権限や影響力の増大を目指すことは必至であった。NATO 核戦力のコントロールを取得するために，西ドイツの「軍国主義者達は，いかなる代償も喜んで払うであろう」と警戒感を露わにしていた。ケネディ政権は，厳格な核兵器コントロール体制の構築を目指して取り組んでおり，1962 年 6 月には，NATO 指揮下に置かれるすべての核兵器（核爆弾，核弾頭）に電子安全装置（PAL）の装着を指示した NSAM160 号を発令していた。しかしながら，ソ連はそのような「特別な鍵」であっても，西ドイツの「報復主義者や軍国主義者達の軍事的冒険に対する効果的な保障とはならない」と真っ向から否定していたのであった。

ソ連の認識では，米国が提案した不移譲宣言は，MLF 構想を通じて西ドイツが「核兵器へのアクセス」を取得する事態を許容するという「抜け穴（loophole）」が残されている点が問題であった。米国は，同構想が核不拡散を強化すると「強弁」しており，核不拡散原則と全く「矛盾しないかのごとく描こうとしている」が，モスクワにとって MLF 構想は，まさにボンに対する事実上の核拡散行為なのであった。ソ連は，このような認識を背景に米国提案を

35

拒否する姿勢を示した。その一方,核兵器の「さらなる拡散に対する真の壁を構築するような協定に関心を有している」として,1963年8月23日に提示した原則を前提に,核拡散防止に向けた協定交渉を行う用意があることを伝えた。(14) しかしながら,ケネディ政権はMLF構想を同盟アプローチの中核として位置付けており,NPT交渉が具体化することはなかった。

ジョンソン政権以前の米国の核不拡散政策は,NATO核共有制度による同盟アプローチを主要な政策手段として追求していた。その一方,多国間制度アプローチは,同盟アプローチと抵触しない範囲で追求されることとなった。その結果,LTBTの成立というかたちで間接的な核拡散の防止については一定の進展がみられたものの,MLF構想の禁止やNATO核共有制度の制限を求めるソ連の主張をまえに,核不拡散義務を直接規定するNPT交渉は行き詰まりをみせていた。

注

(1) Catherine M. Kelleher, Germany & The Politics of Nuclear Weapons, (Columbia University Press, 1975), pp. 9-32 ; Beatrice Heuser, NATO, Britain, France and the FRG : Nuclear Strategies and Forces for Europe, 1949-2000, (St. Martin's Press, 1997), p. 124.

(2) Marc Trachtenberg, "Chapter Four : The Making of the NATO System", *A Constructed Peace : The Making of the European Settlement 1945-1963*, (Princeton University Press, 1999), pp. 95-145.

(3) Reports to the National Security Council by the Executive Secretary "Note by the Executive Secretary to the National Security Council on Basic National Security Policy" (October 30, 1953), *Foreign Relations of the United States* [FRUS], 1952-1954, Volume 2, Part 1, pp. 577-597. アイゼンハワー政権が,安全保障政策において核戦力を中心とした報復攻撃能力の維持を重視したのは,それが国防費の削減に繋がると考えられたからだった。膨大な国防費による財政負担を軽減すべく,通常戦力と同等の破壊力を「より安く」得られる核戦力を中心とした安全保障政策の形成に至ったのだった。この政策は,1954年1月,ダレス (John F. Dulles) 国務長官から発表され,米国はソ連の軍事的な脅威に対抗する上で,地域的な防衛力ではなく「大量報復能力 (massive retaliatory power)」の強化を目指すことが「負担可能なコストで最大限の抑止 (a maximum deterrent at a bearable cost)」

の達成に繋がると説明された。Address by Secretary John Foster Dulles "The Evolution of Foreign Policy" in Philip Bobbitt, Lawrence Freedman, and Gregory F. Treverton, eds., *US Nuclear Strategy : A Reader*, (MacMillan, 1989), pp. 122-130 ; 松岡完「ダレス外交と欧州防衛共同体――米国主導の欧州統合をめざして」『筑波法政』第9号（1986年3月）266頁, 佐々木卓也『アイゼンハワー政権の封じ込め政策――ソ連の脅威, ミサイル・ギャップ論争と東西交流』（有斐閣, 2008年）12-18頁。

(4) "Decision on M. C. 48 : A Report by the Military Committee to the North Atlantic Council on the Most Effective Pattern of NATO Military Strength for the Next Few Years", (November 22, 1954), in Gregory W. Pedlow, ed., *NATO Strategy Documents 1949-1969*, pp. 229-250, [http://www.nato.int/docu/stratdoc/eng/a541122a.pdf].

(5) Pedlow, ed., *NATO Strategy Documents 1949-1969*, pp. XVI-XVII [http://www.nato.int/archives/strategy/eng/intro.pdf, accessed on September 27, 2009] ; Shaun R. Gregory, *Nuclear Command and Control in NATO : Nuclear Weapons Operations and the Strategy of Flexible Response*, (St. Marting's Press, 1966), p. 17 ; John S. Duffield, *Power Rules : The Evolution of NATO's Conventional Force Posture*, (Stanford University Press, 1995), pp. 82-85.

(6) 当時, NATO防衛には通常戦力が主要な要素として位置付けられており, 1952年のリスボン合意において96師団まで増強することが目標とされた。しかし, 戦後復興の途上にある欧州同盟国の厳しい経済状況を背景に, この目標達成に向けた取り組みは進展していなかった。特に, 英国では, 核戦力を防衛の中核に据えることによって財政負担の軽減を図るというニュールック政策の先駆けともいえる政策方針が検討されていた。Duffield, *Power Rules*, pp. 77-78 ; Andrew J. Pierre, *Nuclear Politics : The British Experience with an Independent Strategic Force 1939-1970*, (Oxford University Press, 1972), pp. 86-87.

(7) この出来事は「スプートニク・ショック」として, 単に科学技術力の分野だけでなく政治的・社会的にもソ連に対する米国の自信を大きく揺るがす程の心理的影響を与えた。David N. Schwartz, *NATO's Nuclear Dilemmas*, (The Brookings Institution, 1983), pp. 59-61; 佐々木『アイゼンハワー政権の封じ込め政策』89-100頁, 倉科一希『アイゼンハワー政権と西ドイツ――同盟政策としての東西軍備管理交渉』（ミネルヴァ書房, 2008年）83-85頁。

(8) J. Michael Legge, *Theater Nuclear Weapons and the NATO Strategy of Flexible Response*, (Rand Corp, 1983), p. 3

(9) トラクテンバーグの研究では,アデナウアー首相自身が西ドイツは核抑止力を保有すべきという認識を有しており,米国の拡大抑止の信頼性に対する疑念を示すことで同国の核保有を正当化しようとしていたと論じている。Trachtenberg, *A Constructed Peace*, pp. 232-235.

(10) Wilfrid L. Kohl, *French Nuclear Diplomacy*, (Princeton University Press, 1971), pp. 15-19.

(11) Heuser, *NATO, Britain, France and the FRG*, pp. 93-95.

(12) 1943年8月19日に合意された同協定の正式名称は「チューブ・アロイズ〔原子爆弾開発〕に関する米国および英国当局間の協力についての協定条項（Articles of Agreement Governing Collaboration Between The Authorities of the U. S. A. and the U. K. in the Matter of Tube Alloys）」であり,カナダも含めた核兵器（当時は原子爆弾）開発に関する技術協力及び情報共有を定めていた。

(13) 1948年,英国及びカナダによる核兵器の原料であるウラン供給に応じた限定的な核兵器開発支援を定めた「暫定協定（Modus Vivendi）」が米英間で締結されたが,そこで許容されたのは,核爆発の影響に関するデータ程度であり,核開発にとって重要な情報の提供は禁止されていた。Pierre, *Nuclear Politics*, pp. 112-120, 127-135 ; Heuser, *NATO, Britain, France and the FRG*, p. 63.

(14) 同法の制定の翌日となる1958年7月3日,米英間で「相互防衛目的に向けた原子力使用に関する協力協定（Agreement for Cooperation on the Uses of Atomic Energy for Mutual Defense Purposes）」が結ばれた。Pierre, *Nuclear Politics*, pp. 136-144 ; Kohl, *French Nuclear Diplomacy*, pp. 50-52.

(15) さらなる特徴としては,核開発協力の基準として核兵器開発分野において「十分な進歩（substantial progress）」を遂げた国家とそれ以外の国家を区別している点にあった。但し,実質的にこの要件を満たしていたのは英国だけであり,この修正法は同国の核開発協力を可能とすることを目指したものであった。この点は政府内で共有されていた認識であり,他の同盟国との協力については,訓練,計画立案,潜在的敵対国家の能力評価,運搬手段への核兵器装着,に関する情報の提供,核兵器部分以外の部品提供を超えない範囲で実施することが了解されていた。Memo from Farley to the Acting Secretary, "Nuclear Military Sharing with Allies", (August 24, 1960), TOP SECRET, *Increased Sharing with Allies*, Box 11, National Security Council Meeting Files and Policy Reports, NARA.

(16) 山本健太郎『ドゴールの核政策と同盟戦略――同盟と自立の狭間で』（関西学院大学出版会,2012年）44-45頁。

(17) 1959年に動力用試作型原子炉の原料となるプルトニウム440kgを提供する協定

が締結された。Memo from Farley to the Acting Secretary "Nuclear Military Sharing with Allies", (August 24, 1960).

⒅ 実際、アイゼンハワーはそのような核開発協力を禁止する米原子力法（1958年）、同法の厳格な適用を求める上下両院合同原子力委員会（JACE）の態度に対して、非常に批判的であった。国防省が8月までに検討していたように、フランスへの核開発協力を拡大させるべく実現可能であれば、原子力法修正法案を連邦議会に提出するつもりでいた。Memo of Conference with the President (September 13, 1960), TOP SECRET, No. 00676, *U. S. Nuclear Policy*, National Security Archives [NSA].

⒆ "Final Decision on MC 14/2: A Report by the Military Committee on Overall Strategic Concept for the Defense of the North Atlantic Treaty Organization Area", (May 23, 1957), in Gregory W. Pedlow, ed., *NATO Strategy Documents 1949-1969*, pp. 277-314, [http://www.nato.int/docu/stratdoc/eng/a570523a.pdf].

⒇ "Final Decision on MC48/2: Measures to Implement the Strategic Concept", (May 23, 1957), in Gregory W. Pedlow, ed., *NATO Strategy Documents 1949-1969*, pp. 315-332, [http://www.nato.int/docu/stratdoc/eng/a570523b.pdf].

(21) 在欧米軍に対する戦術核兵器（核砲弾、発射／運搬手段）の配備は、1953年の280mmカノン砲を皮切りに、翌年にはコーポラル（Corporal）地対地ミサイル大隊（6個）及びオネスト・ジョン（Honest John）地対地ロケット大隊（3個）、1955年にはマタドール（Matador）巡航ミサイル大隊（3個）が配備されていた。1957年の時点では、これらに加え、ナイキ（Nike）地対空ミサイル（6個大隊）、戦術爆撃機（40中隊）が配備されていた。Memorandum from Elbrick to the Secretary "NATO Atomic Stockpile", (September 3, 1957), SECRET, NH 01059, *U. S. Nuclear History: Nuclear Arms and Politics in the Missile Age, 1955-1968* [*USNH*], NSA.

(22) 1956年と1957年の両会計年度の軍事支援プログラムにおいて、欧州同盟国に対して3億ドル相当の核兵器搭載可能兵器が計画されていた。さらに、西ドイツと英国を柱としたNATO同盟国に対して、2.8億ドル分（オネスト・ジョン、ナイキ・ミサイル、マタドール巡航ミサイル、コーポラル、さらには攻撃爆撃機が核爆弾を搭載できるようにするための転換装置（conversion kit）が含まれる）が売却される予定であった。Memorandum from Elbrick to the Secretary "NATO Atomic Stockpile", (September 3, 1957).

(23) 1956年12月及び1957年3月のNACにおいて米国は、特定のNATO同盟国部隊の核兵器の「運搬技術に関する訓練（training in techniques of delivery of atomic weapons）」を含む「核兵器の使用に関する訓練（training in employment of these

weapons)」を提供すると発表した。その後, 1959年までに合計2200名ものNATO諸国の隊員が米国内の「先進兵器訓練センター (Advanced Weapon Training Center)」において訓練を受けることになった。当初の訓練はナイキ・ハーキュリーズ (NIKE-Hercules) 地対空／地対地ミサイルを対象としていたが, それ以外にはマタドール (Matador) 地対地巡航ミサイル, F-84, F-100 戦闘爆撃機の訓練も予定されていた。Memorandum from Elbrick to the Secretary "NATO Atomic Stockpile", (September 3, 1957).

(24) Memorandum to the Secretary from Elbrick, "NATO Atomic Stockpile", (September 3, 1957). 実際, MC48/2 においても「軍事衝突が発生した際に核兵器の入手可能性を確保するよう効果的な実施手順が策定されなければならない (Effective implementation procedures must be provided that will ensure the availability of nuclear weapons at the outset of hostilities)」と謳われていた。"Final Decision on MC48/2: Measures to Implement the Strategic Concept", (May 23, 1957), p. 323.

(25) Ibid, pp. 142-143.

(26) Memo from Elbrick to the Secretary "NATO Atomic Stockpile", (September 3, 1957).

(27) Memorandum from Elbrick and Smith to the Secretary "NATO Atomic Stockpile", (July 1, 1957), SECRET, NH01057, *USNH*, NSA.

(28) その前提には, フランスが核武装を目指す背景には, 有事の際に米国から核兵器を実際に移譲されるのかという疑念が大きな要因の1つとなっている, という認識があった。Ibid.

(29) Memo from Elbrick to the Secretary "NATO Atomic Stockpile", (October 14, 1957), NH01061, *USNH*, NSA ; Memo from Elbrick to the Secretary "NATO Atomic Stockpile", (October 18, 1957), NH 01064, *USNH*, NSA. 名称について JCS は, 「NATO 地域の共同防衛に向けた米軍核兵器の提供手続」という代替案を推していた。Memorandum from Elbrick to the Secretary, (October 23, 1957), CONFIDENCE, NH01064, *USNH*, NSA.

(30) ノースタッドは, ①核兵器運搬能力を有する同盟国の部隊を適切に分散して配置すること, ②有事の際に分散配置された各部隊に確実に核弾頭が提供されることが, それら部隊が機能する上で前提となることを指摘し, 米国としては在欧米軍のみならず, 今や同様の能力を有する同盟国部隊のために, 適切な数量・種類の核弾頭を備蓄するべきという意見を示していた。Memo to the Secretary from Elbrick, "NATO Atomic Stockpile", (October 14, 1957).

(31) Ibid.

(32) ダレスは原子力潜水艦の共同生産についても言及していた。Philip Nash, *The Other Missiles of October : Eisenhower, Kennedy, and the Jupiters, 1957-1963*, (The University of North Carolina Press, 1997), p. 22.

(33) 装備に関しては，IRBM を含む研究開発・生産分野での NATO 内協力の促進に向けた措置を検討することが決定された。North Atlantic Council, *Final Communiqué*, (December 19, 1957), [http://www.nato.int/cps/en/natolive/official_texts_17551.htm]; Schwartz, *NATO's Nuclear Dilemmas*, pp. 63-66.

(34) Gregory, *Nuclear Command and Control in NATO*, pp. 19-21.

(35) 核使用に関する部隊訓練・作戦計画立案に関する協定は，オーストラリア（1957年），カナダ（1959年），西ドイツ（1959年），オランダ（1959年），ギリシャ（1959年），トルコ（1959年），イタリア（1960年），ベルギー（1960年）と締結されていた。また，核兵器備蓄に関する取決めは，1960 年 8 月の時点で次の諸国と結ばれていた：西ドイツ，オランダ，ギリシャ，トルコ，英国。また，カナダ，フランス，イタリアとは同取決めの交渉段階にあった。Memo from Farley to the Acting Secretary "Nuclear Military Sharing with Allies", (August 24, 1960), TOP SECRET, *Increased Sharing with Allies*, Box 11, National Security Council Meeting Files and Policy Reports, NARA. また，POC については，次も参照のこと。Ashton B. Carter, John D. Steinbruner, and Charles A. Zraket, et al., *Managing Nuclear Operations*, (The Brookings Institution, 1987), pp. 35-36.

(36) 前者に関しては，米軍が所有する核爆弾を搭載した同盟国の攻撃爆撃機による緊急発進待機（QRA）態勢の運用が 1960 年に開始された。後者については，ソー（Thor）・ミサイルやジュピター（Jupiter）・ミサイルが 1950 年代末から 1960 年代初頭にかけて英国，イタリア，トルコに配備された。

(37) 英国に配備されたソー部隊については，SACEUR 指揮下に置かれていないため厳密には NATO 核備蓄制度とは別の枠組みとして整理されていた。

(38) この制度に参画する欧州同盟国（被配備国）の部隊は，米軍から核弾頭・核爆弾の移転を受けるような有事においては NATO 指揮下に置かれているため，理論的には NAC の決定に基づいた SACEUR の命令が必要であった。Robert J. Jordan, *Norstad : Cold War NATO Supreme Commander : Airman, Strategist, Diplomat*, (St. Marting's Press, 2000), pp. 106-107.

(39) 在欧米軍は在欧米軍最高司令官（CINCEUR）の指揮下に置かれる一方，NATO 指揮下に置かれる米軍部隊は欧州連合軍最高司令官（SACEUR）指揮下に置かれ，NATO 内の意思決定の下に置かれていた。Gregory, *Nuclear Command and Con-*

trol in NATO, pp. 88-89, 100.

(40) 例えば、同案が浮上した1957年当時、米英間の2国間協定をモデルと位置付けていたJCSは、同案が実質的にはCINCEURでもあるSACEURの指揮下で運用されることに関して反対する姿勢を示していた。Jordan, *Norstad*, pp. 108-115; Schwartz, *NATO's Nuclear Dilemmas*, pp. 75-79.

(41) Document 275 "Memorandum of Conversation, President Eisenhower's Quarters, Mid-Ocean Club, Bermuda, March 22, 1957, 3 : 20 p.m.", (March 22, 1957), *FRUS*.

(42) フランス、イタリア、西ドイツ3国の頭文字から「FIG」と通称されていたこの3国間連携については、1958年1月21日にボンで開催された国防相会合の概要が、同年2月にはダレス国務長官に報告されていた。Memorandum from Elbrick to the Secretary "French-German-Italian Cooperation on New Weapons Production", (February 5, 1958), SECRET, *Production of Nuclear Weapons in Europe*, Box 2, Bureau of European Affairs Office of European Regional Affairs Records of the NATO Advisor 1957-1961 [EUR/RA/NATO Advisor 1957-1961], NARA.

(43) "NATO Sharing in Nuclear Deterrent", (May 1, 1958), SECRET, *NACNA*, Box 1, EUR/RA/NATO Advisor 1957-1961, NARA.

(44) Ibid.

(45) その設立条約には、①核兵器は大規模な敵の武力攻撃に対処する上で必要な場合に限り、搬出・移譲されること、②武力衝突の際には、これらの核兵器の管理権はSACEURの軍事的コントロール下に置かれる、という規定を盛り込むことが想定されていた。Ibid.

(46) Ibid.

(47) Memorandum from Elbrick to the Secretary "North Atlantic Nuclear Sharing", (June 17, 1958), SECRET, *NACNA*, Box 1, EUR/RA/NATO Advisor 1957-1961, NARA.

(48) Memo from James S. Lay, Jr. for the National Security Council "Increased Nuclear Sharing With Allies", (August 23, 1960), TOP SECRET, *Increased Sharing with Allies*, Box 11, National Security Council Meeting Files and Policy Reports, NARA.

(49) Memo from Farley to the Acting Secretary "Nuclear Military Sharing with Allies", (August, 24, 1960), TOP SECRET, *Increased Sharing with Allies*, Box 11, National Security Council Meeting Files and Policy Reports, NARA.

(50) Report to the Secretary of State from Bowie "The North Atlantic Nations Tasks for the 1960s", (August 1960), No. 00661, *Nuclear Non-Proliferation, 1945-1990*, NSA, pp. 3-5. 対NATO政策の長期的課題について、ブーイーに調査研究が委託さ

れる過程については次も参照のこと。John D. Steinbruner, *The Cybernetic Theory of Decision : New Dimensions of Political Analysis*, (Princeton University Press, 1974), pp. 188-189 ; Gerald C. Smith, *Disarming Diplomat : the Memoirs of Ambassador Gerard C. Smith, Arms Control Negotiator*, (Madison Books, 1996), pp. 121-124.

(51) Report to the Secretary of State from Bowie, "The North Atlantic Nations Tasks for the 1960s", pp. 40-46.

(52) 同報告書では，戦略核攻撃能力の構築という提案に加え，ソ連の限定的侵攻に対処する「シールド戦力（Shield Forces）」の構築に向けた通常戦力の増強（28～30個師団）案も提示していた。Bowie, "The North Atlantic Nations Tasks for the 1960s", pp. 56-72.

(53) 2国間・核共有制度の下で運用されていたソー・ミサイル，ジュピター・ミサイルはIRBMであり，ソ連本土を射程圏内におさめるという意味において戦略兵器であった。しかし，キューバ危機を契機に撤去されて以降，英国を除いて実際にそのような戦略兵器が2国間・核共有制度の対象として配備されることはなかった。Nash, *The Other Missiles of October*, p. 68, pp. 150-171 ; Gregory, *Nuclear Command and Control in NATO*, p. 22.

(54) Report to the Secretary of State from Bowie, "The North Atlantic Nations Tasks for the 1960s", p. 61.

(55) Report to the Secretary of State from Bowie, "The North Atlantic Nations Tasks for the 1960s", p. 64.

(56) 同報告書では通常戦力により構成されるシールド戦力の構築を第1の政策目標にしており，NATO核戦力の創設に関する協議は，このシールド戦力に関する合意と実現を達成することを大きな前提条件として位置付けていた。Ibid.

(57) 但し，ブーイーの提案では，ソ連の軍事的脅威が高まっている現状に鑑みれば，核武装に対する潜在的な需要は高く，それを長期に亘り防止することが困難となる可能性も十分認識されていた。しかしながら，同盟における核兵器拡散が不可避のものとなるかは米国自身の今後の行動次第であり，その拡散のスピードを遅くすることだけでも米国の安全保障にとり重要な利益となると論じていた。Ibid.

(58) Document 268, "Memorandum of Conversation", (October 3, 1960), SECRET, *FRUS, 1958-60*, Vol.VII, Part 1, pp. 633-638.

(59) Ibid ; "Statement of Policy on NATO MRBM FORCE", (undated), SECRET, *Origins of MLFs*, Box 17, Office of the Special Assistant to the Security of State for MLF (S/MF) 1963-1966, Subject Files [SF], NARA.

(60) Document 263, "Memorandum of Conversation With President Eisenhower", (August 16, 1960), *FRUS, 1958-60*, Vol.VII, Part 1, pp. 608-611.

(61) Document 273,"Memorandum of Discussion at the 467th Meeting of the National Security Council", November 17, 1960), *FRUS, 1958-60*, Vol. VII, Part 1, pp. 648-660；Document 274, "Memorandum of Discussion at the 468th Meeting of the National Security Council", (December 1, 1960), *FRUS, 1958-60*, Vol.VII, Part 1, pp. 661-668.

(62) Statement by Secretary of State Herter to NATO Council on December 16th, 1960 "LONG-RANGE PLANNING", (undated), SECRET, Origins of MLFs, Box 17, Office of the Special Assistant to the Security of State for MLF (S/MF) Subject Files [SF] 1963-1966 , NARA.

(63) "Early History of the MLF", (undated), SECRET, *History*, Box 17, Records of the Multilateral Force Negotiations [RMLF], SF, 1963-1966, NARA.

(64) Steinbruner, *The Cybernetic Theory of Decision*, p. 223；Smith, *Disarming Diplomat*, pp. 130-131.

(65) National Security Action Memorandum No. 147, "NATO Nuclear Program", (April 18, 1962), [http://www.jfklibrary.org/Asset-Viewer/OKxn4TISHEmdn4X3FQQLhw.aspx]；Steinbruner, *The Cybernetic Theory of Decision*, pp. 227-228；John M .Lee, "The NATO Multilateral Force", in Henry Owen and John T. Smith II, eds., *Gerard C. Smith : A Career in Progress*, (University Press of America, 1989), pp. 32-33；Smith, *Disarming Diplomat*, p. 126.

(66) Steinbruner, *The Cybernetic Theory of Decision*, pp. 229-232.

(67) Smith, *Disarming Diplomat*, p. 127.

(68) Steinbruner, *The Cybernetic Theory of Decision*, pp. 222-223；Smith, *Disarming Diplomat*, pp. 126-128；小島かおる「ジョージ・ボールと『大西洋パートナーシップ』構想――多角的核戦力（MLF）問題を中心に」『法学政治学論究』第44号（2000年3月）59-96頁；牧野和伴「MLF構想と同盟戦略の変容（Ⅰ）・（Ⅱ）」『成蹊大学法学政治学研究』第21巻（1999年12月）24-46頁，第22巻（2000年6月）57-81頁．

(69) Steinbruner, *The Cybernetic Theory of Decision*, pp. 226-227.

(70) Smith, *Disarming Diplomat*, p. 125

(71) スカイボルト危機に関する研究としては次を参照のこと。Richard E. Neustadt, *Report to the JFK : Skybolt Crisis in Perspective*, (Cornell University Press, 1999)；Pierre, *Nuclear Politics*, pp. 224-243.

第1章　核不拡散に向けた2つの政策アプローチ

⑿　National Security Action Memorandum No. 218, "Implementation of the Nassau Agreements", (January 30, 1963), SECRET, [http://www.jfklibrary.org/AssetViewer/9xqqkFSlVEyBJYWYH8w3vQ.aspx].

⒀　Owen and Smith II, eds., *Gerald C. Smith*, pp. 37-38；Steinbruner, *The Cybernetic Theory of Decision*, pp. 253-255.

⒁　具体的には，MLF構想は次のような内容となることが説明された。MLFは25隻の洋上艦から編成され，各艦に8基のポラリスA-3MRBMを搭載する。乗員の構成については，最低3ヶ国の参加をMLF成立の条件とし，いずれの参加国もMLF乗員総数の40％以下を上限として乗員を提供する。MLF設立の予算費用については，年間500万ドルの費用を予定しており10年間で運用を開始する，といったものであった。但し，最も重要な問題である核兵器の使用決定権（拒否権）の所在については，原則として参加国の全会一致とすることで当面交渉に臨むが，各国との議論や検討作業の結果次第では，変更もありうるとされた。Steinbruner, *The Cybernetic Theory of Decision*, pp. 270-271.

⒂　英国はナッソー協定第6条において米国からポラリス原潜5隻を購入することが確定したが，同協定7条に定められたようにNATO指揮下に同原潜艦隊を「移譲」する気は毛頭無く，MLFのような同盟内の集団的な核戦力を創設するとしても，MLFにおける「混合乗員による多角的な運用体制」ではなく，あくまで各国が緊急時の際に部隊を提供し通常はあくまで多国籍部隊（multi-national）として運用されることを望んでいた。しかも，MLFが洋上艦隊から編成される点についても，既にポラリス原潜5隻の購入を決定している英国の立場からすれば予算的負担がさらに増加するため，到底受け入れられるものではなかった。

⒃　Helga Haftendorn, *NATO and The Nuclear Revolution : Crisis of Credibility, 1966-1967*, (Clarendon Press, 1996), p. 122.

⒄　軍関係者はポラリス原潜が最善案とみなしていたが，洋上艦隊案も次善策として受け容れる姿勢を示していた一方，シュトラウス前国防相はこの兵器プラットフォームの変更に批判的であった。Haftendorn, *NATO and the Nuclear Revolution*, p. 123.

⒅　Haftendorn, *NATO and the Nuclear Revolution*, p. 120.

⒆　Steinbruner, *The Cybernetic Theory of Decision*, pp. 283-284.

⒇　"The Baruch Plan : Statement by the United States Representative (Baruch) to the United Nations Atomic Energy Commission, June 14, 1946", *DODA, 1945-59*, pp. 7-16.

㉑　前田寿『軍縮交渉史　1945-1967年』（東京大学出版会，1968年）85-113頁，西

岡達裕『アメリカ外交と核軍備競争の起源——1942-46』（彩流社，1999 年）270-275 頁。

(82) 青野利彦『「危機の年」の冷戦と同盟——ベルリン，キューバ，デタント 1961～63 年』（有斐閣，2012 年）26-28 頁。

(83) 倉科一希『アイゼンハワー政権と西ドイツ——同盟政策としての東西軍備管理交渉』（ミネルヴァ書房，2008 年）44 頁。

(84) 倉科『アイゼンハワー政権と西ドイツ』54-59 頁。

(85) 倉科『アイゼンハワー政権と西ドイツ』56-59 頁；津崎直人「核拡散防止条約の起源（1955-1961 年）（一）」『法学論叢』159 巻 5 号（2006 年 8 月）65-76 頁。

(86) 倉科『アイゼンハワー政権と西ドイツ』49 頁。

(87) 黒崎輝「米国の核優位への執着と全面軍縮，1959-1963 年——核軍備競争における米国の役割の再考」『国際政治』第 163 号（2011 年 1 月）46 頁。

(88) "Arms Control and Disarmament Act, September 26, 1961", *DODA, 1960-61*, pp. 482-495.

(89) 当初は，国務省の機関ではなく，独立した組織として発足することが検討されていたが，国務省の反発を背景に，軍備管理・軍縮法では国務長官の監督下に置かれたため，制度的にも権限が限定された。Duncan L. Clarke, *Politics of Arms Control : The Role and Effectiveness of the U. S. Arms Control and Disarmament Agency*, (The Free Press, 1979), pp. 20-28.

(90) 黒崎「米国の核優位への執着と全面軍縮，1959-1963 年」46 頁。

(91) 黒崎輝「アメリカ外交と核不拡散条約の成立(1)」『法学』第 65 巻第 5 号（2001 年 12 月）674 頁。

(92) 米ソ共同議長制の下で東西両陣営の 5 ヶ国から構成されており，西側は米国，英国，フランス，カナダ，イタリア，東側はソ連，チェコスロバキア，ポーランド，ルーマニア，ブルガリアであった。

(93) 新たにメンバー国となった非同盟諸国は，ブラジル，ビルマ，エチオピア，インド，メキシコ，ナイジェリア，スウェーデン，エジプトであった。納家政嗣「軍縮問題と国際体制」『国際政治』第 76 号（1984 年 5 月）63-82 頁，前田寿『軍縮交渉史 1945 年-1967 年』（東京大学出版会，1968 年）653-760 頁，黒沢満『軍縮国際法の新しい視座——核兵器不拡散体制の研究』（有信堂，1986 年）3-33 頁。

(94) 青野『「危機の年」の冷戦と同盟』130-132 頁。

(95) General Assembly Resolution 1665 (XVI) : Prevention of the Wider Dissemination of Nuclear Weapons, December 4, 1961, *DODA 1960-1961*, p. 694; 黒崎「アメリカ外交と核不拡散条約の成立(1)」658-662 頁；津崎直人「核拡散防止条約の起源

(1955-1961 年)（二・完)」『法学論叢』161 巻 1 号（2007 年 4 月）48-49 頁。
(96) 津崎直人「ベルリン危機における西ドイツ核武装問題と核拡散防止条約の起源（1961-62 年)（一)」『法学論叢』150 巻 5 号（2002 年 2 月）110-111 頁。
(97) 青野『「危機の年」の冷戦と同盟』136-138 頁。
(98) 青野『「危機の年」の冷戦と同盟』140 頁。
(99) Document No. 222, "Memorandum of Conversation", (August 23, 1962), *FRUS, 1961-1963, Volume VII*, pp. 556-559；津崎「ベルリン危機における西ドイツ核武装問題と核拡散防止条約の起源（1961-62 年)（一)」125-126 頁。
(100) Memorandum for the Secretary of State, "Agreement on Non-Diffusion of Nuclear Weapons", (September 4, 1962), CONFIDENTIAL, *DEF Defense Affaire (14) 1961-1962 DEF 18-10 Non-proliferation,* Box 9, DAAC, 1961-1966, NARA.
(101) "Draft Non-Transfer Declaration", (August 31, 1962), CONFIDENTIAL, *DEF Defense Affaire (14) 1961-1962 DEF 18-10 Non-proliferation,* Box 9, DAAC, 1961-1966, NARA.
(102) Memorandum for the Secretary of State, "Agreement on Non-Diffusion of Nuclear Weapons", (November 21, 1962), CONFIDENTIAL, *DEF Defense Affaire (14) 1961-1962 DEF 18-10 Non-proliferation,* Box 9, DAAC, 1961-1966, NARA.
(103) Ibid.
(104) Ibid.
(105) 青野『「危機の年」の冷戦と同盟』200 頁。
(106) "Minute for Possible Use in Discussion with Draft Non-Transfer Declaration", (undated), CONFIDENTIAL, *ACDA Vol. II (2of2),* Box 6, AF, NSF, LBJL.
(107) Ibid.
(108) "Aide-Memoire", (May 9, 1963), SECRET, *DEF (14) 1963-64 Non-proliferation,* Box 9, Records relating to Disarmament and Arms Control [DAAC], 1961-1966, NARA.
(109) Ibid.
(110) Ibid.
(111) National Security Action Memorandum No. 160, "Permissive Links for Nuclear Weapons in NATO", (June 9, 1962), SECRET, NH01150, *USNH,* NSA.
(112) "Aide-Memoire", (May 9, 1963).
(113) Ibid.
(114) Ibid.

第2章
暗礁に乗り上げる MLF 構想

　米国の同盟アプローチは，ケネディ政権までに NATO 内に集団的な戦略核戦力を創設するという MLF 構想にたどり着いた。1963 年 11 月に急遽発足したジョンソン政権も，MLF 構想の実現を継続して追求することを決定したのであった。NATO 内で特に同構想に積極的姿勢をみせていた西ドイツの働きかけもあり，1964 年 6 月，ジョンソン政権はその年末までに設立条約を策定する意向であることを掲げた。これと並行して，パリやワシントンで続けられていた実務者協議は，同年 9 月までに MLF の組織概要や法的地位，部隊運用・統制に関する文書を作成していた。しかしながら，同年 12 月中旬，ジョンソン政権は同構想に関する政策方針の転換を決定したのであった。本章では，ジョンソン政権が発足当初 MLF 構想をどのようにみていたのか，なぜ MLF 構想の方針を転換させるに至ったのかという問題に焦点を当てながら，その政策過程を明らかにする。

1　停滞する MLF 構想

（1）ジョンソン政権と MLF 構想

　ジョンソン政権が発足した当初，MLF 設立条約の策定に向けたパリやワシントンでの実務者協議は国内政治情勢により英国やイタリアが消極的姿勢を示していたこともあり，停滞気味であった[1]。さらに，米国国内では，主要な連邦議会議員や関連する委員会への政策説明も前年に数回実施された程度であり，パリでの交渉状況も踏まえると，MLF 設立条約が連邦議会で批准され実現に至るのは，楽観的に見積もっても早くて 1965 年以降という状況であった[2]。

　こうした中，パリでの MLF 交渉を進めていたスミス（Gerald C. Smith）特別国務次官補（MLF 問題担当）は，ケネディ政権の政策継続を宣言したジョンソ

ン大統領が，MLF構想についても同様の態度をとるのかどうか十分な確信を持てずにいた。欧州の同盟諸国では，ジョンソン政権がMLF政策の見直し作業を進めている，或いは同政策の中止を検討しているといったうわさも囁かれ始めていた。このような状況を打破しようと，スミスはジョンソン大統領に直接MLF政策について説明を行う機会を探していた。[3]

1964年4月10日，ホワイトハウスにおいてMLF構想に関する政策説明が行われた。この会合には，国務長官代理としてボール（George Ball）国務次官，フィンレター（Thomas K. Finletter）米国大使（米国NATO常駐代表），ロストウ政策企画室長，スミス大使，タイラー（William R. Tyler）欧州局長，ホワイトハウスからバンディ（McGeorge Bundy）大統領特別補佐官（安全保障問題担当），NSCスタッフであったクライン（David Klein）の計8名が参加して行われた。[4]

会議の冒頭でMLF構想に対する米国政府のこれまでの取り組みを概説しながら，核不拡散措置としての機能を強調したのはボールであった。ボールはドイツ人に対する差別的待遇が続くことの危険を強調しながら，NATOの統合的な核戦力であるMLFを創設することによって，ドイツ人の被差別感を緩和させると同時に，西側世界に同国を繋ぎとめ，さらにソ連軍の準中距離弾道ミサイル（MRBM）の脅威に晒されている西ドイツの安全保障への正当な要求にも応えることができると説明した。[5]米国国内では，連邦議会の主要な議員に対して非公式に説明を行ってきた結果，概ね好意的な反応を得ており，反対意見はないと伝えた。したがって，今後の措置として，MLF設立条約の批准に関連する主要な上下両議院の委員会に対する政策説明を始めることが重要であると訴えた。この意見にはフィンレター大使も同調し，パリ作業グループでも米国内においても「教育段階」はほぼ終了し，これからは「行動段階」に移るべきであると主張した。設立条約作成の準備は整っており，大統領から承認の合図があれば，多くの国々がMLFを受け入れるだろうと述べた。[6]

ジョンソンに意見を求められたバンディは，MLF構想への支持という点では概ね政権内で意見が統一されているが，マクナマラ国防長官やJCSさらにフォスター（William C. Foster）軍備管理・軍縮庁（ACDA）長官は強い反対意見を抱いていることを紹介しながら，個人的意見として，MLF構想は西側諸国の核防衛という問題に対して「大西洋同盟としての解決」を提供することが

でき、欧州に押し付けるというかたちでなければ、独自核の保有に対するフランスや英国の決意を弱めることに繋がるかもしれないと肯定的な評価を示した[7]。これに対してフォスター長官は、ジュネーブでの18ヶ国軍縮委員会（ENDC）におけるソ連の強い反発を挙げながら、MLF構想自体には反対ではないが、その実現に向けて急速に取り組みを本格化させた場合、軍縮及び不拡散交渉において米国政府の手を縛る危険があると指摘した[8]。

この会議においてジョンソン大統領は最終的に次の3つの措置をとることを命じた。第1に、国務省は米連邦議会に対するMLF構想の政策説明を拡大させ、上下両院の主要な委員会での非公式説明を実施すること、第2に、MLF構想はNATO核問題に対する「最適解」であるとジョンソン大統領自身が判断していることをパリ作業グループに参加する欧州諸国に伝えること、最後に、同構想に関する関係国間の合意を同年12月までに達成することを目指すということであった[9]。これらの決定を受けて、ジョンソン政権はパリ作業グループにおける協議や、米連邦議会への政策説明を積極的に進めていった。

（2）NATO諸国の反応

パリ作業グループでは、1964年9月までに各小委員会での協議に基づいて、MLFの設立条約にあたる「北大西洋多角的核戦力憲章（Charter of the North Atlantic Multilateral Force）」の概要が固まりつつあった[10]。この時点でパリ作業グループ参加国は、MLF艦隊が混合乗員で運用されること、兵器システムは核兵器も含めてMLFによって集団的に調達・所有されること、多角的・統一的に統制・運用されること、という原則で合意していた。MLFの組織概要については、MLF参加国代表から構成される理事会（Board of Governors）が予算、運用手続・ルール、人事などの管理事項に関する最高意思決定機関として設置され、その下に、行政上の長として文官であるMLF事務局長（Director General）、実際の部隊運用の指揮を担うMLF司令官（Force Commander）が置かれることとなっていた[11]。

MLFの戦力構成については、各艦に8基のポラリスA-3ミサイルを搭載した25隻の洋上艦（計200基）から構成されるという点に変更はなく[12]、それらを含めた艦艇、兵器、施設、その他の装備や物資・役務はMLF理事会が定める

方針に基づいて，MLF 事務局長が調達を実施することが想定されていた。[13] MLF の兵器システムを定めた装備に関する議定書では，同艦隊の創設を早期に実現するため，MLF 理事会との協議に基づいて，ポラリス・ミサイルやそれらに搭載する核弾頭，関連する装備や役務を米国政府が MLF に売却する用意があることも規定されていた。[14] また，費用負担は 1 ヶ国あたり最大 40％までとされ，負担の割合に応じて MLF に各国が参加させることができる人員の数も決定されることになっていた。

NATO との関係については，MLF は NATO 内の核戦力として欧州連合軍最高司令官（SACEUR）の指揮下に置かれるとされた。したがって，核兵器の使用は，参加国の同意に基づいて SACEUR により決定されることになっていた。[15] しかしながら，その採決方式を巡っては，単純な多数決制や，加重投票制，米国の賛成とそれ以外の参加国の多数決（単純・加重投票制）による賛成を条件とする方法，米国及び英国の賛成とそれ以外の参加国の多数決（単純・加重投票制）など，複数の案が検討される段階に止まっており最終的な決定はなされていなかった。[16]

MLF 交渉に参加していた欧州同盟国の中で積極的な姿勢をみせていたのは，西ドイツであった。1963 年に発足したエアハルト政権は対米関係を重視する立場から MLF 構想への支持を表明しており，[17] 1964 年 6 月上旬にワシントンを訪れたエアハルト首相は，同構想の早期実現をジョンソン大統領に求めたのであった。この会談後に発表された共同声明では，MLF 設立条約について年内中に関係国間で合意するという目標が明らかにされたのであった。[18] さらに，同年 9 月には，エアハルト首相はジョンソン大統領宛に書簡を送り，米独 2 ヶ国が MLF 構想の早期実現に向けてより積極的にイニシアティブをとることを提案し，そのための条項を MLF 設立憲章に盛り込むことを検討すべきと訴えたのであった。[19] さらに 10 月上旬，エアハルト政権は MLF 交渉を担当していたグレヴェ（Wilhelm Grewe）大使をワシントンに派遣し，ラスクやボールを始めとする国務省関係者と MLF 交渉の進展に向けた取り組みについて協議したのであった。グレヴェの認識では，パリ作業グループでは基本的な作業は終えつつあるが当初の予定通りに進展しておらず，11 月か 12 月中に合意に至ることができるか難しい状況にあるというものであった。

そこで，年内合意目標を達成する方法として，①MLF設立条約を2国のみが批准した場合，第3，第4の加盟国が批准するまで同条約は発効しないという条項を盛り込む案や，②2国が批准しても一定期間他の同盟国の参加がない場合には，先に批准した2国（ここでは米国と西ドイツが想定されていた）が条約の発効要件を見直すことを可能とする条項を追加する案を提案した。この提案に対してラスクは，前者では他の同盟国に拒否権を与える点で問題であると指摘するにとどめ，MLF交渉の現状は10月中旬に予定されていた英国での選挙後に変わるであろうとし，6月に合意された日程表をあくまで前提とすることが重要であろうと述べた。[20]

9月上旬，国務省では，MLF交渉にあたっていたフィンレター大使がワシントンに一時帰国し，国防省，米原子力委員会，ホワイトハウス・スタッフを交えて，MLF交渉の状況や今後の課題について協議を行っていた。[21] 同交渉において1つの論点となっていたのは，MLFへの参加を保留していた英国をどのように取り込むのかという問題であった。マクミラン政権は，パリ作業グループにおいて洋上艦隊以外に当時開発中であったTSR-2爆撃機やパーシングⅠ戦術弾道ミサイルといった追加的な兵器システムをMLFに盛り込む提案をしていたが，この提案を受け入れるとした場合，全兵器システムを混合運用とすべきかどうかという問題であった。

同会議に出席していたブーイ，オーウェン，シャエッツェル（J. Robert Schaezel）はMLFの「純血性」の重要性を強調し，すべての兵器システムは混合運用制とされるべきであるし，同じ参加国によってコントロールされるべきであると主張した。フィンレター大使や米国NATO代表部のファーリー（Philip J. Farley）は，初期の洋上艦以外に追加することは実質的に不可能であるという認識を示した。国防省からの参加者からは，MLFの早急な拡大に対する疑念が示された。また，核兵器使用に関する拒否権をロンドンが要求する可能性についても議論が及び，様々な参加者から，英国が拒否権を求めるのであれば，英国は①核戦力の創設についてより多くの費用を負担すべき，②最終的に核戦力の放棄を公約すべき，③使用の決定は米国と欧州双方の合意に基づくもので，欧州の拒否権は国家ベースではないことを受け入れるべき，という意見が示された。

MLF 構想に関する英国の消極的な態度という問題に加え，重要な論点として浮上していたのが「欧州条項／欧州オプション（European Clause/European Option）」（以下，欧州条項）に関する問題であった[22]。それは，1963 年に西ドイツ及びイタリアから提案された条文案を起源としており[23]，欧州統合が成立した際に，設立条約の修正だけでなく米欧間の核関係のあり方についても米国と新たな欧州のパートナー国とが協議するという規定を，MLF の設立条約に盛り込むべきかどうかという問題であった。

　この欧州条項案を米国政府として正式に承認したわけではなかったが，政府高官の発言や実際の交渉の場において度々言及されていた[24]。この問題が重要であったのは，欧州統合が実現した場合には，MLF が欧州核戦力として「進化」するために，米国が核兵器コントロールに関する拒否権を放棄する可能性を含意していたからであった。MLF 推進の 1 つの要因であった欧州統合という観点からは，この規定を盛り込むことは魅力的であったが，米国が拒否権を放棄することは現実的にあり得ないことであった。但し，国務省の MLF 推進派では，欧州条項の可能性を残しておくことで西ドイツ内の反 MLF 論を中和することができるといった政治的利点を重視する観点から，米国の拒否権の所在については曖昧にされたまま交渉が継続されたのであった[25]。

2　MLF 構想の方針転換

（1）ボール委員会における見直し作業

　1964 年 10 月上旬，MLF 設立条約の年内合意を目指して取り組んでいたにもかかわらず，停滞気味であった交渉状況が継続していることに対して，ジョンソン政権内では，ホワイトハウスの NSC スタッフから，政策方針の見直し論が浮上していた。NSC スタッフとして欧州問題を担当していたクラインは，バンディに対して MLF 政策に関する 2 つの問題点を挙げながら，政策方針の見直しを促していた[26]。第 1 の問題は，MLF 設立条約の年内合意という目標が，MLF 設立条約の協議状況からすれば，その達成がほとんど不可能であることだった。この点については，6 月のエアハルト訪米の際に発表された共同声明では MLF 条約の年内締結を約束したのではなく，厳密には，「年末には署名

可能とするよう継続して努力すること」を約束したという点も指摘していた。[27]

　第2の問題は、25隻の洋上艦隊というMLF構想を構成する兵器プラットフォームに関する事項であった。MLF構想は、①核防衛において非核保有国も含めたNATO加盟国に正当な役割を保証すること、②核不拡散、特に西ドイツへの核不拡散に役立つこと、③同盟に何らかの目標を示すことが目的だと考えられていたが、現在検討されている戦力編成は限られた支持しか得られておらず、これらの目的を満たすことはできないとされた。したがって、新たに兵器システムを調達するのではなく、現在NATOが保有している兵器システムを利用した編成へと方針を転換する必要性が強調されていた。[28]

　仮に、大統領自身が年内合意に向けて積極的に取り組む方針であると考えているならば仕方がないが、その場合でもこの日程で合意を実現するのは困難であり大きな政治的リスクを負うことをクラインは指摘していた。どのような方針をとるにせよ、現在のMLF構想のあり方を見直すべきであり、そのためにはバンディやラスク、マクナマラといった少人数に限定して協議すべきであると訴えた。[29]

　このような疑念が浮上しつつあった中、MLF構想を巡る同盟内の動きに新たな展開が生じた。10月15日に英国実施された総選挙において、労働党のウィルソン（Harold Wilson）新政権が発足したのであった。同政権は選挙公約として英国の核戦力放棄や曖昧ながらMLFへの参加を定めた米国とのナッソー協定の見直しを掲げており、MLF構想に対してより否定的な政策方針を打ち出す可能性があった。また英国の態度は他の同盟国の姿勢に少なからぬ影響を与えることが必至であった。英国労働党政府のMLF構想及びNATO核問題に関する政策は、26日から2日間の日程でワシントンを訪れたゴードンウォーカー（Patrick Gordon Walker）英外相から、ジョンソン大統領に説明された。

　英国が提案したのは、①英空軍のV型爆撃機、②英海軍及び米海軍のポラリス原潜、③MLF艦隊という兵器プラットフォームから構成される核共有案であった。但し、英国軍の部隊はMLF艦隊には参加しない意向であることが示され、この構想自体は暫定的なものであることが強調された。その場に同席したボールは、英国がポラリス原潜を提供する点は評価できるが、西ドイツはこの構成を自国への差別と受け取るだろうとして、MLF艦隊への英国の参加を

促した。ゴードンウォーカーは，具体的な構成や英国の参加について明言を避けたが，新戦力創設に向けた新たな取り組みの必要性については米国側と意見を一致させた。この会談の最後には，12月にワシントンで開かれる予定であった米英首脳会談までに，両国及び西ドイツやイタリア，その他の同盟国との協議を通じて，具体的な戦力案について検討を継続することで双方とも同意した。

ゴードンウォーカー外相との会談を終えた週末，国務省7階のボールの執務室に数人の政府高官が集まり，MLF構想に関する今後の政策方針について検討した。この会合には，バンディを始め，国務省からはタイラー国務次官補及びリード（Benjamin Reed）国務省特別補佐官，国防省からはマクノートン（John McNaughton）国防次官補（国際安全保障問題担当），そしてニューシュタッド（Richard Neustadt）ハーバード大学教授が参加していた[30]。

この会議で最初に協議されたのは，MLF構想の目的と西ドイツに関する問題だった。会議の冒頭でバンディから示されたMLF構想の目的とは，2つであった。第1に，核拡散を伴うことなく，同盟内の非核保有国にも核防衛体制の管理に参加する機会を提供すること，次に，各国間の政治及び軍事的協力関係を促進する基盤として，強固な同盟関係の形成に資することであった[31]。ここで，本質的問題とされたのは西ドイツであった。MLF構想が成功するためには，同国内のナショナリストや冒険主義者からの圧力に対して，「良いドイツ人達」が提供できる効果的な政治的回答とならなければならかった。すなわち，「同盟内で第一級の地位にありたいというドイツ人の感情的欲求」を満たすように同構想の内容を考える必要があるとバンディは説いた[32]。

英国提案では，爆撃機や米国本土のICBM部隊という洋上艦隊以外の兵器プラットフォームが含まれていたが，この提案を判断する上で，果たしてこのような構成内容の修正が西ドイツの要求を満たすことができるのかということが重要な点だった。新提案を西ドイツ政府が受け入れることも目標達成の必要条件であったが，そこで英国が特別な地位を得ることがないようにすることもバンディは重要な条件として考えていた[33]。

ボールもこの意見に賛成し，英国と西ドイツ間の「平等性」に配慮すべきであると指摘した。英国案のように，①英国が運用する核戦力と②他の同盟国が

第**2**章　暗礁に乗り上げる MLF 構想

混合乗員で運用する核戦力が並存する場合，英国の特別な地位が目立ち，独自の核戦力保有に対する西ドイツ政府の要求を触発する危険があると指摘した。MLF 構想が成功するためには，特別な地位を求める英国と核保有国，特に英国との同等な扱いを求める西ドイツ政府との立場の違いをうまく近づける必要があると認識されていたのであった。

　次なる課題として，「時間」の問題が検討された。ボールは，MLF 構想の修正案についてこの時期になって検討すると年内の合意という目標が達成できず，西ドイツ政府は大きく落胆するだろうと述べた。これに対しタイラーは，イタリアやオランダといった他の同盟国の国内状況からしても，当初の予定で合意可能な状況にはないと指摘し，西ドイツ政府の希望はかなえられないと述べた。結局，西ドイツ連邦議会が開会する 1 月までに MLF 設立条約の締結が終えている可能性は極めて低いという見解に達した。この問題に関しては MLF 構想も含めて NATO 核戦力構想自体を 2，3 年先延ばししてはどうかという案がバンディから出された。すなわち，バンディは西ドイツが現時点で核武装する危険がない以上，無理に核戦力を新設しなくても現状の方が安定しているのではないかと考えていた。ボールはこの意見に反対だった。欧州諸国における米国の財産はその判断力と指導力に対する信用であり，これ以上の先延ばしはそれをすべて失うことになってしまうと懸念したのだった。

　さらに同会議では，フランスをどのように扱うべきかという問題についても検討された。この会議への参加者全員の共通認識として，フランスが MLF 構想に参加する可能性は残されるべきだが，独立した欧州の構築を外交政策の基本とするドゴール大統領のフランスが，「大西洋色」の強い MLF 構想に参加することは現実的にはないと考えられていた。また，英国が提案した MLF 修正案を西ドイツやイタリアにどのように伝えるべきかという問題についても検討されたが，ゴードンウォーカー外相は 11 月にボンを訪れる予定であり，サラガット（Giuseppe Saragat）伊外相も同時期にロンドンを訪れる予定であったことから，まずは英国自身から直接両国へ提示させることが賢明であると判断された。その一方で，米国政府としても MLF 構想修正案の可能性について独自に検討していくことが決定された。具体的な戦力編成や軍事技術上の問題については国防省が担当し，英国案と従来の MLF 構想の折衷案も含めた代替案

については国務省が担当して各自報告書をまとめることが決定された。

　MLF 構想の見直しも含め，集団的・戦略核戦力のあり方を検討したこの会議は，その後米国政府の核戦力案を検討する場として毎週国務省において開かれるようになった。会議の場所がボール国務次官の部屋だったため，政府内では「ボール委員会」と呼ばれた。この会議の出席者は，第1回会合から大きく変わることはなかったが，各出席者に課された調査事項の重要性から，国務省や国防省では多くの担当者が関与することになった。11月5日に開かれた第2回会合では，英国提案に含まれる各兵器プラットフォームについて，その技術的・政治的な含意について検討された。バンディは，英国の提案した核共有案の戦略攻撃能力という特徴を明確にするために，名称を「大西洋ミサイル戦力（AMF）」に変更することも提案した。

　その5日後に開かれたボール委員会の第3回会合では，ウィルソン政権の政策についてブルース（David K. E. Bruce）駐英米国大使から報告がなされた後，国防省から提示された3つの新戦力案が検討された。また，西ドイツ政府の態度についても，マクナマラ国防長官とフォン・ハッセル国防大臣の会談を基に議論された。ニューシュタッド教授からは，創設される新核戦力における核政策・戦略の協議制度の重要性についての指摘がなされた。11月19日の第4回会合では，欧州から帰国したばかりのボール国務次官から，訪問先である西ドイツ政府やフランス政府の態度について報告がなされた。午後に再度開かれた会合では，ロンドンで政府関係者との意見交換を予定していたニューシュタッド教授から，ジョンソン政権の基本姿勢についての確認が行われた。

（2）ボール報告書

　12月5日，ボール国務次官は約1ヶ月にわたる検討作業の結果を10頁の報告書として大統領に提出した。そこでは英国政府の提案を想定しながら，MLF 構想の本来の目的や米国政府として受け入れられる範囲を示し，首脳会談での合意可能な案を検討していた。

　ボールが最初に強調したのは，英国案がどのような内容であれ，米国政府として最終的に合意可能な核戦力は，MLF 構想成立の背景にあった2つの目的を満たすものであるべきという点であった。その最大の目的とは「西ドイツを

第2章　暗礁に乗り上げる MLF 構想

ボール国務次官（左）とジョンソン大統領（右）
（出所：LBJ Library photo by Yoichi Okamoto）

永久に西側世界へ繋ぎ止めること」であり，そのためには「ドイツ人達が大西洋同盟における一流同盟国として尊重されている」，より具体的には「自国の核防衛体制の維持において，重要な政策決定の場所から排除されていない」という感覚をもつことが必要であった。[42]

　第2の目的は，NATO における核兵器管理のあり方について，独自核を有する国家の拡散ではなく「集団的行動」を通じた体制を構築することであった。この目的は西ドイツに最も当てはまるとされ，このような核共有体制への参加が「数年後には確実に［独自核］開発への圧力が増す」同国にとって最も安全な対案となるとボールは説いた。[43] ここで注目されるのは，これら2つの目的が達成されるのであれば，25隻の洋上艦隊から編成されるという「MLF 構想の内容すべてに固執する必要はない」と述べていることであった。但し，MLF 構想に変更或いは修正を加えるとしても，次の2つの条件を満たすことが重要であるとされた。[44]

　第1の条件とは，新たな NATO 核戦力案が英国に特別な地位を与える内容ではなく，すべての参加国──特に西ドイツとイタリアに英国と同等であるという感覚を与えるような内容であることであった。すなわち，同盟内の平等性に確保することであった。次の条件とは，欧州の一体性を象徴することの政治的重要性に配慮して取り組むことであった。すなわち「アングロ・サクソンが取引を行い，大陸諸国はそれを無理やり受け容れさせられている」という印

59

象を与えないような内容にすることであった。仮に今回の首脳会談で何らかの合意に至りそれを西ドイツが受け容れざるを得ない状況となっても、それはドイツ人の「政治的，心理的な欲求」を満たすことができないと指摘した。したがって，今回のウィルソン首相との会談は意見交換の場であって政策を決する場ではないことが強調され，英国側には西ドイツや他の同盟国と同程度の参加レベルに止めるよう求めるべきと説いた。また，当初の MLF 構想に固執しないと述べたボールであったが，米国の立場としてはあくまで「混合乗員制で運用される洋上艦隊」案を提示すべきであると主張した。[45]

他方，米英首脳会談で英国側から提示される内容としてボールが想定していたのは，9つの項目に亘る MLF 構想の修正[46]，新核戦力設立条約への核不拡散条項の挿入[47]，NATO 領域を超えた地球規模での危機管理に関する同盟内協議体制の強化であった。

そこで米国の取るべき態度として強調されていたのは，MLF の重要な原則である混合乗員制の洋上艦隊という戦力要素を変更すべきではないという点であった。特に，ゴードンウォーカー英外相が 10 月末に提示していた，欧州大陸ではなく米国本土に配備中の ICBM を混合乗員制とする代替案は受け容れられず，混合乗員運用の部隊―洋上艦隊への英国海軍の参加は「必須条件（sine qua non）」であるとされた。[48]ウィルソン首相との首脳会談において合意可能な戦力構成については，英国軍の参加する混合乗員運用部隊を含めること，V 型爆撃機部隊の加入及び米海軍のポラリス原潜を参加させることであった。さらに，新たな核戦力の設立条約に関しては，独自核保有を放棄する核不拡散条項を盛り込むことや，核戦力が存続する限り米国の拒否権は堅持されるべきものの，同盟における米国の「特権的地位」に対するドゴール主義者達の批判をかわすために，将来的な欧州核戦力の創設の可能性を担保する「欧州条項」を盛り込むことも必要であると指摘していた。資金的コストについては，英国にこれ以上の負担がかからないかたちで混合乗員艦隊に参加する方法を検討する用意があること，新核戦力の名称変更については，最終的に参加国間での協議において決定することを提案していた。[49]

第2章　暗礁に乗り上げるMLF構想

（3）強まるバンディの疑念

　この時期，ボールの意見とは対照的に，MLF構想に対する疑念を強めていたのがバンディであった。ボール委員会での検討作業が進められる1ヶ月前，MLF構想の置かれた政治的状況を懸念するクラインの政策メモを受け取ったバンディは，部下の示した論点に首肯せずにはいられなかった。かつてバンディは，ケネディ政権の「欧州パートナーシップ構想」を背景にNATO核戦力創設案に込められた理念や同盟国の独自核開発に対する対案としてMLFの成立に積極的だった。しかし，MLF構想に対する同盟国の対照的な反応を前にして，大西洋同盟の関係強化という最大の目的において同構想が果たす役割，その政策価値に疑念を抱き始めていた。バンディはこの胸の内を，ゴードンウォーカー英外相との会談を受けて開かれたボール委員会会合の直後，大統領に直接明かした。

　11月8日，ジョンソン政権の安全保障政策に関する実質的な協議の場であった「火曜昼食会（The Tuesday Lunch）」用の資料として，NATO核政策に関する政策メモを大統領に提出した。この文書では，MLF構想に対する西ドイツ，英国，そしてフランスの態度について概況を説明していた。西ドイツについては，米・西独2国間合意によるMLF構想の実現に積極的な姿勢をみせているが，多国間枠組みとしての同構想成立を目指す国務省をはじめ，米国政府内には米・西独2国先行論に慎重な意見が多いため，現時点でエアハルト政権に対する明確な回答を控えていると説明した。また，英国については，当初MLF構想への否定的態度が懸念された労働党政権は，NATO新核戦力への参加を非公式に打診してきており，英国海軍のポラリス原潜や航空戦力の提供を検討しているなど柔軟な姿勢をみせているとされた。その一方で，フランスは同構想が実現する可能性が高まったとの判断から，それまでの消極的態度から，突如，同構想への反対を明確に示すようになったと指摘していた。

　政権内の状況については，ラスク，マクナマラ，ボールやバンディの間ではMLF構想が西ドイツをNATOに繋ぎ止める上で「満足できるものではないが，それでも不満の最も少ない政策措置」であるという点や，西ドイツ及びフランスへの政策についても基本方針について認識が一致しており，大きな問題はないとされた。バンディが強い不満を抱いていたのは，MLF構想の政策内

容についてというよりは，同構想に関する政策の進められ方だった[53]。

　バンディの認識では，MLF 構想は過去2年もの間，実質的に「政府の低い層」に属する担当者によって主に扱われてきた。その政策担当者は欧州や西ドイツの将来，MLF 構想のあるべき形態，米国の欧州政策に関する彼ら自身の理想を実現するのに非常に熱心である。それは，彼ら自身が定義する欧州の利益に基づいて欧州諸国を導くという断固とした態度に表れており，ドゴール率いるフランスには強い敵対心を抱く一方，西ドイツには家父長的な態度を示し，英国に対しては「アンクル・サムが上手くあやしてあげれば」，同国の核戦力を放棄させることができると本気で考えている。この米国の指導力に対する誤った理解は，逆に同盟関係の弱体化に繋がる危険があった。バンディにしてみれば，MLF 構想が現在直面している困難は，このような米国の考えを押付けるかの如き態度が導いたものであった[54]。

　バンディは，MLF 構想を始め NATO 核問題を解決するためには，年内合意という短い期間ではなく，今後半年から1年半以上の時間軸を念頭に取り組むべきだと考えていた。その上で，以下の条件を満たすような核戦力部隊の創設が解決策として示された。第1に，名称を「大西洋ミサイル戦力（AMF）」に変更すること，次に，核兵器使用に関する米国の拒否権と部隊への貢献度からみた主要同盟国の拒否権を認めること，第3に，フランスの参加が許容されること，そして最後に，英国と西ドイツが共通利益を見出せるような政治的，資金的な取決めを含むことであった[55]。

　このような NATO 核戦力の内容とは別に，喫緊の課題としてバンディが強調したのは，今後の政策遂行のあり方であった。そこでバンディが勧告した措置は，第1に，この問題はホワイトハウスが主導するものであり，関連するすべての行動はホワイトハウスまで逐次報告すること，第2に，政策担当者が外国政府と交渉を行う場合や意見交換を行う場合には，交渉方針についてホワイトハウスや国務省，国防省の事前同意を得ること，第3に，ウィルソン首相との会談前に米国政府の立場について大統領の承認を得ることであった[56]。この提案はすぐに大統領にも承認され，「大西洋同盟の核防衛の将来」と題する NSAM318 号が発令され，米国政府は NATO 核問題について「同一の声で話すこと」が非常に重要である点を強調しながら，今後この問題に関するすべて

の政府の行動はホワイトハウス,国務省,国防省と十分に調整した上で実施することを命じた。[57]

MLF構想に対するバンディの疑念は,ボール委員会での検討作業が進む中で,着実に強くなっていった。11月下旬,ウィルソン首相訪米を直前に控えたこの時期,バンディはMLF構想実現に向けた取り組みが非常に高い政治的コストを被ることを指摘しながら,MLF構想を「沈没させるべき(let the MLF sink out of sight)」という結論に至ったことを,ラスク,マクナマラ,ボールに告げた。[58]

バンディは,ジョンソン大統領自身は,MLF構想そのものに個人的思い入れは感じておらず,仮にバンディ達がより良い政策案を提示できれば,新たな取り組みに着手することも可能であると説明していた。今後,新たな政策を作成していく上で重要な点は,西ドイツ政府と協調して作業を進めることであり,特にエアハルト首相との緊密な関係を構築することであると考えていた。そのように信頼関係を築くことができれば,仮に米国がMLF政策の大きな方針転換や,NATO核防衛に関して全く新しい提案を行った場合でも,西ドイツの賛同を得る可能性が高まるということだった。[59]

したがって,エアハルト首相にジョンソン大統領が直接働きかけ,「西ドイツの首相が米国大統領から十分な配慮と尊厳を持って対応される限り」,少なくとも短期的には,MLFの主要な目的は達成されるとバンディは考えていた。[60] さらに新たな政策案が仮に1,2年間具体化しなかった場合は,その時の状況に応じて政策を検討することは可能であるし,何よりも,今日のMLFが置かれている状況ほど悪いものとはならないであろう,というのがバンディの意見であった。[61] すなわち,米英首脳会談を決断の場とするのではなく,必要な時間をかけて,英国や西ドイツ,さらにはフランスとの政策協議を重ねた上で,あるべき答えを導き出すことが賢明であるし,同盟関係の強化という本来の目的にもかなうと訴えたのだった。[62]

(4) ANF構想の提案

1964年12月7日,ウィルソン首相を始めゴードンウォーカー外相,ヒーリー(Denis W. Healey)国防相ら一行はワシントンの地に降り立った。2日間の

滞在期間中は3つの会談が予定されており，最初の会談はジョンソン大統領とウィルソン首相の2人のみで行われた。その後は両国政府の外相，防衛相も交えて，ベトナム問題やスエズ以東問題などの様々な外交問題について協議が行われた。懸案のNATO核問題に関する英国政府の提案は，「大西洋核戦力－英国政府提案の概要」と題された文書によって米国側に提示された。[63]

英国政府が提示した新核戦力案は，ボール国務次官が先にジョンソン大統領へ提出した報告書における想定とほぼ同じ内容であった。英国政府案は，新核戦力の名称を「大西洋核戦力（ANF）」とし，3つの目的の下に創設すると述べられていた。第1の目的は，同盟の「強靭さと結束」を促進させることであり，具体的にはNATO核防衛に関する計画立案，政策・戦略形成への影響力を高めたいという核兵器を保有しない同盟国の要求を満たすことであった。次の目的は，新核戦力を統一されたコントロールシステムの下に置き，戦略及び戦術核兵器の両方を有する戦力とすることだった。第3の目的は，NATOにおける核兵器配備状況や，実際にいかなる場合にどの核兵器を使用するのかという問題に関する政策協議を促進することだった。[64]

ANFの戦力構成については，第1の要素として，英国が提供する戦力としてV型爆撃機8個飛行中隊（64機）及びポラリス原潜（3～4隻），第2の要素として，米国が提供する戦力として，英国と同数のポラリス原潜及び可能であれば米国本土のミニットマンICBM部隊，第3の要素として，非核兵器保有国が共同で費用負担・所有するかたちで参加する混合乗員運用の部隊という内容が提示された。[65]すべての構成部隊はANF司令部の単一指揮下に置かれ，同司令部は各参加国のNATO常駐代表大使から成り，NATO司令部がその場所として提案された。主な機能としては，①司令官に政策方針を提供すること，②米戦略空軍との調整に基づいて司令官が作成する攻撃目標計画及び作戦計画を承認すること，③核兵器の使用を許可すること，④不測事態に備えた作戦計画を作成することが想定されていた。[66]

英国の提案から窺えるのは，同国がMLF艦隊の必要性について極めて否定的であるということだった。同盟内の非核保有国がANFに参加する上でMLF艦隊が必要であるという論理は理解するし，米国が同艦隊に参加することの重要性も理解していたが，少なくとも英国自身は同艦隊へは参加しないと

第2章 暗礁に乗り上げる MLF 構想

いう立場を明示していた。さらに，ソ連軍の侵攻に対する抑止力は米国の戦略核兵器で十分であり，いわゆる MLF 艦隊は軍事的には「無用」であり「無駄に核兵器の数を増大させ，海上事故の危険を高め，同盟の人的，財政的負担を増加させるだけ」であると評していた[67]。

したがって，英国政府の主張としては，混合乗員部隊を創設するのは良いがあくまで既存の核戦力を利用すべきであるというものだった。英国政府が提案したのは，米国本土のミニットマン ICBM 部隊を共同出資・所有及び混合乗員運用の対象とすることだった。米国本土での運用により米欧関係の繋がりを象徴することにもなり，創設の財政的，人的負担も問題にならないと説いた[68]。すなわち，英国政府にとって MLF と ANF の大きな違いは，前者が新たな兵器システムを調達する創設費用が大きくなる一方，後者は既存の兵器システムを活用するため財政的な負担が相対的に低くてすむという点であった。

また，英国の提案で特徴的なのは，新戦力が核拡散に繋がるという批判に応えるために，新戦力の設立条約（the Charter of the Force）に核兵器保有国と非核兵器保有国の核不拡散義務を規定する条項を盛り込むことが含まれていたことだった。さらなる特徴として，欧州連合軍最高司令官（SACEUR）から独立した司令部を創設し，その下で ANF の指揮・統制を行うべきとした点であった。SACEUR はあくまで欧州地域防衛の司令官なのであり，戦略核兵力を有する同戦力の指揮をとることは適切ではないというのがその理由だった。英国が考える ANF 司令官は，NATO 司令部と緊密に連携をとりながら，ANF 当局の指令に基づいた部隊運用にあたることとされた[69]。

英国案に対する米国政府の立場は，2日目の会談において提示された。そこでは，英国案に盛り込まれた各要素に関して具体的な返答が示されていたが，それぞれの項目について説明する前に強調されたのは，今回の提案内容は他の同盟国との協議により修正・変更となる可能性があり，少なくとも NATO 核問題に関する限り今回の会談は意見交換の場であり，最終的な合意を目的としてはいないということだった。次に新核戦力の目的が述べられていたが，これは3日前にジョンソン大統領へ提出されたボール報告書で示された内容と全く同一のものであった[70]。

具体的な戦力構成については，以下の要素を含むということを基本路線とし

て，他のNATO同盟国と協議することを提案した。それらは，①英国のポラリス原潜（3〜4隻），②英国のV型爆撃機部隊，③ポラリス・ミサイル搭載の洋上艦隊（艦船数は未定），④米国またはフランスから配属可能な戦略核戦力，の4つを基本構成としていた。この核戦力の指揮については，英国案と同様に，単一の司令部の下で運用されるとしていた。ただし，SACEURとは独立した司令部の創設を訴えた英国案に対し，米国はNATO指揮下での運用を希望する他の同盟国がいることを理由に，今後もこの問題について協議を継続すると述べるに止まった。[71]

また，ポラリス原潜に関しては，初期段階においては「国別」運用とし，その後の協議や実現可能性，同盟国からの要求が高まった場合には，混合乗員運用へと変更可能とすることが望ましいとされた。さらに，英国がその参加を事実上拒否した洋上艦隊案については，他の同盟国との「平等性」を確保するためにも同国の参加が重要であると主張した。さらに，注目される核兵器コントロールのあり方については，米国が拒否権を保有することを原則として具体的な方法は今後の交渉において検討することを提案した。この点に関して英国側は基本的に賛成の立場を示したが，拒否権を有する国が明確に記されることを要求した。[72]

また，米国の節目では新核戦力の修正・変更の可能性についても言及されていた。米国が想定していた新核戦力のあり方について再検討を要する事態とは，第1に，東西ドイツが再統一された場合，第2に，統合された欧州が誕生した場合，第3に，軍備管理または軍縮交渉の促進に向けた大きな政治的動きが生じた場合であった。但し，いかなる変更についても参加国すべての同意が必要であるとされた。設立条約に核不拡散条項を盛り込む案については米国も基本的に賛成することが示された。[73] 最後に，爾後の協議日程として，翌1965年の早い時期に新核戦力創設案に関心を持つ同盟国間で会合を開催し，今回米英両国政府から提示された案について協議することが提案された。最終合意に至る過程において，フランスの参加についても同国政府と協議を並行して進めていくことも提案された。[74]

2日間に亘る会談の結果，英国側からANF構想が提案されたが，何らかの合意ではなく，1つの重要な協議の機会として今回の首脳会談を捉えていた米

国の方針を受けて，具体的な決断はなされなかった。

（5）MLF 構想から MLF/ANF 構想へ

ウィルソン首相との首脳会談から 10 日後，ジョンソン大統領は NATO 核共有政策の進め方に関する指針を，NSAM322 号として国務省及び国防省に発令した[75]。この文書により，ジョンソン政権の NATO 核共有政策は 1 つの転換点を迎えることになった。この文書では，新核戦力の創設に関しては欧州同盟国の要求に沿う内容であることが重要な基準として強調された。すなわち，「米国は自らの考えを欧州同盟国に強要するのではなく，欧州同盟国の間で最大限合意された政策案を受けるかたちで，その欧州案に効果的に応える方法を模索していきたいと考えている」とされた[76]。したがって，次の段階としては英国政府と西ドイツ政府が協議を行い，そこで合意された提案を検討するという手順で進め，「今すぐに何らかの合意を求めることを望まない」ことが明示された[77]。

今後，同盟国との交渉を進める上で重要となるのは，将来の NATO 核共有制度が英国及び西ドイツの有する正当な利益を十分反映することであり，両国間の合意を促すよう努力することを政策担当者に求めた。同時に，フランスも参加できる枠組みを形成したいとの考えから，同国を排除するような政策や反仏的な言動を控えるようにも求めた[78]。

NSAM322 号では，新たな NATO 核共有制度を検討する上で「核兵器の拡散防止（non-dissemination of nuclear weapons）」が基本方針であることも示されており，この目的を達成する措置が合意案に盛り込まれることを支持することも明記され，特に核兵器の使用権限については，いかなる形態の核戦力においても米国の拒否権を堅持することが明示された。但し，欧州諸国が完全な政治的統合を達成した場合，核戦力の設立条約の改正について検討する用意があることとした。さらに，新核戦力に期待される核不拡散に関する機能として，①英国の戦略核能力を事実上放棄させ，他の同盟国に対するモデルケースとすること，②西ドイツの核武装という「冒険」を予防すること，③個別的な核武装という選択肢の対案として「集団的戦略核防衛（collective strategic defense）」という原則を確立することを掲げた[79]。

NSAM322号で最も強調されたのは，合意目標の期限に関するものであった。すなわち，当時国務省や西ドイツ政府のMLF推進派が唱えていた，3ヶ月間以内の合意目標ではなく，むしろ，そのような期限を設けることで早急に解決すべきという印象を同盟国側に与えないよう注意することが示されていた。

　後日NSAM322号の内容は，ジョンソン大統領がMLF構想を始め具体的な政策実現に向けて圧力をかけることを禁止し，政策合意に関する締め切りを設けない旨政策担当者に求めたというかたちで，ニューヨーク・タイムズ紙の記事を通じて公に伝えられた。この記事では，同盟の核防衛問題について欧州諸国との十分な政策協議を行いいかなる「圧力戦術」も禁止すること，米国政府として西ドイツと英国が同意しない防衛政策は受け入れられないこと，いずれの同盟国とも「特別な取決め」を交わす意図はなく，フランス政府にも最終合意に至る過程で事前の説明を行う方針であることなどが記されていた。さらに，ジョンソン政権は4月以降，MLF構想をこの問題に対する解決策として年内合意を目指して取り組んできたが，1964年11月の米大統領選挙中に同構想実現を目指す一部の政府高官（国務省幹部）が同盟諸国に同構想を「強要」するあまり，かえって同盟内の亀裂を深めてしまったと記した。このような背景も踏まえつつ，ジョンソン大統領が今回NSAMを発令した理由は，「西側世界の核防衛構築という極めて複雑な問題」を解決するためには期限を設けたり圧力をかけたりするのではなく，同盟国の間での「客観的な議論を促進する」ことが目的であり，それは米国の政策の変更ではないと解説した。この報道は，西ドイツを始め欧州同盟諸国において，米国がMLF構想を放棄したという憶測を呼ぶことに繋がった。

　ウィルソン首相との会談における受動的態度やNSAM322号発令というジョンソン大統領の決断の背景には，バンディの考えが大きく影響していた。バンディ自身は，MLF構想を放棄すべきであると確信していた。かといって，過去2年間の積極的な取り組みやナッソー協定の教訓を踏まえると，米国が一方的にこの構想の中止を宣言することは米国の国益のみならず同盟関係をも著しく傷つけることを意味していた。したがって，バンディにとっては，MLF構想を中止することと同時にどのように「葬り去る」のかということも重要だった。

第2章　暗礁に乗り上げる MLF 構想

　バンディはこのような考えを抱きながら，ウィルソン首相との会談を翌日に控えた12月6日，ジョンソン大統領に「MLF——別の考え方」と題する政策メモを提出していた。バンディは1年以上も前にケネディ大統領へ提出した政策メモを添付しながら，MLF 構想に対する同盟国の消極的な態度を理由に，ケネディ大統領自身が同構想に対して懐疑的だったことを伝えた。

　この政策メモの冒頭で，バンディが強調したのは，MLF 或いは AMF 構想が実現するためには，大統領自身が積極的に政策を主導することが必要不可欠であるということだった。しかし，同構想に対しては同盟国や国内においても反対の声が強く，今後これらを説得する上で，「政治的教育」のために大変な努力が必要とされるだろう。欧州の疑念の強さを考慮すると，この政策が大西洋共同体にとって今必要なものであり，西ドイツを西側に繋ぎとめる上で重要であるという従来とは全くことなった議論を立てていくことが必要であるとされた。

　バンディが提示した「別の考え方」とは，次のようなものだった。第1に，同盟の核防衛に関する問題はウィルソン首相との会談で決着するような類の問題ではなく，同首相がどのような反応を示してもその後には様々な政治的問題が控えている。第2に，仮に MLF 構想が実現しなかった場合でも，西ドイツが米国を必要とすることに変わりはなく，同国の安全保障に今後も関与していくという意志は，巨大な通常戦力及び核戦力を有する米軍の駐留によって示されている。また，MLF 構想がなくとも，国務省が懸念しているような欧州におけるドゴールの支配を防ぐことは可能である。すなわち，同国が配備中の核戦力は未だ小規模であり西ドイツや他の同盟国をひきつける「大きな磁石」には成りえず，西ドイツ国内のドゴール主義派も，対米関係の重要性を十分認識している。第3には，MLF 構想が実現しなくても，核防衛に関する同盟内での政策・戦略協議を拡大することが可能であり，MLF 構想が米国ではなく自然の成り行きとして中止されれば，この方向性は米国の誠意を示す良い政策措置となるだろう。最後に，また「冷戦の緊張が高まる」のであれば，その時に MLF 構想を再び検討すればよいというものだった。

　最終的に，ジョンソン大統領に対して2つの選択肢をバンディは提示した。1つは，MLF 構想実現に向けて「全速前進（go full steam ahead）」するという

選択肢だった。但し，この場合は長期に亘る厳しい政治的対決に直面しドゴールとの大きな衝突は避けられない上に，仮に政策が失敗したり延期されたり場合，大統領の威信は大きく傷付けられるだろうと記した。もう１つの選択肢は，「半速前進（go half steam ahead）」することであり，この場合は高い確率でMLF構想は実現しないが，この責任は大統領だけが負うということにはならないとした。この選択肢では，欧州の同盟国が望むのであれば米国としてもその実現に努力するという態度をとることになるが，それはMLF構想を始め様々な政策案について議論する場を同盟国に提供し，同構想の「段階的かつ正式な埋葬（gradual and ceremonial burial）」に繋がる機会も十分あるだろうとした。さらに，西ドイツ政府から苦情が示される可能性もあるが，対処できないものはなく，むしろ大統領の「賢明さ，注意深さ，そして正しい判断は，リベラル，軍関係者，英国人，フランス人，そして多くのドイツ人から賞賛されるだろう」とまで記していた。このように，バンディはMLF構想の自然消滅に至る方向に舵を切るよう，ジョンソン大統領に強く進言していたのであった。

　1964年12月，米英首脳会談やその後に発令されたNSAM322号の発令により，ジョンソン政権はMLF構想の実現に向けた従来の積極姿勢を後退させるという方針転換を決定したのであった。この決定以降，集団的・戦略核戦力案は洋上艦隊に他の兵器プラットフォームが加わる可能性を残したMLF/ANF構想として，欧州同盟諸国間の同意──実質的には英国と西ドイツの合意──を前提として協議されることになった。

　しかしながら，同戦力の構成要素及び核兵器コントロールのあり方どころか，そもそもそのような核戦力創設の必要があるのかという問題も含めて，ロンドンとボンとの認識には大きな隔たりがあった。米国の積極的な関与がないままでは，MLF/ANF構想に関する合意が達成される可能性は実質的になきに等しかった。ケネディ政権から具体化した同盟アプローチは，ジョンソン政権初期のこの時期に，低迷の危機に直面していたのであった。

　かくして，西ドイツ核武装問題といういわば伝統的な核拡散問題に対する政策措置が停滞する中，ジョンソン政権に追い打ちをかけるかのように，欧州から遠くはなれた東アジアでの出来事により，新たな核拡散問題が浮上したのであった。

注

(1) Memorandum to the President from Rusk "Further Action on the Multilateral Force", (April 8, 1964), CONFIDENTIAL, *MLF #1 Folder*, Box 27, Papers of George W. Ball [GWB], NARA.

(2) Ibid.

(3) Memo for Rusk from Smith "Memorandum to the President on MLF" (April 7, 1964) *DEF Defense Affairs (MLF) _April 1. 1964 Folder*, Box 1758, Policy & Defense, Central File 1964-1966, NARA.

(4) "Memorandum of Discussion of the MLF at the White House, at 5 : 30 P. M., on Friday, April 10, 1964" (April 11, 1964), SECRET, *MLF General Vol. 1 [1/3] Folder*, SF, NSF, LBJL.

(5) Ibid.

(6) フィンレター大使は，イタリア政府を始め欧州ではMLF構想に対するジョンソン政権の支持について懐疑的な意見があると指摘し，ジョンソン大統領からMLF構想支持という明確なメッセージを発信することの必要性を説いた。Ibid.

(7) Ibid.

(8) Ibid.

(9) Ibid.

(10) "Charter of the North Atlantic Multilateral Force", (August 29, 1964), CONFIDENTIAL, *MULTILATERAL FORCE (MLF) Treaty Texts 1 Policy. Plans*, Box 2, Subject Files of SMLF [SMLF], 1963-1966, NARA ; Multilateral Force Working Group, "Second Summary : A compilation of working language, applicable recommendations of Sub-Groups, and other proposals being considered by the Working Group as of 1 September 1964", (September 1, 1964), SECRET, *MULTILATERAL FORCE (MLF) Treaty Texts 1 Policy. Plans*, Box 2, SMLF, 1963-1966, NARA.

(11) 理事会の議長は参加国の各代表が持ち回りで担当することとされていた。"Charter of the North Atlantic Multilateral Force", (August 29, 1964).

(12) 軍事小委員会では，英国の提案を受けて，洋上艦隊以外に攻撃機や地対地ミサイルといった地上配備型のプラットフォームの混合乗員運用についても検討されていたが，最終的にMLF憲章に含まれることはなかった。"Second Summary", (September 1, 1964).

(13) "Protocol on the Initial Component", (November 5, 1964), CONFIDENTIAL, *MULTILATERAL FORCE (MLF) Treaty Texts 1 Policy. Plans*, Box 2, SMLF,

NARA.

(14) Ibid.

(15) "WG/Document 64/Item 6: Political Control", (September 1, 1964), SECRET, *MULTILATERAL FORCE (MLF) Treaty Texts 1 Policy. Plans*, Box 2, SMLF, NARA.

(16) "Annex I: Alternative voting arrangements for authorizing the use of the nuclear weapons of the Force", (September 1, 1964), SECRET, *MULTILATERAL FORCE (MLF) Treaty Texts 1 Policy. Plans*, Box 2, SMLF, NARA.

(17) 1963年4月にアデナウアー首相がMLF協議に参加することを正式に表明して以来，続くエアハルト政権もMLF支持という立場を変えることはなかった。特に積極的な姿勢を示したのが，ハッセル国防相やシュレーダー外相であった。Christoph Bluth, *Britain, Germany, and Western Nuclear Strategy*, (Clarendon Press, 1995), pp. 93-95.

(18) "Joint Statement Following Discussions With Chancellor Erhard of Germany. June 12, 1964", *Public Papers of the Presidents of the United States : Lyndon B. Johnson 1963-64*, Book I, (U. S. Government Printing Office, 1965), pp. 771-772.

(19) Document 36, "Letter From Chancellor Erhard to President Johnson", (September 30, 1964), SECRET/EXDIS, *FRUS, 1964-1968, Volume XIII*, pp. 78-79. 米国からの明確な返答がない中，エアハルト首相は10月6日の記者会見において米国が同提案を受諾したと発言したが，後に，ラスクを含めジョンソン政権高官はこれを否定した。Helga Haftendorn, *NATO and The Nuclear Revolution : Crisis of Credibility, 1966-1967*, (Clarendon Press, 1996), pp. 131-132.

(20) Memorandum of Conversation, "MLF", (October 2, 1964), SECRET/EXDIS, *MLF General Vol. 2 [1of2]*, Box 23, SF, NSF, LBJL.

(21) Memorandum to Kitchen from George, "MLF Consultations", (September 8, 1964), CONFIDENTIAL, *Nuclear Sharing - MLF 1962-1966*, Box 2, Deputy Assistant Secretary for Politico-Military Affairs, Subject File of the Special Assistant for Atomic Energy and Aerospace, 1950-1966, NARA.

(22) Memorandum to the Secretary from Tyler, "Element of European Evolution in the MLF", (July 8, 1964), CONFIDENTIAL, untitled, Box 1760, Central File, 1964-1966, NARA ; Memorandum to Kitchen from George, "MLF Consultations", (September 8, 1964), CONFIDENTIAL, *Nuclear Sharing - MLF 1962-1966*, Box 2, Deputy Assistant Secretary for Politico-Military Affairs, Subject File of the Special Assistant for Atomic Energy & Aerospace, 1950-1966, NARA.

第2章　暗礁に乗り上げるMLF構想

(23) 具体的には，①MLF憲章に加盟する欧州諸国が，非加盟国と同様に，欧州統合の創設に同意した場合，MLF憲章を訂正（adjust）するために適切な行動がとられるべき，②そのような欧州諸国のグループが防衛問題という領域で権能を有する統合体を創設した場合，MLF加盟国（contracting parties）は，そのようなMLF憲章への適応が，新たな政治的状況を満たす望ましいものとなるために協議を行う，③MLF加盟国は，本条約締結時以前の状況を基本的に変化させるような状況が生じた場合には，現在のMLF憲章の規定を見直す。それにはドイツ問題の平和的解決も含まれる，という内容であった。Haftendorn, *NATO and the Nuclear Revolution*, pp. 183-184.

(24) 後にロストウは，この欧州条項／欧州オプションが浮上した背景には，①欧州統合に向けた動きを奨励することは賢明なことであり，欧州核戦力が独立的な核兵器使用の権限を有する可能性を「排除しない」ことによってその統合を後押しできる，②仮に，欧州統合が実現しこの問題を真剣に検討した場合，「独立」を獲得することで支払う米国のコミットメントという代償の大きさから，米国の拒否権放棄を実際に要求することはない，③実際に欧州統合が実現した場合，合衆国大統領と同等の欧州代表との間で，同盟の要請に応える合理的な方式を策定することができる，という3つの判断があったと説明している。Memorandum for the President from Rostow, (September 2, 1966), TOP SECRET, *Memo Sep 1966 – Feb 1967*, Box 12, Office of Bill Moyers, NSF, LBJL.

(25) 後にスミスは，オーウェンに対して，モネ・グループが構想しているようなMLFの進化の可能性を排除しないことと，米国の拒否権のない欧州核戦力にMLFを進化させるという彼らの目的を明確に認識しながら欧州側と合同で作業を進めることとは別物であると指摘していた。すなわち「米国はいかなる取決めにおいても拒否権を放棄しないため，欧州側が米国と異なる考えを持っていることを知りながらもそれ［欧州オプションの可能性］に深くはいりこんだとしても全く問題がないという説明」を米国政府が行う方針であることに対して違和感を示していた。Memorandum to Owen from Smith, (June 24, 1964), Owen Memos, Box 3, Records of the Multilateral Force Negotiating team, 1961-1965, NARA.

(26) Memorandum for Bundy from Klein "The MLF", (October 10, 1964), SECRET, *MLF-General Vol. 2 [2/2]*, Subject File [SF], National Security File [NSF], Box 23, LBJL. また，同様の趣旨の手紙がタイラー国務次官補（欧州及びカナダ問題担当）からバンディ宛に届いていた。Letter to Bundy from Tyler, (October 9, 1964), SECRET-PERSONAL, *MLF-General Vol. 2 [2/2]*, SF, NSF, Box 23, LBJL.

(27) Memorandum for Bundy from Klein "The MLF".

(28) Ibid.
(29) Ibid.
(30) Memorandum of Conversation "Summary of Discussion on MLF, Atlantic Defense and Related Matters", (October 31, 1964), SECRET-EXDIS, *MLF #2*, Box 27, GWB, NARA.
(31) Notes for Discussion, (Saturday, October 31, 1964), *MLF #2* Box 27, GWB, NARA.
(32) "Summary of Discussion on MLF, Atlantic Defense and Related Matters", op.cit.
(33) Ibid.
(34) Ibid.
(35) Ibid.
(36) Ibid.
(37) MLF推進派の政策企画委員会は担当ではなかったため，このボール委員会には参加しなかった。しかし，オーウェン同委員会副議長との調整役であった欧州局職員のスパイヤーズ（Ronald I. Spiers）を通じて関与していた。Memorandum for Bundy from Neustadt "Machinery Building (God help us !)", (November 11, 1964), SECRET, *Neustadt Memos*, Name File, NSF, Box 7, LBJL.
(38) Memorandum of Conversation "Summary of Discussion on MLF, Atlantic Defense and Related Matters", (November 5, 1964), SECRET-EXDIS, *MLF #2*, Box 27, GWB, NARA.
(39) Memorandum of Conversation "Summary of Discussion on MLF, Atlantic Defense and Related Matters", (November 10, 1964), SECRET-EXDIS, *MLF #2*, Box 27, GWB, Box 27, NARA.
(40) Memorandum of Conversation "Summary of Discussion on MLF, Atlantic Defense and Related Matters", (November 19, 1964), SECRET-EXDIS, *MLF #2*, Box 27, GWB, NARA.
(41) Memorandum to the President from Ball "The Wilson Visit", (December 5, 1964), SECRET, *MLF #3*, Box 27, GWB, NARA.
(42) Ibid.
(43) Ibid.
(44) Ibid.
(45) Ibid.
(46) 具体的には，①MLFから大西洋核戦力（ANF）への核戦力の名称変更，②MLFと同様の核コントロール体制，③核使用に関する米国拒否権の恒久的な保持，

④英国が現在保有しているⅤ型爆撃機の新戦力への配属，⑤英国が建造中のポラリス原潜3～4隻の配属及び米国が保有するポラリス原潜（同数）の配属，⑥洋上艦隊への代替案として，米国本土或いはカナダにおいて，共同所有・出資，混合乗員運用によるミニットマン部隊の創設，⑦単一の指揮・統制体制の構築，⑧（現在建造中である）ポラリス原潜5隻よりも低い費用的負担，⑨新核戦力の米戦略空軍（SAC）との共同運用，及びSACEURの指揮下に入らず独立した指揮・統制となること，といった要求を想定していた。Ibid.

(47) 英国からは新戦力設立条約に核兵器保有国の不拡散義務（non-dissemination）及び非核兵器保有国の不取得義務（non-acquisition）を規定する条文の挿入が提案されると分析されていた。Ibid.

(48) その理由として，ミニットマン部隊を混合乗員運用したところで，西ドイツやイタリア，オランダは何の魅力も感じないであろうとボールは考えており，さらに米国本土での運用という点について，ドゴール主義からの批判も問題であるとされた。Ibid.

(49) Ibid.

(50) 火曜昼食会については以下を参照のこと。Glenn T. Seaborg, *Stemming the Tide : Arms Control in the Johnson Years*, (Lexington Books, 1987), p. 150 ; Ivo H. Daalder and I. M. Destler, *In the Shadow of the Oval Office : Profiles of the National Security Advisers and the President They Served - from JFK to George W. Bush*, (Simon & Schuster, 2009), p. 53 ; David J. Rothkopf, *Running the World : The Inside Story of the National Security Council and the Architects of American Power*, (Public Affairs, 2005), pp. 99-100.

(51) Memorandum to the President "NATO Nuclear Policy", (November 8, 1964), SECRET, *MLF #2*, Box 27, GWB, NARA.

(52) Ibid.

(53) Ibid.

(54) Ibid.

(55) Ibid.

(56) Ibid.

(57) National Security Action Memorandum No. 318 "The Future of the Nuclear Defense of the Atlantic Alliance", (November 14, 1964), SECRET, *MLF #4*, Box 27, GWB, NARA.

(58) その理由とは，①英国の消極的態度，②エアハルト政権与党内でのMLF構想を巡る意見対立，③政権基盤の弱いイタリア政府のMLF構想に対する曖昧な態度，

④国際条約による核拡散防止への取り組みの「一時的な停滞（at least temporary setback）」，⑤「欧州諸国がMLF構想を支持している」という国務省高官の説明に対する米連邦議会での強い懐疑論，⑥NATOのあり方に対するフランスの反発，⑦西ドイツ国内で対仏関係の悪化を招いた原因として米国への批判が強まる可能性，が挙げられていた。Memorandum to Rusk, McNamara, and Ball from Bundy "The Future of MLF", (November 25, 1964), TOP SECRET-SENSITIVE-PERSONAL-LITERALLY EYES ONLY, *MLF #4*, Box 27, GWB, NARA.

(59) Ibid.
(60) Ibid.
(61) Ibid.
(62) この政策メモを受け取ったボールは，マクナマラやラスクも自分と同じ意見だろうと言いながら，バンディが述べた結論は「いずれ正しい判断となるだろう（may well be the right one down the road）」という見解を述べた。但し，ウィルソン首相との会談後まではそれは分からないとも言いながら，今後はフランスをどのように関与させていくのかという問題に関して方策を検討すべきであると伝えた。"Telephone conversation between Bundy and Ball", (November 25, 1964), *MLF [Dec. 21 '63 – Dec. '64]*, Box 5, GWB, LBJL.
(63) "Atlantic Nuclear Force : Outline of Her Majesty's Government's Proposal" (undated), TOP SECRET, *MLF #3*, Box 27, GWB, NARA.
(64) Ibid.
(65) フランスが参加する場合は同国が提示する戦力を上記の各要素に加えることとした。Ibid.
(66) 英国案では，混合乗員運用に参加する非核保有国も希望に応じて拒否権を保有するとされた。Ibid.
(67) Ibid.
(68) Ibid.
(69) Ibid.
(70) "U. S. Comments on the UK Proposal of a Project for an Atlantic Nuclear Force", (December 8, 1964), TOP SECRET, *MLF #4*, Box 27, GWB, NARA.
(71) Ibid.
(72) Ibid.
(73) Memorandum of Conversation (December 10, 1964), *MLF #4*, Box 27, GWB, NARA.
(74) "U. S. Comments on the UK Proposal of a Project for an Atlantic Nuclear Force"

(December 8, 1964), TOP SECRET, *MLF #4*, Box 27, GWB, NARA.
(75) National Security Action Memorandum No. 322 "Guidelines for Discussions on the Nuclear Defense of the Atlantic Alliance", (December 17, 1964), SECRET, *MLF #4*, Box 27, GWB, NARA.
(76) Ibid.
(77) Ibid.
(78) Ibid.
(79) Ibid.
(80) このNSAM322号を受けて,国務省ではMLF交渉を担当してきた特別室の閉鎖が決定され,スミスMLF担当特別国務次官補もその任を解かれることになった。Ibid.
(81) James Reston "President Urges Full U.S. Effort to Reunify NATO", The New York Times, (December 21, 1964).
(82) Ibid. 記事が掲載される3日前,ボール国務次官はレストン(James Reston)記者との電話インタビューに答えながら,西側の核防衛という問題を解決するにはもう少し時間をかける必要があり「圧力鍋で急いで調理する(cook it in a pressure cooker)」わけにはいかないと述べた。さらに,MLF構想を始めNATO内に核戦力を創設することに対するドゴール大統領の強い反発も考慮すると,同盟国との衝突を回避するというジョンソン大統領の今回の判断は賢明であったと述べた。Telephone Conversation between Reston and Ball, (December 18, 1964, 11 : 15 A. M.), *MLF [Dec. 21 '63 – Dec. '64]*, Box 5, GWB, LBJL.
(83) Memorandum to the President from Bundy "MLF- An Alternative View", (December 6, 1964), SECRET, *MLF, General Vol. 3 [2/2]*, SF, NSF, Box 23, LBJL.
(84) このメモは,ケネディ大統領のベルリン訪問直前に提出されたものだった。Memorandum to the President from Bundy "The MLF and the European Tour", (June 15, 1963), SECRET, *MLF, General Vol. 3 [2/2]*, SF, NSF, Box 23, LBJL.
(85) Ibid.
(86) Ibid.

第3章
世界的な核拡散リスクの浮上

　1964年10月16日，中国はロプノール実験場において核爆発装置を起爆させた。この北京による核実験の成功により，核拡散問題を巡る国際状況は大きく変化することとなった。前章でみてきたように，従来，米国政府において核拡散問題といえば，欧州地域の同盟国に関する地域的問題という認識が主流であった。しかし，中国というアジアの共産主義国が新たな核保有国として現れるという出来事により，世界的な核拡散という新たなリスクがワシントンにおいても認識されるようになったのであった。これに対してジョンソン政権は，核拡散問題に関する特別委員会を政府内に設置し，世界的な核拡散が米国の安全保障にどのような影響を与えるのか，米国はこの新しいリスクにどのように対応すべきなのか，米国は世界的な核拡散も防止すべきなのか，という問題を検討したのであった。本章では，中国核実験を契機として浮上した新たな核拡散リスクの影響に焦点を当てながら，ジョンソン政権初期における核不拡散政策を巡る政策論議を明らかにする。

1　ジョンソン政権における多国間制度アプローチの位置付け

(1) 停滞する軍備管理・軍縮交渉
　1963年11月に発足したジョンソン政権は，ケネディ政権の軍備管理・軍縮政策を継続して，諸政策措置の実現に積極的に取り組むこと，その中でも，核不拡散に関する国際条約の締結を追求していくことを明らかにした。[1] 1964年1月21日，ENDCの開会に寄せた大統領声明において，ジョンソン政権は，①領土紛争の解決における武力行使及び威嚇の禁止，②戦略核運搬手段の数量の制限及び開発の凍結，③すべての核分裂性物質の生産の停止，④偶発的戦争の予防に向けた監視所システムの創設，⑤さらなる核拡散の防止という5つの

問題についてソ連側との合意を目指す姿勢を明らかにした。特に核拡散問題に関しては，第1に，非核保有国に対する核兵器の移譲の禁止，第2に，原子力の平和利用に対する国際原子力機関（IAEA）の保障措置の受入，第3に，実効的な検証・査察体制に基づいた包括的な核実験禁止についての合意を目標として掲げたのだった。(2)

2月6日には，ジョンソン大統領の声明に続いて，フォスター（William C. Foster）ACDA長官から，より具体的な核不拡散に向けた米国政府の方針がENDCにおいて提示された。すなわち，ワシントンが目指す国際協定として，①核拡散防止を謳ったアイルランド決議に基づいた核不拡散条約についての合意，②原子力の平和利用に使用される核分裂性物質，関連機器及び情報の移転に対する効果的な保障措置の採用を規定した協定，③核兵器用核分裂性物質の生産停止及び生産量の削減，④核兵器用原子力施設に対する国際査察の受け入れ，という4つがあることを示し，特にソ連代表に対して核拡散問題に関する交渉の進展を呼びかけたのだった。(3)

こうして開始されたENDCでの交渉は，すぐに暗礁に乗り上げてしまった。それは，MLF構想を西ドイツに対する実質的な核拡散行為であるとして反発するソ連が，同構想の中止を交渉進展の実質的条件とする姿勢を示したからであった。モスクワにとってNATO内に集団的核戦力を創設することは，ボンによる危険な「核接近」を許すものであり，最も危険な国家に対する核拡散行為であるとみなしていた。すなわち，同構想はNATO核共有の枠組みを利用した西ドイツへの「間接的な核兵器の譲渡」にあたるものであり，米国がこの政策を撤回しないかぎり，核不拡散条約に関する実質的な協議はおろか，その他の軍備管理・軍縮交渉についても進展は望めないという姿勢を示してきたのだった。

このようなモスクワの姿勢は，MLF構想を西ドイツに対する有効な核不拡散政策として位置付けていた米国にとって受け入れられないものであった。ジョンソン政権は，ツァラプキン（Semen Tsarapkin）ENDCソ連代表やドブルイニン（Anatoly Dobrynin）駐米ソ連大使に対して，MLF艦隊が搭載する核兵器は法的のみならず物理的にも米軍の厳重なコントロール下に置かれるものであり，ソ連が懸念するように西ドイツが核兵器の「引き金」に手を掛けることに

はならない,と説明していた。このような個人的説明を通じて,ソ連の懸念払拭に努めたのであった。これに対してソ連は,NATO 内でも同構想に積極的な姿勢を示しているのは西ドイツだけであることを指摘しながら,それはボンの「報復主義者(revanchist)」による核武装に向けた第一歩なのであり,米国が繰り返し主張する核不拡散の「保証」は信用できないと批判した。

　ソ連側の懸念にも根拠がないわけではなかった。ソ連が MLF 構想に関して最も反発していたのが,同構想の設立条約に含まれることが NATO 内で議論されていた「欧州条項(European Clause)」であった。それは,米国が核兵器使用に関する拒否権(核兵器コントロール)を,将来的に欧州が政治的統合を果たした場合に放棄するのかどうかを検討する可能性があるという曖昧な内容であり,米国が非公式なかたちで西欧同盟諸国との協議において言及していた程度のものであったが,核兵器コントロールを米国が統合された欧州に移譲することをワシントンが容認したかのごとく伝えられていた。当然ながら,そのような米国の拒否権のない NATO の集団的核戦力は,西ドイツが実質的な核兵器コントロールを握ることを意味するのであり,ソ連にとって大きな脅威なのであった。

　一方,ワシントンの認識では,ENDC を始めとするソ連側との軍備管理・軍縮交渉において,NATO の核共有制度のあり方という同盟関係においても繊細な問題を協議することは筋違いであった。すなわち,MLF 構想の問題はソ連との交渉によって左右されない「聖域」であり,核不拡散条約を利用して同盟問題に影響を与えようとするソ連の試みは拒否して当然のものであった。したがって,米国政府としては,MLF 構想が核拡散防止の原則と何ら矛盾するものではなくソ連の主張は杞憂に過ぎないこと,同構想の創設は現実のものであることをモスクワに理解させた上で,交渉進展を試みるという方針をとっていたのであった。その後,核不拡散条約を巡る協議は MLF 構想を巡る米ソ間の見解が平行線を辿ったことを受けてほとんど進展をみせず,1964 年を通じて停滞することとなった。

(2) ACDA の働きかけ
　このような状況に不安を強めたのが,ACDA であった。そこで重視された

のは，国務省高官に核拡散問題の重要性を理解してもらうことであった。ジョンソン政権における軍備管理・軍縮政策の協議・決定手続においては，国務省が中心的役割を担ってきただけでなく，制度的にもその影響力が担保されていたからであった。[6]

ACDAの状況打開に向けた取り組みは，1964年6月，長官委員会用に作成されたラスク国務長官宛の政策メモにおいて始まった。ACDAは，核拡散問題をNATOにおける問題と非NATO地域での問題に分けながら，後者の世界的な核拡散も米国の安全保障に重大な影響を及ぼすと主張した。[7]ジョンソン政権がMLF構想の実現を目指すことに反対していたわけではなかったが，核拡散の危険は欧州以外の地域にも世界的な規模で拡大しており，米国として早急に対策を講じなければ「[核拡散の水門を]閉じる最後の機会を逃す」ことになると感じていた。[8]ACDAの認識では，欧州以外の地域における核拡散を防止するためには国際条約という一般的な法的枠組みが必要であり，核不拡散条約の成立に向けて積極的に取り組むべきであると訴えたのであった。[9]

世界的な核拡散に対して，ACDAが強い危機感を感じていた背景には，一旦核拡散の「連鎖反応」が起こってしまうとそれを途中で止めることは非常に難しいという認識があった。特に，中国やインド，日本，中東地域といった欧州以外の地域における核拡散は，欧州内の核拡散に繋がることは必至であった。MLF構想を通じて，欧州における核拡散を予防できたとしても，それ以外の地域で新たな核保有国が登場した際に，西ドイツが非核保有国の地位に将来的にも留まる可能性は低いと考えていたのであった。

しかしながら，このようなACDA提案を受け取ったラスクは，同報告書がMLF構想という同盟問題に言及しているというだけの理由で，通常であれば省内の関係部署に届けられるはずであった同文書の回覧を止めたのだった。[10]このラスクの判断の背景には，世界的な核拡散の可能性を含め，ACDAとは異なる核拡散問題に関する情勢認識があった。ラスクは，ACDAが指摘するようにインド，イスラエル，スウェーデンが核保有国としての「潜在的な候補」であることには同意しながらも，概して欧州以外の国々が自立的な核兵器能力を取得する可能性は「ほぼない」と認識していた。それどころか，中国が核実験を行った場合，他の国家が核兵器を保有することに反対すべきかどうかとい

第**3**章　世界的な核拡散リスクの浮上

フィッシャーACDA副長官（左）とフォスターACDA長官（右）
（出所：LBJ Library photo by Yoichi Okamoto）

う問題について，米国政府として既定の方針が存在しないことを指摘しながら，インドに対して「核兵器を提供」するという選択肢についても検討する価値はあると考えていたのであった。

　このような理由に加え，ACDA文書が提出された6月，ワシントンではエアハルト西独首相の訪米と米独首脳会談を目前に控えている時期であり，同文書が示すようにソ連との核不拡散条約合意に向けMLF設立条約に核不拡散条項を盛り込むという案は，同盟関係に大きな影響を与えかねない政治的に繊細な問題であった。さらに，国務省内で同提案を検討することで，ラスクが同盟国よりもソ連との合意を重視することを承認したという誤った認識が省内に広がる恐れもあったのである。

　8月14日，ACDAは再び，ラスクや高官委員会のメンバーに対して，核拡散防止の対象国に対する2国間枠組みと軍備管理・軍縮条約や国連決議という多国間枠組みから構成される多層的な核不拡散政策案を示した。(11) ACDAの問題意識は，中国による核実験が間近に迫っているという情勢分析を踏まえ，核兵器開発能力を有する他の国家が，「[中国による] 核実験という衝撃にも耐えられる」ような，核武装という選択肢に対する「政治的抑制」をどのように強化・確保していくのかという点にあった。そこでACDAは，この核兵器不取得原則の維持・強化に向けた政策案をラスクに示したのであった。(12)

83

最初に提案された政策は，対象国の状況に応じて，個別的に適切な措置を講じるというものであった。例えば，安全保障上の懸念を動機として核武装することが想定される国家に対しては，実現可能な範囲で米国が直接・間接的手段を通じて安全を保証する枠組みを提供することを検討する，といった案が考えられていた。そこでは，核武装能力を有する「核能力国」としてイスラエル，インド，スウェーデン，日本，そして西ドイツが挙げられていたが，その中でも，中国による核実験の可能性を踏まえた場合，インドによる核武装を現実的問題として指摘しており，同国への核不拡散プログラムを早急に検討するよう訴えていた。ただし，ACDAの認識では，この2国間枠組みだけでは核拡散を防止する上では不十分であり，一般的な軍備管理・軍縮条約や国連決議という多国間枠組みの構築を同時並行的に進めることが不可欠であった。そこで提案されたのが，①核兵器製造に必要な技術移転及び核物質や関連機器の輸出管理，②ソ連との合意に基づく核不拡散条約の締結，③アイルランド決議に次いで核不拡散原則を謳う国連決議の採択を目指すこと，であった。

　輸出管理については，具体的な論点として，核物質及び関連機器の輸出に際しては国際的な保障措置を受け入れる国家に限定することや，核関連技術の拡散を防止・遅延させるような体制の強化，平和目的での原子力利用の軍事転用を防止するためにIAEAの査察能力の強化に向けて取り組むべきことが論じられていた。核不拡散条約については，その発効要件として中国の批准を要求しないことや，MLF憲章に核兵器不取得規定を盛り込むことが引き続き提言されていた。さらに，非核保有国によるIAEAや同様の国際的な保障措置の受け入れを促すため，ソ連に対して米国と共に自国の原子力施設への査察受け入れを提案することもここでは指摘されていた。国連決議の採択案は，7月にアフリカ統一機構（OAU）が核不拡散及びアフリカ大陸を非核地帯とすることを謳った決議を採択したことを踏まえ，核不拡散に向けた国際的支持の強化を目的として提示されていた。[13]

（3）国務省の壁

　このようなACDA提案に対して，国務省では否定的な反応が多くみられた。特に，①核不拡散条約交渉において中国の参加を発効要件として求めないこと，

②MLF設立条約に核不拡散規定を盛り込むこと，③国連決議案の策定に向けてOAUによる核不拡散決議の内容を踏まえること，という提言を問題視する意見が浮上していた。[14]

　第1の点については，軍備管理・軍縮交渉に米国が臨む際には，常に同盟国の反応を考慮にいれて判断していたことを示すものであり，トンプソン（Llewellyn Thompson）無任所大使は，ACDA提案は対ソ交渉における米国の一方的な譲歩であり，「現時点でこのような決断を下すことの妥当性に強い疑問を感じる」と吐露していた。すなわち，核不拡散条約には西ドイツを含む非核保有国の参加を望む立場にありながら，中国の参加をあっさり諦めて同国の核保有を事実上黙認してしまうこと，さらにソ連に対してこのカードを簡単に手放してしまうことは，同盟国の不満を招くだけであった。したがって，国務省内では，この問題について米国から何らかの態度を早期に示さないことで合意された。[15]

　第2の点については，ACDAが提案するようにMLFにおける核兵器コントロール体制についての公式なコミットメントをソ連に示すことは，現時点で米国の立場を固めてしまうことになる上，それが核不拡散条約に関するソ連の早期合意の可能性を高めることには繋がらないとして，反対する意見が関連部局から示されていた。核兵器コントロールの問題は，NATO内で最も慎重に扱うべき政治的に繊細な問題であり，そもそもソ連との協議事項に含めること自体，欧州諸国との関係において「深刻な問題」をもたらすという意見が強かった。

　特に，西ドイツとの関係に与える影響を危惧する意見も強く，核不拡散条約を巡る対ソ交渉においてMLF構想を始めNATO核問題に関して議論することは，米国に対する西ドイツ政府の信頼低下を招く可能性が高かった。さらに，同国内のドゴール主義的議論を活発にさせ，エアハルト政権が掲げる大西洋主義が弱体化するおそれもあった。MLF構想を米国が掲げている限り，核不拡散条項をその設立条約に盛り込むといった措置を講じたとしても，同構想に対するソ連の反対姿勢が変化する可能性はほとんどなく，したがってMLF自体を禁止する内容でない限り，いかなる核不拡散条約案もソ連は拒否するであろうという不信感も国務省では根強かった。[16]

最後の点については，OAU が採択した核不拡散決議にはアフリカ大陸の非核化構想という米国の安全保障上慎重な判断を要する事項も含まれているため，詳細な検討を行っていない現時点において積極的に支持する姿勢を前面に出すのは賢明ではない，という意見が示されていた。但し，MLF 構想に反発するソ連の政治宣伝に OAU 決議が利用される恐れがあるため，そのような事態を回避するという消極的理由から，同決議への態度及び国連総会決議に対する準備作業を国務省内で開始する必要性が議論されていた。このように，核不拡散条約を始めとする多国間制度アプローチの採用を訴える ACDA の意見は，国務省において正面から議論されることはなかった。

2 世界的な核拡散に対する危機意識の芽生え

（1）中国核実験と核能力委員会の設置

ACDA にとって厳しい状況は，中国の核兵器開発問題によって 1 つの転機が訪れることになった。この問題は，1960 年代初頭から，CIA や国務省の情報分析局（INR）の分析を通じて米国政府内では既に把握されていた。中国の核兵器開発はソ連の技術協力の下で 1950 年代後半に開始されていたが，60 年代に入るとソ連の技術援助は停止され，それ以降中国独自の核開発が進められていた。この動きに対しケネディ政権は，1 つの選択肢として，新疆ウイグル自治区に位置するロプノール核実験場を含む核開発施設を軍事攻撃することも極秘に検討していた。この計画は，ジョンソン政権においても，非常に限られた一部の政策担当者間で検討されていたのであった。1964 年 8 月，米国政府では中国核実験の時期に関する国家情報評価（NIE）が作成され，北京が 1964 年末から 1965 年初頭までに核実験を行う可能性が高いことが報告された。同年 9 月，ラスク，マクナマラ，バンディ，マコーン（John A. McCone）CIA 長官は国務省において協議した結果，政治的リスクや軍事作戦が成功する見込みも低いことから，そのような軍事行動を米国単独では行わないことで合意し，後にジョンソン大統領も承認した。結果的には，この時点において，米国は中国による核実験の実施――中国による核兵器の保有――を事実上容認することを決断したのであった。

第3章　世界的な核拡散リスクの浮上

　その後ジョンソン政権は，中国による核実験実施を前提とした上で，それが核兵器取得に関する他の国家の態度に与える影響に焦点を当てた検討作業を開始した。8月24日，ラスクは軍備管理・軍縮問題を検討する省庁間協議体である高官委員会の下部組織である「副官委員会（Committee of Deputies）」の枠組みを利用して，「核兵器能力に関する委員会（Committee Concerning Nuclear Weapons Capabilities）」を創設した。通常であればACDA副長官のフィッシャーが議長を務めていたが，元ソ連大使でありラスクの信頼も厚かったトンプソン無任所大使が議長に指名され，政権内では通称トンプソン委員会として認識されるようになった。[21]

　同委員会の目的は，中国が近い将来において核実験を実施する可能性を踏まえながら，核兵器能力のさらなる拡散を防止するための具体的な政策措置案を作成することであった。[22]具体的には，核兵器開発を目指す可能性のある潜在的な国家——インド，日本，スウェーデン，イスラエル，エジプト，南アフリカなどの核能力国——の状況，核政策，対応策について検討することが求められていたのであった。特に，そこではインドに対する政策方針を優先的に検討すべきとされ，米国政府としてこの安全の保証を効果的に行うための2国間／多国間アプローチについても検討することが指示されていた。[23]

　トンプソン委員会での協議が開始されてから約2ヶ月後，ACDAは7つの政策措置から成る核拡散防止に向けた「包括的なプログラム（an over-all program）」を，ラスクをはじめとする長官委員会メンバーに提示した。[24]そこで示された政策案は，①核実験という中国の行動を否定的に捉える議論を喚起するための諸措置，②個別的・2国間枠組み，③核兵器関連技術の拡散防止に向けた措置，④非核保有国による核兵器の不取得宣言を得るための措置，⑤核不拡散条約に関する対ソ交渉の進展に向けた措置，⑥戦略的核運搬手段の拡散防止に向けた取り組み，⑦包括的核実験禁止条約に関する交渉であった。このような幅広い政策措置の中でも，ACDAが重要視していたのは包括的な核実験禁止条約と核不拡散条約の成立であり，この2つを成功裏に運ぶことができれば，世界的な核拡散を防止できる可能性が大きく高まると考えていたのであった。

　特に核不拡散条約については，MLF構想との関係からジョンソン政権において最も意見の分かれる問題であり，この政策メモが示す政策提言の中でも最

も重要な項目であることが指摘されていた。ACDA の認識では，核不拡散条約に関する交渉の MLF 構想に与える影響だけがこれまでの議論の焦点となってきたが，MLF 構想の成功が同協定に依存しているという事実こそ注目すべきであると論じていた。たとえ，MLF 構想によって西ドイツの核武装を防止できたとしても，核不拡散条約が成立せずインドをはじめイスラエル，日本，或いはスウェーデンが自立的核能力を獲得した場合，西ドイツの核兵器に対する野心を満足させることは，ほぼ不可能であると論じていた。[25]

米ソが合意する核不拡散条約が重要であるのは，核兵器能力を有する国々を同条約に参加・順守させる可能性が高まると考えられていたからであった。したがって，ソ連の合意を獲得するためには，MLF 構想が西ドイツの自立的核能力獲得に繋がることはないという十分な保証を行うことが必要なのであった。具体的には，米国がいかなる場合にも拒否権を放棄せず MLF が核兵器使用に関する「自立的な決定権を有するコントロールの主体を増加させることはない」と確約する規定を，MLF 憲章に盛り込むことを再び提言していた。

個別的な取り組みに関して，インドについては，自国の核開発を平和目的の活動に限定するという同国の政策を強固なものにすることを目指して次の 4 つの提言が示された。第 1 には，インド政府の意図及び核能力に関する情報提供を得るため，またそのような問題に関する継続的な関係を構築するために高官レベルでの対話を開始する，第 2 に，インド国民及びアフリカ・アジア諸国に同国の科学的進歩を印象付けるような平和目的の原子力活動に関するインド政府との協力の可能性について検討する，第 3 に，大統領から公の場で示されるアジア地域諸国に対する一般的な保証を強固なものとするべく，インド政府に対し秘密裏に安全の保証を提供することを検討する，第 4 に，同国に対して影響力のある国家への働きかけや，核不拡散を謳った適切な国連決議を推進することを通じて核兵器開発に抑制的な国際的雰囲気の醸成に向けた取り組みを強化する，という諸政策を講じるというものであった。[26]

その後トンプソン委員会では，この ACDA 案の検討作業が行われた。核不拡散条約の早期締結に向けた取り組みの本格化と，MLF 設立条約に核兵器の不取得宣言を盛り込むよう主張する ACDA 提案に対して，トンプソンを始め国務省高官の態度は否定的なものであった。[27]その理由は，第 1 に，10 月 16 日

に成立したばかりのソ連の指導部が、軍縮問題に対してどのような政策の方向性を考えているのか、どのような態度を示すのか予測できないという点であった。第2には、核不拡散条約に関して、ACDA提案のようにMLF設立条約において核兵器不取得規定などのような規定を盛り込むことは適切ではなく、それによりMLF構想に対するソ連の態度が変わる可能性は低く、「見返り」もないままにソ連に対して保証を与えることが「賢い選択であるかは疑わしい」ということであった。トンプソンは、軍備管理・軍縮分野において大きな進展があれば「有益」であるという意見は認めていたが、ソ連との合意を目指すあまり、当初の米国案が骨抜きにされることを強く懸念していた。したがって、米国としては、ソ連に拒否されようとも、MLF構想という「健全な提案」を継続して掲げるという態度をとるべきであると考えていたのであった。

このように、核不拡散政策としての有効性に対する疑念や、ソ連の意図に対する強い不信感を背景に、多国間制度アプローチを主張するACDAの政権内における影響力は低かったのであった。このことを示すかのように、これ以降トンプソン委員会は、インド問題への対応という個別的な核拡散問題を焦点として検討作業を継続する一方、核不拡散条約を始めとする軍備管理・軍縮政策を取り上げることはなかった。

(2) 核拡散問題に関する大統領特別委員会の設置

1964年10月16日、中国はロプノール核実験場において核爆発装置を起爆させた。ジョンソン政権は、事前に作成されていた大統領声明を発表し、中国による核実験の実施を非難すると同時に、米国が同国の核兵器開発プログラムの状況を十分把握しており想定内の出来事であること、実際に核兵器を取得するまでには多くの時間が必要であることを指摘しながら、同実験が軍事的影響を及ぼすものではないことを強調した。特に、「米国はアジアにおける防衛コミットメントを改めて確認する」ことや、「たとえ中国共産党が実効的な核能力を獲得したとしても、その能力は、中国共産党の侵攻に対抗しようとするアジア諸国からの支援要請に対する米国の即応態勢に、何ら影響を与えることはない」という発言を通じて、非同盟国も含めた地域諸国に対する積極的な安全の保証提供の可能性を示唆していた点が特徴的であった。

欧州諸国以外そして東アジア諸国で初めてとなる中国の核実験成功により，ジョンソン政権では世界的な核拡散が現実味を帯びて認識されるようになった。この問題への関心を高めたジョンソン大統領は，トンプソン委員会のような省庁間の協議枠組みではなく，ホワイトハウスが主導するかたちで核拡散が米国の安全保障に及ぼす影響を根本的に検討する必要性を感じるようになった。すなわち，政府内の官僚機構内での議論では，核拡散問題が米国の国益に与える影響を正面から十分検討することは限界があるため，ホワイトハウス内に同問題を検討する特別委員会を設置することを考えていた。

　この案を聞いたバンディは，ケネディ政権期に国防副長官を務め，キューバ危機の際にはNSC執行委員会（通称「エクスコム（ExCom）」）の一員として活躍したギルパトリック（Roswell L. Gilpatric）の名を挙げた[34]。この提案に対して，ジョンソンを始めラスクやボールも賛同を示し，11月1日，ギルパトリックを委員長とした大統領特別委員会の設置が正式に決定されたのだった[35]。

　11月下旬にかけて，この特別委員会設置に向けた準備作業も最終段階に入り，最も重要な要素である委員会の構成メンバーが決定された。同委員会の特徴として，ギルパトリック自身も含めて，アイゼンハワー政権やケネディ政権で要職を務めた元政府高官が多く参加したことがあった。同委員会の委員として参加することになったのは，アイゼンハワー政権期にCIA長官を務めたダレス（Allen W. Dulles），西ドイツの高等弁務官を務め後にベトナム和平交渉にも参加したマックロイ（John J. McCloy），元欧州連合軍最高司令官（SACEUR）であったグランサー（Alfred M. Gruenther）将軍，弁護士として軍縮交渉にも参加した経験のあるディーン（Arthur H. Dean）であった。さらに，科学技術問題に関してアイゼンハワー大統領の科学顧問を務めたハーバード大学のキシアコウスキー（George B. Kistiakowsky）博士，物理学者として核兵器の設計に携わり国防省研究工学室での職務経験があるカルフォルニア大学サンディエゴ校教授のヨーク（Herbert F. York）博士，コーネル大学学長であるパーキンス（James A. Perkins）博士が選ばれることになった。また，民間企業からもIBM世界貿易会社のワトソン（Arthur K. Watson）とニューイングランド・エレクトリック・システム社長のウェブスター（William S. Webster）の2名が参加することになった[36]。

第3章　世界的な核拡散リスクの浮上

　11月25日，ジョンソン大統領はNSAM320号を発令し，「核拡散問題に関する特別委員会」（以下，ギルパトリック委員会）の設置を正式に決定した。政府側からはホワイトハウスで科学技術・軍備管理問題を担当していたキーニー（Spurgeon M. Keeny）と国務省政治・軍事問題局のガーソフ（Raymond L. Garthoff），NSCスタッフのジョンソン（Charles E. Johnson），国防省からは国際安全保障局（ISA）のマーレー（Richard Murray），ACDAからはラスジェンス（George Rathjens）及びリヴキン（Steven R. Rivkin）が，議事進行の補佐スタッフを務めることになった。

　検討作業を行うにあたり，核拡散問題に関連する政策分野が多岐に亘ることを踏まえ，ギルパトリックは6つの問題分野の設定及びそれらを担当する検討グループを設置し，具体的な政策のあり方を討議するという手続が採られることになった。第1の問題領域は，欧州及びNATOに関する問題であり，具体的な検討課題としてMLF構想及びその修正案或いは代替案の可能性，さらに予想されるソ連の反応といった問題が設定されていた。第2には，欧州以外の地域における核拡散問題について，特にインドや日本の核武装を予防するための政策措置が検討課題として考えられていた。第3の問題領域は，多国間条約を通じた取り組みについて，包括的核実験禁止条約や核不拡散条約，非核地帯，核兵器及び運搬手段の生産凍結に関する協定について検討されることになった。

　第4の問題領域は，原子力の平和利用に関するものであり，具体的には，発電用及び研究用原子炉や平和目的の核爆発利用問題，核査察や保障措置のあり方，核兵器開発に利用可能な技術移転の問題が検討されることになった。第5には，米国の核兵器政策に関する問題として，核兵器の生産計画，米軍の核コントロール体制の現状と課題，核兵器の安全管理，米国の核政策が核拡散に与える影響，核兵器の運用に関する技術的知識の流出といった課題が検討されることになった。最後の問題領域は，事実上の核保有国に対する政策として，それらの国家による核運搬能力の開発を抑制するような措置について検討されることになった。

　12月1日，ギルパトリック委員会の第1回会合がホワイトハウスに隣接する行政府ビルにおいて開かれた。会合の冒頭において，ギルパトリックから参加委員や補佐スタッフの紹介がなされた後，同委員会では，核拡散問題に関し

て「潜在的に競合性を有する諸政策についての検討，それらが調和するような優先順位の模索，あるいはそれら諸政策の結果起こる可能性の高い状況についてより理解を深めること」が目的であると述べた。委員会設立の経緯については，この問題を検討する政府内組織が高官委員会を除いて存在しないことを指摘し，「核拡散問題に関する各省庁の様々な利益や政策間の対立を調整しながら議論する」上で，同委員会の役割が重要であると説明した。さらに，現在は「世界が核拡散に向かうかどうかの境界（threshold）に位置しており」，この問題に関する幅広い政策的論点——国連やジュネーブにおける軍備管理交渉，MLF構想，日本やインドの核武装という潜在的可能性，包括的核実験禁止条約，米国の核兵器政策——に対して，米国はどのように取り組むべきなのか，どのような選択を行うのか，大きな決断を下す必要がある点が強調された。

このような布陣の下で，ギルパトリック委員会は，米国の核拡散問題に対する取り組みについて検討作業を開始した。最終的な報告書は，翌年1月19日にジョンソン大統領へ直接提出することが予定されており，それまでの約2ヶ月間，同委員会は合計3回の会合を開いて議論を重ねることになった。各会合においては，関係省庁から関連する問題領域における米国政府の政策説明が行われた。その一方で，小委員会の担当者は，補佐スタッフが作成した政策資料を参考にしながら，上記の具体的課題について検討作業を進めていた。

3 ギルパトリック委員会における議論

（1）多国間制度アプローチ重視論の展開

ギルパトリック委員会において主要な論点となったのが，どのようにMLF構想と核不拡散条約の整合性を構築できるのか，という問題であった。両者は核不拡散という共通の政策目標を有していたが，異なる文脈で形成されてきた経緯を背景に，各省庁間において，その核不拡散政策としての実効性に関する認識の違いが大きかった。

この問題に関して，ACDAのラスジェンスが討議用に作成した資料では，同盟政策及び核不拡散政策という観点からMLF構想に対する強い疑念が指摘されていた。同資料では，分析の前提として，米国にとって望ましい欧州のあ

り方や米欧関係のあり方について，①米国から政治・経済的に自立性を高めた「第3の勢力」としての欧州の出現，②欧州地域の非武装化とドイツが再統一を果たす欧州の出現，③NATOの下で強固で緊密な米欧関係が維持された欧州という3つのシナリオを比較して検討した。安定した欧州秩序の形成という米国の政策目標からは，3番目のシナリオが最も現実的で望ましいと指摘した。そこで同資料では，「NATOを恒久的に存続・強化する」というシナリオを前提とした上で，西ドイツの安全保障観の考察やMLF構想が果たす役割についての考察が示された[51]。

MLF構想については，4つの役割について検討がなされた。第1の論点として検討されたのは，同盟関係強化において同構想が果たす役割についてであった。すなわち，MLF構想はNATOの関係強化だけでなく米・西独関係の緊密化に寄与し，西ドイツがフランスへ「接近」する可能性を低下させるというMLF推進派の主張が，果たして有効なのかという問題であった。この点については，NATO核戦力の創設や作戦計画立案を合同で行うといった措置は同盟関係の強化に「ある程度」寄与することは確実であるが，「決定的に重要」ではないとして，その効果は限定的であるとした。むしろ，MLF構想を巡る欧州諸国の反応や，同構想の参加国と非参加国の関係に溝が生じる可能性から，かえってNATOの分断を招くおそれが高まってきている点が指摘されていた。

次の論点は，MLF構想により米国の拡大抑止に対する欧州諸国の信頼性をどこまで確保することができるのか，という問題であった。この機能を果たすためには，ソ連に対する核抑止の信憑性を高めることが重要であり，米国の核コントロールから独立的な核戦力へと同構想のあり方を修正する必要があると指摘された。すなわち，核使用の拒否権を米国が堅持する現行案では，拡大抑止に対する同盟国の信頼を高めることはできないと断じた[52]。それでは，西ドイツの核武装に対する代替案として，MLF構想は果たして機能するのであろうか。ACDAは，核兵器に対する西ドイツの関心が国家の安全保障上の理由から生じている限り，明確な拒否権を米国が有する同構想が西ドイツ内のそのような意見を満足させる可能性は低く，核不拡散措置としての有効性は低いと評価していた。ラスジェンスは，西ドイツが自国の安全保障にとって最も重要な条件としているのは「抑止の信頼性を維持するために［核兵器が使用される］可

能性が高いこと」であると考えており，いかなるソ連の軍事侵攻に対しても早期の段階で核兵器を使用する態勢を整えておくことであった。それ故に，核兵器のコントロールへの参加拡大について，同国内での潜在的な要求が高いと分析していた。しかし，米国は厳格な核兵器のコントロール——特に核使用への拒否権の保持——を政策方針としており，両国間には「利益の根本的な不一致」が存在すると指摘した。したがって，米国の拒否権が保持されるMLF構想が，長期的に西ドイツの安全保障上の要請を満足させるには，大きな限界があると主張した。仮に，この問題を回避するために欧州条項をMLF憲章に盛り込む案については，核不拡散条約をめぐる対ソ交渉において，米国の主張に齟齬をきたす危険があると指摘した。

　MLF構想がNATOにおける「1級国家」としての威信を満足させ，西ドイツの核武装を予防するという意見については，「スウェーデンやインド，イスラエルが核兵器を取得した場合」を考慮すると，その効果には「大いに疑問が残る」と論じた。第4の論点として検討されたのは，MLF構想が集団的核戦力として英国の核戦力やフランスが開発を進める核戦力を統合する結果，核保有国の減少につながるという意見であった。これに対しては，英国やフランスが自国の核戦力をNATO指揮下に移譲する可能性が極めて低いことから，非現実的な議論であるとして一蹴された。

　これらの議論以外に，MLF構想が招く問題点としてラスジェンスが指摘したのは，それがソ連の強い警戒感を招き東西関係の緊張を高めることであった。その結果，ドイツ統一問題も解決の見通しが立たなくなるおそれがあった。また，同構想が実現することによって，戦略運搬手段に関するすべての軍備管理・軍縮交渉における事実上の拒否権を，西ドイツに与えてしまうという問題も指摘された。さらに，東西関係の緊張が継続する限り核兵器への依存も強まることから，核拡散の防止に向けた取り組みが益々困難になる点も指摘されていた。

　他方，核拡散の防止手段としてソ連との核不拡散条約締結がどの程度有効であり，その実現可能性がどの程度存在するのかという問題については，ラスジェンスが作成した別の資料において検討されていた。核拡散問題において重要な時期というのは，核開発能力を有する国家が核実験を実施する時期ではなく，

核兵器の取得を決断する時期であった。というのも，核開発の決断が一旦なされた場合，後から覆すのは非常に困難であると考えられていたからであった。当時の ACDA は，核武装への一歩を踏み出す決定が数ヶ国においてなされる可能性が極めて高いという危機感を抱いていた。

したがって，米国は核開発能力を有する諸国に対して，核不拡散に向けた取組みを個別的に行う必要があり，この2国間での取り組みを成功裏に導く上で，核不拡散条約の必要性が見出されていた。当然ながら，国際協定である以上，各主権国家は脱退することや，時には規定に抵触する行動をとる可能性も排除できないが，「このような正式な国際協定が存在することで，核開発に抵抗する諸国の指導者層の影響力を強化することができる」として，核拡散の防止に向けた取組みにおける核不拡散条約という多国間条約の有効性を訴えた。[58]

ここで重要となるのが，核不拡散条約に対するソ連の態度であった。ACDA の認識では，核不拡散に関するソ連の関心は，西ドイツの核武装を防止することであった。それは脅迫観念に近く，ドイツ軍国主義に対する「根深い感情的な恐怖」に基づいたものであった。ソ連の目には，MLF 構想は米国による西ドイツへの実質的な核兵器供与として映っており，核兵器使用に対する米国の拒否権も欧州条項という「抜け穴」によって十分担保されていないと認識されていると指摘した。このようなソ連の反発に対して，同構想は，西ドイツの核武装という危険を予防するための政策措置であることを主張してきたが，ソ連側には一向に受け入れられていないと説明した。

ACDA は，西ドイツの核武装を防止する手段としては MLF 構想よりも核不拡散条約の方が「はるかに有効」であると訴えていた。第1に，核不拡散に関する正式な国際協定が存在することにより，西ドイツ国内の核武装に反対する勢力の立場が強化されること，第2に，同条約には「非核保有国への核開発の援助禁止規定（non-dissemination clause）」を盛り込む予定であり，1954年のパリ協定における西ドイツの宣言では言及されなかった自国領土外における核兵器製造の可能性を，完全に排除することができることが，その理由として挙げられていた。[59]

さらに MLF 構想において西ドイツは，ポラリス・ミサイルの製造費用の4割を負担することになる一方，肝心の核兵器コントロールについては NATO

核共有体制と同様に米国が拒否権を保持するため,将来,西ドイツ国内では核兵器取得を求める圧力が強まる危険があると指摘されていた。また,核不拡散条約の締結はアジア地域,中東地域における核拡散のリスクを低減させるため,先進国である西ドイツの威信が「後進国」の核保有国出現により傷付くという可能性も低下するとされた。したがって,結果的に,同国内で威信回復の手段として核武装を訴える動きも抑制されると説かれていた。[60]

このように,ACDA は核不拡散条約の締結こそが核拡散を防止する最も有効な政策手段であると考えていた。したがって,米国政府が取り組むべき課題は,ソ連による妥協を前提として,MLF 構想という対ソ交渉における「唯一の大きな障害を」を取り除く術を模索することであると提言していた。[61] ACDA が考えていたその方法とは,同構想の「中止」であった。[62] ソ連には,その見返りとして,欧州に配備している MRBM の削減などの措置を求める一方,西ドイツには米国本土のミニットマン・ICBM の攻撃目標設定やソ連との軍備管理・軍縮交渉の方針策定過程への参画を提供することを提案していた。

(2) 核不拡散条約の受容度

米ソ合意により核不拡散条約が成立した場合,それがどの程度受け入れられるのかというその受容度の問題については,次のような分析を示していた。核保有国について,英国はこれまで核不拡散条約の成立に非常に積極的であり,真っ先に署名するであろうとされた。中国の署名は米国をはじめ西側諸国との関係改善を待つ必要があるとしながら,たとえ同条約に参加しなかったとしても他の国家への影響はほとんどなく,むしろ中国の批准がなくとも,条約が成立しないよりははるかに良いと考えていた。フランスについては,ドミュルヴィル(Maurice Couve de Murville)仏外相がラスク国務長官に対して西ドイツへの核兵器供与に強く反対の意を伝えるとともに,日本の外相に対しても他国の核兵器開発に一切協力しない意向であることを伝えたことを挙げながら,ドゴール大統領自身は核兵器は「大国」という地位にとって本質的であると信じており,同国が核不拡散政策を支持するのは確実であると述べた。したがって,部分的核実験禁止条約(LTBT)の場合とは異なり,核不拡散条約には署名するであろうと分析していた。[63]

第3章　世界的な核拡散リスクの浮上

　非核保有国については，核戦争の可能性を少しでも回避したいという国内世論の圧力に押されて，多くの国家は核不拡散条約に参加することが予想されていた。現在非核保有国の中には，核兵器開発の能力を有し，実際にその取得を検討している国家——インド，イスラエル，スウェーデン，日本——があるが，それら諸国の政府も条約批准を求める国内世論の圧力には抵抗できないとされた。したがって，核能力国が核兵器取得への一歩を踏み出す前に，早急に同条約を成立させることが重要であると訴えていた。⁽⁶⁴⁾

　核能力国の筆頭に挙げられていたインドについては，従来から核兵器取得に反対の立場を示しているが，中国の核実験の影響により早期に同条約に署名しない可能性が高いため，米国及びソ連は中国の核兵器に対する防衛支援の保証を同国に与える必要があると指摘した。西ドイツについては，政府内の一部には同条約への反対意見も存在するが，次の３点を根拠に，いずれ署名を説得することができるとされた。西ドイツにおけるすべての主要な政党は，同国は核兵器を取得すべきではないことを公式見解としていることが，第１の理由であった。1963年12月に訪米したエアハルト西独首相や翌年３月に訪米したブラント西ベルリン市長も，この立場が世論の多数意見を反映したものであることを繰り返し強調していたことが指摘されていた。第２には，西ドイツは既に「条約によって，同国領土内での核兵器の開発が禁止されている」ことであった。

　非核保有国へのいかなる核兵器開発の技術支援や援助も禁止する，「包括的な核不拡散条約」が成立すれば，規定上，同条約の締約国からの援助が期待できない以上，西ドイツが同条約への署名を拒否しても何ら得るものがないと指摘していた。最後の理由としては，同条約へ署名を拒否した場合，他の欧州諸国，ソ連，そして米国の疑念や対立という政治的コストが生じることを西ドイツ政府はよく理解していることであった。特に，「同国が安全保障のほぼすべてを当てにしている」米国の懸念を無視することはできないと指摘していた。ACDAの認識では，インドや西ドイツ以外にも，日本，エジプト，スウェーデン，パキスタン，スイス，カナダといった重要な国家があるが，国内世論への働きかけや各国政府への圧力を組み合わせることで，同条約を批准する可能性が高いと考えられていた。⁽⁶⁵⁾

1964年当時の非核保有国が，包括的核実験禁止条約や核不拡散条約への署名・批准という明示的なかたちで，核兵器を取得する権利を果たして放棄するのかという問題については，ガーソフが準備した国務省資料において分析されていた(66)。そこでは，それらの条約に非核保有国が同意する共通の条件が4点挙げられていた。第1の条件は，両条約について米ソ両国が合意することであった。米ソいずれかの一方的行為として核不拡散宣言を行ったとしても，それは「世界規模での［核不拡散］システム」として不十分であり，多くの非同盟主義国にとって自らも同様の宣言を行うだけの価値があるとはみなされないとされた。第2の条件は，競争関係にある諸国家の署名・批准を取り付けることであった。第3の条件は，核不拡散条約に参加し核兵器の取得を公式に放棄しても，各国の安全保障上の不安を惹起させないような，「安定性の保証」に向けた取り組みを実施することだった。ここで強調されたのは，安全保障上の課題は各国ごとに異なる以上，何が同条約の署名・批准を促すのかという要因も国ごとに大きく異なるが，それらの政策措置が「世界規模での不拡散プログラムの統合的な一部」として機能するように整合性を維持することが重要である，ということだった(67)。最後の条件は，核兵器の代わりに国家の威信を満たす措置を提供することであった。国家が核兵器開発を決断する際には「国家の威信」が大きな要因として影響するため，平和利用を目的とした科学的なプログラムへの国際的な支援といった措置も，条約への参加を促す上で欠くことのできない手段であると指摘されていた(68)。

　以上のような条件を念頭に置きつつ，包括的核実験禁止条約及び核不拡散条約の成功を左右するさらに重要な要因として指摘されたのが，インド，イスラエル，スウェーデン，日本の動向であった。これらの国々が両条約に参加した場合，他のほとんどの国家による署名もほぼ確実であるが，その一方で，これらの国々が1ヶ国でも核保有国となった場合，核不拡散への取り組みは敗色が濃厚となると考えられていた(69)。

　イスラエルについては，LTBTに署名し核不拡散原則を訴えたアイルランド決議にも賛成票を投じている一方，ディノマ（Dinoma）原子炉へのIAEA査察は拒否しており，「核兵器の製造能力を着実に取得してきている」と指摘されていた(70)。同国が包括的核実験禁止条約や核不拡散条約に参加する条件は，

アラブ諸国がこれらの条約に参加すること，条文に脱退規定を盛り込むこと，アラブ諸国からの武力攻撃に対する軍事的・経済的支援を保証することであると考えられていた。さらに，軍事的・技術的支援を通じて同国への影響力を有するフランスとの関係についても重要視されており，ドゴール仏大統領が，自らの「第3勢力」構想に基づいた「打撃力（force de frappe）」核戦力の構築においてイスラエルとの関係強化を目指した場合，米国による両条約への参加要求をイスラエルが聞き入れない可能性があると指摘されていた。[71]

日本については，広島や長崎への原爆投下や1954年の第5福竜丸被爆事件という経験から，第1に，LTBTへの署名や核実験禁止に対して非常に積極的であると認識されていた。世論の大多数も核実験禁止に対する政府の姿勢を支持しており，日本への核兵器配備にも強く反対しているとされた。他方，核不拡散問題に関しては，アイルランド決議に賛成しIAEA査察も受け入れているものの，核実験禁止ほどには明示的な態度を示していないと指摘していた。現時点において，日本は包括的な核実験禁止協定や核不拡散条約に参加すると考えられるが，中国の核兵器開発の進展，さらにインドが核兵器開発を開始した場合，今後数年間に現在の態度を転換する可能性があるとされた。この点については，日本の政策決定に強い影響力を有する米国が，日米同盟関係の維持や日本に対する信頼性のある核抑止の提供という点に十分考慮していけば，両条約に署名・批准する可能性は高いであろうと指摘されていた。[72]

スウェーデンについても日本と同様に，核実験の禁止について非常に積極的に取り組んでいる一方，核不拡散という問題については，明確な立場を示していないとされた。その理由として，中立国としての立場をソ連に認めさせるためには核兵器の保有が必要となる可能性があり，そのような安全保障上の考慮から核兵器に関する行動の自由を留保したいと一部の軍人や政府高官が認識している点が指摘されていた。そこで，米ソが包括的核実験禁止協定と核不拡散条約の両方について合意することにより，「国際問題における新たな潮流（a new trend in world affairs）」を生み出し，同国内の反核運動を後押しすることが示されていた。また，隣国であるフィンランドに対するソ連の圧力が強まった場合，スウェーデンにおける核武装論が現実味を増す点についても指摘された。[73]

核実験に対するインドの態度は，核実験禁止の「精神的な父（spiritual

father)」であるネルー（Jawaharlal Nehru）前首相から現在のシャストリ（Lal Bahadur Shastri）首相まで，一貫して禁止を求めており，核不拡散を指示する立場も表明しているとした。但し，中国の核実験実施を受けて政府に対する核武装への圧力が強まる可能性があり，現在の態度が「永遠に続く」わけではないと注意を促していた。しかも，バーバ（Homi J. Bhabha）博士の強い指導力で進められてきた原子力開発は着実に進展している一方，カナダが提供している平和利用目的の原子炉に対する査察は2国間協定に基づく措置のみでありIAEA査察の対象とはなっておらず，少なくともバーバを始めとする核技術者間では，核武装という選択肢を残したいと考えているようであると認識されていた。包括的な核実験協定や核不拡散条約にインドが参加する見通しについては，条約交渉が早期に開始された場合，脱退条項の設置や安全保障の保証という条件付きで合意する可能性が高いとされた。しかし，中国の核兵器開発が今後も続くことを考慮した場合，交渉開始の遅れがその可能性を低下させると指摘していた。[74]このように，非核保有国の中でも，包括的な核実験協定及び核不拡散条約の成否に大きな影響を与える国家についての分析が示されていたが，各国ともに一定の条件を満たせば両協定に参加すると予測されていた。

　ガーソフが準備した国務省資料では，包括的核実験禁止協定及び核不拡散条約に対するNATO同盟諸国の将来的な態度についても分析されていた。包括的核実験禁止協定については，フランスを除く同盟国は米国の立場を基本的に支持しており，ソ連との合意が得られ次第，署名すると予想されていた。ここで重要とされたのは「同盟の健全性」であり，MLF構想の議論に代表されるNATO核共有体制についての交渉が成功裏に運べば，欧州同盟国内における核不拡散への「共感」も強まるであろうと指摘されていた。[75]

　西ドイツについては，①フランスの態度，②欧州に対する米国の核コミットメントへの疑念，③ドイツ民主共和国（以下，東ドイツ）の法的地位への懸念という諸点について不安があるが，同国はLTBTに大きな反対もなく署名していることから，これらの問題は解決可能であるとされた。つまり，西ドイツは東ドイツの参加もあり得る多国間協定という形式に対して不満を感じているのであり，核実験の禁止という国際協定の目的自体に反対してはいないという点が指摘されていた。したがって，同盟国の態度に影響を与えるより重要な課題

は，ソ連との交渉の方法について，NATO諸国の利益に影響を与える問題に関して同盟諸国との協議を行うことであるとされた。むしろそうしなければ，軍備管理措置に対する同盟諸国の理解と支持は得られないと考えられていた[76]。

　これらの協定に対するフランスの態度は，欧州諸国全体に大きな影響を与えると指摘されていた。同協定が，結果的にフランスを孤立させるような効果をもたらした場合，その実効性に強い疑念を抱かせるように他国を説得する動きに出る可能性が高いとみられていた。すなわち，欧州諸国が核実験を禁止される一方で中国は同協定に参加せずに，核実験を継続する見込みが高いこと，西欧諸国に対するソ連のMRBMの脅威は残る一方で，核実験の禁止により防衛の準備態勢を低下させかねないこと，ソ連や西欧諸国に対する検証作業の実施に関する不透明性が残ること，という問題を指摘することで，多くの政府の躊躇や不安を招く可能性があると考えられていた[77]。

　核不拡散条約は，核実験の包括的禁止協定よりも欧州諸国にとって受け入れが少し困難であると認識されていた。特に西ドイツ政府は，1954年の西欧同盟（WEU）加盟に際する核兵器製造放棄宣言よりも誓約の対象を拡大すること――ソ連も含めた同盟国以外の国々への誓約――には乗気でないとみられていた。さらに近年では，NATO核戦力について合意がなされるまでは，いかなる「核兵器不取得（nuclear non-acquisition）」についても政治的約束を望まないという態度を示しているとされた[78]。ただし，西ドイツ政府は核兵器の取得を目指しているが故にそのような態度を示しているのではないと指摘されており，NATO核戦力構想が失敗したとしても，同国がフランスに接近し独自核取得に向かう可能性はないとみなされていた。しかしながら，長期的に見て，仮にドイツ人が他の欧州同盟国に比して差別的な待遇を受けていると感じたり，安全保障上の利益が十分保護されていないと感じたりした場合は，現在の核放棄という態度は変わる可能性があるとされていた[79]。核不拡散条約に対するフランスの態度については，明示的な方針ではないものの，他国の核開発協力へは消極的であると認識されていた。但し，軍備管理という枠組みを通じた解決への反対という同国に特徴的な態度に鑑みた場合，現時点では不明確な点が多いが，同協定には参加しないだろうと分析されていた[80]。

(3) 世界的な核拡散リスクと米国の態度

　ギルパトリック委員会における検討過程で最も重要だったのは，欧州地域だけでなく，世界的な核拡散の防止に向けて米国は積極的に指導力を発揮していくべきという積極関与論に立つことで，意見が統一されたことであった。この点が重要なのは，ラスクやボールをはじめとする国務省高官だけでなく，委員会内ではマックロイ，ガーソフがこの積極関与の妥当性・実効性について懐疑的な姿勢を示していたからであった。

　ラスクは，11月下旬に行われた高官委員会において，核不拡散が米国の外交政策の基本原則であると認めつつも，「米国は今後数十年にわたり他国による核兵器の取得すべてに反対すべきだろうか」と述べ，核武装を進める中国に対して「日本やインドが核保有国となることが望ましい場合があるのではないか」という選択的に核拡散を容認する立場の妥当性も検討すべきとの認識を示していた。さらに，1月7日に行われたギルパトリック委員会との会合では，米国がフランスや中国の核兵器開発を阻止しなかった事実を挙げながら，「核不拡散は米国の対外関係において最重要の要素ではない」とまで発言していた。

　このような見解は，積極的な核不拡散政策を追求するときに想定される大きな政治的・軍事的コストを米国が負担できるのか，そもそもすべての核問題に米国が積極的に関与する必要性があるほど，核拡散問題は米国の安全保障にとって脅威となるのか，という疑念を背景としており，いわば従来型の「核拡散問題」観を反映したものであった。

　この認識の背景には，第1に，核拡散を防止する上で有効な政策手段は個別の2国間アプローチだけであり，いかに対象国に対して信頼性のある「安全の保証」を提供するのかという問題意識があった。この立場からすると，軍備管理・軍縮条約のような多国間条約による多国間制度アプローチはあくまで十分条件に過ぎず，対象国が核武装を放棄するために具体的な対価を与えなければ，ボールの表現によると「それはケロッグ＝ブリアン協定［1928年に締結された「戦争放棄に関する条約」］以上のものにはならない」としてほとんど実効性が期待できないとみなされていたのである。トンプソンは，多国間協定は核不拡散に役立つかもしれないが，それが「正解のすべてではない」と考えていた。[81] ラスクも同様の認識を有しており，「欧州以外の地域――例えばアジア地域

——にも新たに核共有体制を構築し独自核の代替案を提示することでしかインドをはじめとした国々の核武装を防止することはできない」とまで発言していた。このような認識は，西ドイツ核武装問題への処方箋として MLF 構想を追求している国務省にとっては，当然の感覚であった。

　消極関与論の第2点目は，世界的な核拡散の防止は米国による防衛コミットメントの拡大を意味しており，その信頼性を維持するためには膨大な政治的・軍事的コストが必要であることを理由としていた。この点についてラスクは，インドの事例を挙げながら「米国が一方的に保証を与えることには反対である一方，相互主義に基づいた同盟関係における取決めとも異なる」として適切なあり方を見出すのが難しいという見解を示した。トンプソンは，安全の保証をどのような形態で提供するのかという問題は慎重に検討されるべきで，米国はどの国家に対しても「白紙委任状」を与えることはできないと指摘した。また，委員会メンバーであるマックロイは，「米国はこれまでベルリンに対する安全の保証を維持してきたにもかかわらず，同様のコミットメントをさらに20も米国が行うようなことになれば，我々の決意や自由主義世界の守り手としての米国の基本的なイメージが低下してしまう」として強い懸念を示し，「そのような保証には，米国が負担するだけの価値はない」と断じた。

　ここで重要になってくるのが，ACDA が6月にラスク宛に作成した政策メモで指摘した核拡散問題における地理的境界線の問題であった。すなわち，ジョンソン政権内では，政策決定者によって，欧州における核拡散問題と欧州以外の地域における核拡散問題に明確な違いがあったのである。特に，国務省ではその傾向が強く，果たして後者の問題が米国の安全保障にどこまで影響を与えるのかという問題は，拡散防止に必要であるとみなされていた莫大な政治的・軍事的負担を払う価値があるのかという問いへの直接的な答えであり，今後世界規模で拡大することが予想される核拡散問題に米国がどのような立場をとるべきなのか，その戦略的判断を左右する問題であった。

　この点について，国務省高官の間では，西ドイツ核武装問題を重視する姿勢が特徴的であった。ラスクは，西ドイツの核兵器製造放棄に関する WEU の制約について，アデナウアー（Konrad Adenauer）前西独首相が私的な会話の中において，「もはやその義務が適用される状況ではない（no longer binding by virtue of rebus sic stantibus)」と述べたことを指摘した。西ドイツの核武装を防ぐためには MLF/ANF 構想の実現を通じて，同盟内における「2級国家」という被差別意識の芽生えを防ぐことが必要不可欠であるという認識を示しながら，ボールは，「第1次世界大戦後，ドイツ再軍備を禁止する4つの枠組みがあったにもかかわらず，1936年までにすべて放棄された」ことを挙げて，同国を「原罪の国家として差別的地位の下に置く」ことの危険を説いた。また，ギルパトリック委員会のメンバーであるマックロイは「インドやイスラエル，エジプト或いはパキスタンの核武装問題を議論することはできるが，いずれの場合も，欧州において新たに核保有国が現れた場合の影響に比べるとそれほど悪い前兆として不気味なものではない」として欧州の核拡散問題こそ，その防止に向けて本格的に取り組むべき課題であると主張していた。

このような欧州中心主義的な限定的核不拡散論，別の表現では選択的核拡散容認論，が国務省高官から論じられる一方，ギルパトリック自身は，米国は積極的に核拡散防止に向けた世界規模での取り組みを追求すべきであるという考えを抱いていた。それは，選択的核拡散容認論が想定するようにインドや日本の核武装を例外的に認めた場合，そこで核保有国と非核保有国の境界線を引くのは難しく，パキスタンや中東地域，そして欧州でも西ドイツやイタリアが核保有国を目指すことは必至であるからであった。すなわち，ギルパトリックの認識では，核拡散は一連の連鎖反応として発生するものであり，それを途中で止めることは不可能なのであった。米国の核不拡散政策が実効性を確保するためには，ソ連との協力が不可欠であるとギルパトリックは考えていた。米国がいくら核兵器の拡散防止に努めたところで，その対象国にソ連から何らかの核開発支援がなされた場合，核開発の放棄に向けた誘引措置や経済制裁の実施もその効果が相殺されるからであった。したがって，米ソ協力関係の最たる核不拡散条約の成否が米国の核不拡散政策の成否に大きな影響を与えると認識していた。但し，ソ連との協調関係を維持することは重要である一方，同協定についての合意条件や他の安全保障政策との整合性，優先順位の問題について綿密に検討する必要性も感じていた。

このような核不拡散政策に関する積極論と消極論がある中で，ギルパトリックは，12月上旬という検討作業の早い段階から米国の核不拡散政策について

4つの方向性を設定し，米国の安全保障という観点から望ましい政策の方向性を議論していた。第1の方向性は，核拡散を防止するリスク及びコストを回避するというもので，米国が危険な対外的関与に巻き込まれないことを念頭に置きながら，新たな勢力均衡に基づいた地域的な安定の構築を目指し，安定を維持する上で有益な場合には核拡散を容認する，というものであった。第2には「新たな核保有国の出現を遅らせる以上のことはしない」という方向性であり，例えば，インドは1年から2年間，西ドイツの場合は5年から10年の遅延を目指すことが示されていた。第3には，核保有国の数を近い将来に亘り維持するという方向性であり，そのためには軍備管理・軍縮交渉の進展を重視する，という考え方であった。第4には，核拡散防止に向けて全面的に取り組むべく，核拡散の防止を最も優先順位の高い問題として位置付け，核拡散を防止するためには時には強硬的な措置を講じることも辞さない，という方向性であった。第3回の会合に参加したマクナマラからは，米国が採るべき政策の方向性として「新たな核保有国が現れない世界に向けて，積極的に取り組む」という選択肢（モデルA）と，「限定的な核保有国の出現を認める」という選択肢（モデルB），という2つが示された。

12月中旬に開かれた会合や翌年1月7日に行われた政府高官との意見交換を経て，ギルパトリック委員会では，地域的な問題だけでなく世界的な視野を持って核不拡散に向けて積極的に取り組むべき，という意見が多数を占めるようになっていた。ギルパトリック自身は，核拡散問題は本格的に対応を要する深刻な脅威であり，その防止には，核不拡散条約や包括的核実験禁止条約等の多国間条約が不可欠であると考えていた。このような議論を踏まえながら，1月中旬に予定されていた大統領報告に向けて，最終報告書の作成作業が進められていった。

（4）ギルパトリック報告書
1965年1月21日，ギルパトリックを始め委員会全員がホワイトハウスに集まり，ジョンソン大統領に最終報告書（以下，ギルパトリック報告書）を提出した。そこでは，核拡散を中国で止め「さらなる核拡散を阻止するために精力的かつ包括的な措置を実施」する必要性が最初に示されており，実質的に「第3

の方向性」――マクナマラが示した「モデルA」――を米国が選択することを提言していた。したがって，米国は核不拡散を安全保障政策の優先課題として位置付け，米国の安全保障に関係する幅広い政策課題や「政府組織の一つひとつが核不拡散という要請に応える」ものでなければならないと主張していた。[89]

　ギルパトリック報告書では，同委員会が全会一致で達した結論として，核拡散問題と米国の政策方針に関する4つの認識が示されていた。第1の認識は，核拡散は米国の安全保障にとって深刻な脅威をもたらすということであった。新たな核保有国の登場は，たとえ軍事的には有効性の低い核戦力であったり，米国の友好国であったりしても，それにより米ソ間の抑止バランスをより複雑で不安定なものにする可能性があった。また，その地域の安全保障環境も不安定化する上に，経済発展途上国の成長を阻害することに繋がり，米国への直接的な軍事的脅威となりかねなかった。さらに，核拡散が拡大することにより，米国の対外的な影響力が弱まる一方，米国内では核戦争に巻き込まれる危険を避けるために，再び孤立主義への回帰が起こる可能性が指摘された。すなわち，核拡散は「数百万の米国民の生命」を危険に晒すことになると主張した。[90]

　第2の認識は，核拡散問題は今後も拡大する傾向にあり，このままでは歯止めが効かなくなる状況に近づきつつあるということであった。その背景には，原子力の平和利用の拡大によって，多くの国家が核兵器の製造に必要な技術・設備，原料の生産能力を取得していることがあると指摘した。特に，中国による核実験の実施は，核兵器が世界的な指導国としての地位を示すこと，国家の生存に必要不可欠な究極の政治的道具であること，中国のように最先端の近代的設備が無くても製造が可能であること，という印象を拡大させたと論じた。また，中国の核兵器開発によってインドや日本を同様の決断に向かわせる圧力が強まったという点を指摘しながら，中国とのパワー・バランスという観点から両国の核武装を事実上容認するという選択的核拡散論への反対を明確に示した。すなわち，仮に両国の核武装を米国が容認した場合でも，核拡散がこの両国で止まる可能性は極めて低く，パキスタン，イスラエル，エジプトの核武装という南アジアから中東地域における「連鎖反応」を起こす危険が高いと指摘した。そのような状況が発生した場合，同委員会の認識では，西ドイツや他の欧州諸国も核兵器の取得を目指すことは必至であった。したがって，米国はさ

らなる核不拡散に向けて精力的で包括的な取り組みを行うべきであると主張した。[91]

　第3の認識は、核不拡散への取り組みを成功に導くためには、関連する諸政策の調和を維持しながら強化することが必要であるということであった。米国は1945年以降、常に核拡散の防止を重要な外交政策の1つとして掲げてきたが、成果を挙げるための実質的な取り組みは不十分であったと指摘する。したがって、今後は核拡散防止への取り組みを強化する必要があり、核開発能力を有する国家への直接的な働きかけを行うと同時に、多国間協定の締結の両方を目指すべきであると論じた。また、核拡散問題に影響を与える米国の行動は、同時に、同盟国や他の諸国との関係、兵器配備態勢、原子力の平和利用、商業・貿易関係といった問題にも影響を与えるため、核不拡散により高い優先順位を与えた上で、これらの各問題及び担当省庁の取り組みをその政策目標の達成に寄与するというように調整する必要があると主張した。さらに、この取り組みにおいてはソ連の「参加」が重要である点を指摘し、米ソ両国が核兵器への依存を減らし、軍備管理協定も重要な核不拡散手段であることを認識すべきであるとした。[92]

　第4の認識は、核不拡散に向けて米国自身が積極的に取り組むことが、成功の鍵であるということだった。核拡散の脅威は米国だけが直面するものではなく、世界の多くの国々の安全保障に影響が及ぶため、その防止に対する世界的な共通利益はソ連も含めて拡大していると指摘された。国連及びジュネーブを舞台として軍縮交渉は部分的な成功に止まるものの、1961年に全会一致で採択された核不拡散を求めたアイルランド決議や1963年に署名されたLTBTはそのような共通利益が存在することの証左であり、より包括的で効果的な手段のための基盤を提供していると評された。このような多国間協定を通じた核不拡散への取り組みには幅広い支持がまだ存在しており、これまでMLF構想への反発を理由に頑なな姿勢をみせてきたソ連も、1964年10月に起こった政権交代を受けて、態度を軟化させる可能性がある。したがって、核拡散防止への試みは部分的な成功しか得られないかもしれないが、米国自身がその努力を継続すべきであると結論づけた。[93]

（5）包括的な政策プログラムの提示

　ギルパトリック委員会の最終報告書では，核拡散の防止に対する米国の積極的な取り組みを強く推奨し，各問題領域に関する小委員会での検討作業を踏まえた具体的な政策措置を提言した。そこで重要となる政策手段としては，①2国間関係を通じた核能力国に対する直接的な取り組み，②軍備管理・軍縮条約という多国間条約を通じた間接的な関与，という2つのアプローチを同時並行的に進めることであった。

　特に，ギルパトリック報告書が重視していたのは，後者の多国間条約であった。すなわち，特定国の核兵器開発を防止するためには「多くの国々に適用できる幅広い国際的禁止という支えがなければ成功の見込みが低い」として，①核不拡散条約，②包括的核実験禁止条約，③非核地帯，という3つの多国間条約の締結を追求すべきであると考えていた。[94]

　核不拡散条約については，核兵器の供与禁止及び取得禁止に関する実効的な協定の早期締結に向けた取り組みの強化を訴えた。同協定の成立をNATO核戦力問題の妥結後へと後回しにしてはならないことが強調されていた。ソ連に対しては，MLF構想によって西ドイツが核兵器コントロールに参画することはないという保証を与えることで，交渉の進展を目指すべきであること，この問題に関して重要な国々——西ドイツ，フランス，インド，日本，イスラエル，エジプト，スウェーデン——が同協定に加盟すべく強い圧力をかける態度で臨むべきこと，が提言されていた。さらに特徴的なのは，核不拡散を成功裏に達成する上で，ソ連の関与の必要性を指摘していたことであった。すなわち「米ソが軍拡競争を緩和させ核兵器を重視する立場を弱め，より大幅な軍備管理措置に両国が合意すること」が他の国家の判断に大きく影響を与えると論じていた。同盟アプローチとの関係に関しては，MLF/ANF構想の内容が最終的に決定されるまで，両者の対立は生じないかもしれないが，両政策間に競合性が生じた場合は，米国の安全保障という全体的な観点から，慎重に検討すべきであると論じていた。[95]

　包括的核実験禁止協定については，検証制度に関する規定も盛り込んだ協定の締結に向けてソ連との交渉を再び開始すべきであると提言した。そこでは，条約脱退に関する規定を保証すること，フランスや中国の署名なしでも成立を

第3章　世界的な核拡散リスクの浮上

目指すよう促すべきこと，ソ連領内の現地査察を最小限とすることが指摘された。また，平和目的の核爆発実験についても，それが核兵器開発の隠れ蓑にならないような制度的手続きを構築することが可能であり他の国家にも受容可能となれば，同協定の禁止対象外の行為として容認することも考慮すべきと論じた。さらに，非核地帯協定については，南米大陸及び中東地域を含むアフリカ大陸を対象とすることを積極的に支持すべきであると提言した。その際には，核兵器搭載の艦船及び航空機の通行権に関する態度の緩和や，米国の安全保障上の要請と整合性を保つ範囲内において，米国が保有する核兵器の申告を検討すべきであるとした。[96]

その一方で，現時点で核兵器を保有していない国々に対する個別的な「国別」の政策措置については，具体的な対象国としてインド，日本，イスラエル，エジプトへの政策措置や核兵器技術の拡散問題への取り組みが提示された。第1に，インドに対する核不拡散政策としては，①同国が「核攻撃を受けた場合」に米国が行動するという信頼性のある保証の提供，②核兵器開発により獲得できるとインドが認識する「国家の威信」と同等の「合理的で経済的にも正当な科学プログラムの支援」，③非核保有国であることを条件として，国連でのより大きな役割の提供，④インドが核兵器開発を決定した場合における経済的・軍事的支援の見直しとその方針の伝達，が提案されていた。インドに対する核不拡散措置とは，正式な安全の保証を与えることは回避する一方，第3国から核攻撃の脅威に晒された場合には「信頼できる保証」を提供することであった。この問題については，インドの要求があれば，ソ連や英国と協調して実施すべきであり，米国政府内の関係組織は早期にこの問題について検討すべきであると主張した。また，独立国家としての威信が核兵器の取得を目指す最大の理由であることに鑑みると，国連におけるインドの役割拡大の支援，科学プログラムの支援の実施すべきであり，さらに，科学，文化，教育分野における米印交流の拡大も検討すべきであるとした。他方，仮にインドが核兵器開発を決断した場合には，経済的・軍事的支援の水準を見直すべきであると訴えた。[97]

日本に対しては，第1に，現行の防衛義務を強化することであり，インドへの対応も含めて，その具体的な手段について早期に検討すべきであるとした。第2には，インドと同様に，核兵器の替わりに日本の威信を高める別の方法を

見出すのを手伝うべきであるとした。第3には，世界の指導国として重要な役割を果たしたいという同国政府の希望を支援する，といった措置が示された。

イスラエルについては，同国が非核保有国である限りにおいて，エジプトによる武力侵攻に対する保証を与える一方，核兵器開発を目指した場合にはそれを撤回することを明確にすることを提案した。エジプトについては，第1に，同国の核武装はイスラエルに対する核不拡散政策の実効性を低減させることを明確にすること，第2に，フランスや西ドイツにも働きかけて，両国にミサイルや核開発援助を行わないよう促すべきであること，第3に，エジプトに対しては，同国が核武装した場合，イスラエルの核武装を防いでいる米国の政策効果が大きく弱まると警告することが提言されていた。[98]

報告書が提示した3番目の提言は，欧州及びANFに関する問題であった。NATO核戦力問題については，1964年12月17日に発令されたNSAM322号の方針を前提とする一方，ソ連側に対して，NATOにおけるいかなる核戦力構想も「核不拡散政策の強化に寄与する」ということを明確にすべきであるとした。具体的には，NATO核戦力の設立条約において，第1に，核保有国による核兵器の非譲渡義務及び非保有国による核兵器の非取得義務に関する規定を設けること，第2に，核兵器使用には米国の同意を必要条件とし，その手続変更については全会一致原則を盛り込むことが提案された。また，英国の核戦力を融合するかたちで構成されるANFの実現によって，実質的な核保有国の数が1ヶ国減少する点も強調すべきであると主張した。[99]

この提言については，報告書の他の部分とは異なり，NATO核戦力問題への政策を巡る各委員の異なる意見が併記されていた。すなわち，MLF/ANF構想が西ドイツの核武装を防止する上で不可欠であるという意見を記す一方，核武装に対してはフランスとソ連から強い反発が予想されることを西ドイツ自身よく理解しており，核戦力の創設よりも核政策の協議及び計画立案を担う機関の設置やさらなる核共有に関する2国間の取決めを模索することで，この問題に十分対応できるという意見，さらには欧州の長期的安定に寄与するべく，西ドイツの利益を変える手段としてドイツ再統一を強調すべきであるという意見が示された。いずれにせよ，同委員会は全会一致で，西ドイツの核武装を永久に阻止すると同時に，同国が西側陣営の真の同盟国としてあり続けるような

NATO核戦力政策案を早急に検討すべきであると訴えた。
　次の政策提言は，既存の核保有国に対する政策として，同盟国であるフランスと英国，さらにソ連，中国への政策方針を示した。フランスについては，ANF参加の可能性を残す一方，同国が推進する戦略核戦力の開発やいずれ予想される大気圏内での核実験実施は米国として容認できないことを明確にするべきであり，同国の核開発に対する支援を一切行わないことを要求した。英国については，同国の核戦力をANF構想のような集団的核戦力の枠組みに融合させる方針を継続すべきであるとした。また，同国政府との協議を前提としながらも，先進的な核兵器能力を有する国家に対する核開発の支援を認めた1958年米原子力法の規定について，他の非核保有国に暗にそのような能力取得を促しかねないとして，今後の対英関係を見据えながら見直す必要性まで指摘していた。
　ソ連に対しては，核不拡散への取り組みにおいて，同国の支持や協力が非常に重要であるという認識の下，前述した多国間協定，非核保有国への取り組み，後述する原子力の平和利用において，そのような協力を得られるような新たな行動を起こすべきであると訴えた。さらに，直接的な核不拡散措置ではないものの，「米ソ両国の緊張関係を緩和し，核拡散への制限を他国が受け入れるような雰囲気を醸成する」ために，①核兵器に使用される核分裂性物質の削減，②戦略運搬手段の生産凍結，③新規の弾道弾迎撃ミサイル（ABM）またはICBM発射台の建設凍結，といった問題に関する軍備管理協定の締結を提案した。中国について同報告書は，同国が国際社会や軍備管理に責任を持って参加するまでは，長期的に核不拡散をはじめ世界の平和と安定を獲得するのは困難であるという認識を示した。そこで，極東地域の同盟関係や安全保障環境を考慮しながら，対中戦略の大幅な見直しを勧めていた。
　5番目となる提言は，原子力の平和利用に関するものであった。電力供給源として原子力発電への需要は今後も高まることが予想され，その結果，将来的には多くの国家が核兵器の原料となる核分裂性物質を入手できるようになると指摘した。したがって，拡大し続ける原子力の平和利用活動が核兵器開発を助長したり，その隠れ蓑になったりしないように，あらゆる努力がなされるべきであると訴えた。具体的には，①原子力の平和利用において十分な保障措置を

構築すること，②IAEAの機能や権限を支援し，原子力に関する技術支援の提供・受入国，さらに東側諸国も含めたすべての国家が同機関の保障措置制度に同意するように影響力を行使すべきこと，③核燃料物質が兵器開発に転用されないような核分裂性物質の輸出管理制度を考案すべきこと，といった措置を提言していた。

　最後の提言は，米国の核政策に関するものであり，第1には，NATO核戦略について，核拡散防止に大きく寄与するとして，マクナマラ国防長官やJCSが推進している通常戦力を重視した柔軟反応戦略がNATOにおいて採用されるべきであるとしていた。第2には，核兵器の安全管理については，欧州に配備されているすべての米軍の核兵器に電子安全装置（PAL）を装着する措置を引き続き行うと同時に，海外に配備されているすべての米軍の核兵器にも同様の措置を行うべきであると指摘していた。最後に核兵器の研究開発については，核不拡散という観点から今後の生産計画を再検討する必要性を訴えながら，より小規模な核脅威に対する損害限定システムや探知システム，核兵器取得を放棄した諸国に対する米国による安全の保証を確実なものにする兵器システムの開発について考慮すべきであると指摘した。

　ギルパトリック報告書にはNSAMの草案も添付されており，そこでは，核不拡散を米国の外交政策の優先的課題とすべきことや，特にNPTのような多国間条約を通じた核不拡散の達成という多国間制度アプローチを重視すべきことが述べられた上で，6つの提言内容の実現に向けた取り組みが示されていた。同報告書は，ACDAが従来から主張していた多国間制度アプローチ重視の姿勢を全面的に採用する内容となっていたのであった。

（6）ジョンソン政権の反応
　ギルパトリック委員会による最終提言報告会の席において，提言内容の実現を求めるギルパトリックに対して，ジョンソン大統領は短期間での業績を称えながらも具体的な言質を与えないよう慎重な対応を示していた。というのも，同報告会に臨むにあたり，事前にバンディから示された説明において，ラスクが同報告書の提言内容に「深刻な疑問」を抱いていること，それを公表せずに「政権内のしかるべき人物が検討し終えるまで，大統領自身の立場を固めない

方がよい」と進言していたからであった。実際，報告会の後で感想を求められたラスクは，同報告書が示した提言内容は「核兵器のごとく爆発的」であり，不用意に公表してしまうと問題が生じるおそれがあると回答していたのであった。これを受けてジョンソン大統領は，ギルパトリック報告書を極秘文書として秘密保全を徹底するよう指示した。

その2日後となる1月21日，バンディは長官委員会メンバーに対して，①国務長官に対して，同報告書の提言を見直し大統領への報告書を作成するために，早急に長官委員会を招集すること，②大統領が直接許可しない限り，長官委員会のメンバー以外の目にさらされることのないよう大統領は再三強調していることが伝えられ，メディアに対しては報告書の存在自体が伏せられることになった。

国務省では，ガーソフの同僚で同報告書の草案を事前に示されていたウェイス（Seymour Weiss）から，①米ソが協同して世界的に核不拡散の実現に取り組むこと，②核不拡散を米国の外交政策の最優先課題として位置付けることに対する強い批判が示されていた。ウェイスの認識は，前者は軍事措置を含む強制的手段の米ソ共同行使をも是認するものであり，世界的な核不拡散政策を追求するための米ソ合意という発想自体が「完全に不健全であり浅はか」であると論じていた。米国としてそれは道義的に問題があるだけでなく，国内政治的にも，敵対的でもない国家に軍事行動を行うことは完全に実際的ではないと指摘していた。後者に関しては，そもそも，新たな独自核能力の獲得は「米国の利益に直接の脅威とはならない」と断じていた。例えば，スウェーデンの場合はソ連に対抗したものであるし，イスラエルの場合はアラブによる攻撃を抑止することを目的としたものであることから「米国の脅威とは全くならない」のであった。また，同報告書の提言において重視されているソ連との協力によるNPTのような多国間条約締結についても，フランスのような同盟国との関係を犠牲にして「核不拡散条約の押しつけ」を目指すことは間違いであると強く指摘されていた。

1月下旬，ラスクは，核不拡散自体は問題ない原則であるが，それを最優先課題と位置付けることによりNATO同盟国との関係を悪化させることが必至であると，ジョンソン大統領に改めて伝えた。ウィーラー（Earle G. Wheeler）

JCS議長は，ラスクと同様に同盟関係への影響を指摘すると同時に，米国との友好関係の維持に曖昧な態度を示している国家に対してまで，安全の保証を拡大できるよう米国の軍事態勢が柔軟であると想定しているギルパトリックはナイーブであるとバンディに吐露していた。[113]

　このようなギルパトリック報告書に対する批判は，従来ACDAが示してきた政策案に対する国務省高官からの批判と同様のものであった。特に，同報告書においては，欧州同盟国に対する政策方針だけでなくNPTに関する対ソ交渉戦術まで明示されており，MLF構想に関する政策方針の転換が報道されていたこの時期において，同報告書が公表されることが及ぼす影響が大きいことは明らかであった。ギルパトリック報告書はACDAの考え方と大きく一致する内容であったが，同盟関係に関する提言の政治的影響を嫌ったジョンソン大統領の強い指示により，その存在自体が公式には否定されるほどの極秘扱いとなった。

　1964年10月の中国核実験を契機として浮上した，世界的な核拡散という新たな核拡散問題に強い反応を示していたのは，ACDAであった。多国間制度アプローチの有効性を確信していたACDAは，MLF構想を主要な柱とする同盟アプローチでは，核拡散を巡り起こりつつある現実にもはや対応できないと考えていたのであった。むしろ，核兵器開発能力を有する国家への個別的な政策措置と，核不拡散条約を柱とする多国間条約の締結という多層的なアプローチこそが必要なのであった。このようなACDAの主張は，中国の核実験が起こる以前から精力的に国務省高官やホワイトハウスを始めとする関係省庁に示されていたが，同盟アプローチを唯一の政策モデルとして強く認識する国務省高官や，軍備管理・軍縮条約交渉に臨むソ連の意図に対する強い不信感を背景に，なかなか顧みられることはなかった。

　かくして，ジョンソン政権が成立した直後の1964年は，MLF構想からMLF/ANF構想へと混迷の度を深める同盟アプローチと同様に，多国間制度アプローチの推進論者にとっても具体的な成果に結びつかない苦しい時期となったのであった。しかしながら，1965年以降，この同盟アプローチや多国間制度アプローチの停滞という状況に変化が訪れることとなる。

第3章 世界的な核拡散リスクの浮上

注

(1) ジョンソン政権内では1963年末から軍備管理・軍縮問題についての政策方針が検討されていた。12月14日からキャンプ・デービッドで開かれた会合では，ホットライン協定や部分的核実験禁止条約の締結を受けて，軍備管理・軍縮交渉に前向きな雰囲気が米ソ間に生まれたことが確認される一方，「一般的かつ完全な軍縮 (General and Complete Disarmament：GCD)」や包括的核実験禁止条約の早期締結を目指すことは非現実的であるとして，部分的な項目について交渉を進めることが合意されていた。Memorandum to the President from Foster, "Decisions on Arms Control Matters", (November 23, 1963), *ACDA vol. I (2/2)*, Box 5, Agency File, NSF, LBJL ; Memo from Keeny to Bundy, (November 29, 1963), *Disarmament Vol. I (2/2)*, Box 10, SF, NSF, LBJL ; Memorandum from Foster to Bundy, (December 6, 1963), SECRET, *Disarmament Vol. I (2/2)*, Box 10, SF, NSF, LBJL ; Memorandum from Bundy to McNamara, (January 14, 1963), SECRET, *FRUS, 1964-1968, Volume XI*, pp. 3-5.

(2) Message from President Johnson to the Eighteen Nation Disarmament Committee, (January 21, 1964), *Documents on Disarmament [DODA], 1964*, (G. P. O. 1965) pp. 7-9 ; Statement by ACDA Director Foster to the Eighteen Nation Disarmament Committee : Nondissemination of Nuclear Weapons, (February 6, 1964), *DODA, 1964*, pp. 32-36.

(3) Statement by ACDA Director Foster to the Eighteen Nation Disarmament Committee : Nondissemination of Nuclear Weapons, (February 6, 1964), *DODA, 1964*, pp. 32-36.

(4) 米国にとってもこの問題が政治的に非常に機微な性格であるため，曖昧な説明しかなされていなかったのも，このような印象を生む背景にあった。Arthur W. Barber, "NONPROLIFERATION AND THE EUROPEAN CLAUSE", (November 23, 1965), SECRET, *Proposals for Nuclear Sharing, Nov. 1964-1965*, Box 47, Records Relating to the Defense Program and Operations, 1959-1969, NARA.

(5) From Foster to Secretary and Fisher, DISTO1562, (February 7, 1964), SECRET, *Disarmament Vol. I (2/2)*, Box 10, SF, NSF, LBJL ; From Fisher to Foster, TODIS1317, (February 14, 1964), SECRET, *Disarmament Vol. I (2/2)*, Box 10, SF, NSF, LBJL ; From Geneva to the Secretary of State, DISTO1742, (March 30, 1964), CONFIDENTIAL, *Disarmament Vol. I (2/2)*, Box 10, SF, NSF, LBJL ; From State to American Embassy in Bonn, BONN2180, (February 8, 1964), CONFIDENTIAL, *Disarmament Vol. I (2/2)*, Box 10, SF, NSF, LBJL ; From Fisher to Foster,

DISTO1689, (March 12, 1964), CONFIDENTIAL, *Disarmament Vol. I (2/2)*, Box 10, Subject File [SF], NSF, LBJL.

(6) ジョンソン政権における軍備管理・軍縮政策の協議・決定手続については、ほぼケネディ政権期からの枠組みが継続されており、その主要な政策協議体として「高官委員会（Committee of Principals）」があった。ジョンソン政権での構成メンバーは、国務長官、国防長官、CIA長官、ACDA長官、米国文化情報局（USIA）長官、JCS議長、米原子力委員会（AEC）委員長、国家航空宇宙局（NASA）長官、安全保障問題担当及び科学技術担当大統領補佐官であった。なお、国務長官が委員長を務めていた。Duncan L. Clarke, *Politics of Arms Control : The Role and Effectiveness of the U. S. Arms Control and Disarmament Agency*, (The Free Press, 1979) pp. 109-116.

(7) Memo from Fisher for the Secretary of State, "Non-proliferation of nuclear weapons and the MLF", (June 15, 1964), SECRET Limited Distribution, *MLF General Vol. I (2/3)*, Box 22, SF, NSF, LBJL; Memo from Foster for the Secretary of State, "Non-Proliferation of Nuclear Weapons", (August 14, 1964).

(8) Memo from Fisher for the Secretary of State, "Non-proliferation of nuclear weapons and the MLF", (June 15, 1964).

(9) 具体的な政策として、第1に、MLF構想に関して、参加を予定する非核保有国に対し核兵器の開発を行わないという「不取得（non-acquisition）」宣言を求めることや、MLF構想が将来的に政治統合を果たした欧州に核兵器の拒否権を認めることはないという姿勢を明確にすることを提案していた。第2に、核不拡散条約を巡る対ソ交渉に関しては、核不拡散条約の成立を米国が重視していることを示すために、実際に実現可能性の低い中国の加盟を条約発効の条件としないことをソ連に明確に示すこと、さらに協定成立までの「応急処置」的な取り組みとして、イスラエル、スウェーデン、インドの核武装を阻止すべく積極的に働きかけること、を提案していた。Ibid.

(10) Document 36, "Memorandum of Conversation", (June 16, 1964), *FRUS, 1964-1968, Volume XI*, pp. 76-81.

(11) Memo from Foster for the Secretary of State, "Non-Proliferation of Nuclear Weapons", (August 14, 1964), SECRET/NOFORN Limited Distribution, *MLF General Vol. I (2/3)*, Box 13, SF, NSF, LBJL.

(12) Ibid.

(13) 1964年7月21日、アフリカ統一機構（OAU）はアフリカ大陸の非核化に関する宣言を採択し、①核兵器を開発またはそのコントロールを取得しないという国際

協定を受け入れる用意があること，②国連総会に対して第19回総会において同宣言を同意し国際協定の締結を念頭に置いた国際会議の開催に必要な措置を講じることを要請することを訴えた。Declaration on the Denuclearization of Africa by the Summit Conference of the Heads of State and Government of the Organization of African Unity, (July 21, 1964), *DODA, 1964*, pp. 294-295.

(14)　Memo from Thompson for the Secretary, "The ACDA Memorandum on Non-Proliferation of Nuclear Weapons", (August 25, 1964), SECRET Limited Distribution, *CoP, 1964 Aug-Dec.*, Box 2, Report to Committee of Principals, NARA.

(15)　Ibid.

(16)　ACDA 提案に対する他の批判としては，①同案では西ドイツの不満を招くと同時に英国を「満足」させることもできない，②欧州における欧州統合論者の反発を招く，③MLF 設立条約を協議していたパリ作業グループでの検討作業が混乱しかねない，④同交渉を通じて MLF 構想に対する影響力をソ連に与えることは望ましくない，という意見が国務省内の各部局から示されていた。Ibid.

(17)　ACDA 提案に対する国務省の反応は，欧州局（EUR），欧州局大西洋政治・軍事問題局（RPM），政軍問題担当国務次官補室（G/PM），政策企画室（S/P），MLF 交渉担当国務長官特別補佐室（S/MF），国際機構問題局（IO）からの意見を反映していた。Ibid.

(18)　William Burr and Jeffrey T. Richelson, "Whether to 'Strangle the Baby in the Cradle': The United States and the Chinese Nuclear Program, 1960-64", *International Security*, Vol. 25, No. 3, (Winter, 2000-2001), pp. 54-99; Gordon H. Chang, "JFK, China, and the Bomb", *The Journal of American History*, Vol. 74, No. 4, (Mar., 1988), pp. 1287-1310.

(19)　"Memorandum for the Record", (September 15, 1964), TOP SECRET/SENSITIVE, NSA, [http://www.gwu.edu/~nsarchiv/NSAEBB/NSAEBB1/nhch1_1.gif]. 次も参照のこと。William Burr and Jeffrey T. Richelson, eds., "The United States and the Chinese Nuclear Program, 1960-1964", (January 12, 2001), National Security Archive Electronic Briefing Book No. 38, NSA, [http://www.gwu.edu/~nsarchiv/NSAEBB/NSAEBB38/].

(20)　構成メンバーは，副官委員会への参加省庁に加え，国務省の欧州局，近東局，南アジア局，さらに政策企画室長が含まれていた。From Foster to the Committee of Principals, "Terms of Reference for a Committee concerning Further Action that might be taken to Prevent Proliferation of Nuclear Weapons Capabilities", (August 24, 1964), SECRET/NOFORN, *Committee of Principals - 1964 Aug.-Dec.*, Box 2,

Records relating to Committee of Principals, NARA.
(21) George Bunn, *Arms Control by Committee : Managing Negotiations with Russians*, (Stanford University Press, 1992), p. 71.
(22) From Foster to the Committee of Principals, "Terms of Reference for a Committee concerning Further Action that might be taken to Prevent Proliferation of Nuclear Weapons Capabilities", (August 24, 1964) ; From Foster for the Committee of Principals, "Papers for Meeting on August 27, 1964", (August 24, 1964).
(23) From Thompson for Members of the Committee on Nuclear Weapons Capabilities, "Next Meeting of the Committee", (August 28, 1964), SECRET/Limited Distribution, *Thomson Committee (2)*, Box 25, Subject Files of Ambassador Llewellyn Thompson, 1961-1970, NARA.
(24) Memo from Foster for the Secretary of State, "Program to Prevent the Spread of Nuclear Weapons", (November 4, 1964), SECRET/ Limited Distribution, *Nuclear Problem (2)*, Records relating to George W. Ball, Box 29, NARA.
(25) Ibid.
(26) Ibid.
(27) Memo from Thompson to Fisher "ACDA's Six-Point Suggested Program to Prevent Nuclear Proliferation", (November 28, 1964), SECRET/Limit Distribution, *Thomson Committee (3)*, Box 25, Subject Files of Ambassador Llewellyn Thompson, 1961-1970, NARA.
(28) Ibid.
(29) Ibid.
(30) Robert Norris, Andrew S. Burrows, and Richard W. Fieldhouse, *Nuclear Weapons Databook Volume V : British, French, and Chinese Nuclear Weapons*, (Westview Press, 1994), pp. 333, 350.
(31) 声明内容については1963年10月から作成作業が始められており,最新版の決裁が終了したのは1964年9月30日であった。"Standby Statement for Use in Event of ChiCom Detonation of Nuclear Devise", (September 30, 1964), CONFIDENTIAL, *Chinese Nuclear Weapons*, Box 26, LET, NARA.
(32) "Statement by President Johnson on the Chinese Communist Nuclear Test, October 16, 1964", *DODA, 1964*, pp. 451-452.
(33) Ibid. この背景には,中国が核実験を実施した場合,周辺諸国は米国による安全の保証(reassurance)を求めるか,少なくともそのような発言を歓迎するであろ

うという認識があった。"A Chinese Communist Nuclear Detonation and Nuclear Capability: Major Conclusions and Key Issuers", (October 15, 1963), SECRET, *Chinese Nuclear Weapons*, Box 26, LET, NARA.

(34) "Telephone Conversation between Bundy and Ball", (October 29, 1964), *MLF [Dec. 21 '63 - Dec. '64]*, Papers of George W. Ball [GWB], Box 5, LBJL.

(35) "Press Release", (December 1, 1964), *Chron. File Vol. 1 [2of2]*, Box 5, Committee on Nuclear Proliferation, Committee File, NSF, LBJL.

(36) "Memorandum from Gilpatric for Members of the President's Task Force on Nuclear Proliferation", (November 27, 1964), *Chron. File Vol. 1 [2of2]*, Committee on Nuclear Proliferation, Committee File, NSF, Box 5, LBJL.

(37) National Security Action Memorandum No. 320, "Task Force on Nuclear Proliferation", (November 25, 1964), [http://www.lbjlib.utexas.edu/johnson/archives.hom/NSAMs/nsam320.asp, accessed on November 15, 2009].

(38) "Memorandum from Gilpatric for Members of the President's Task Force on Nuclear Proliferation", (November 27, 1964).

(39) "Problem Areas and Possible Assignments", (undated), *Chron. File Vol. 1 [2of2]*, Committee on Nuclear Proliferation, Committee File, NSF, Box 5, LBJL.

(40) マックロイ，ギルパトリック，ディーン，ワトソンが小委員会の担当者として選定された。Ibid.

(41) ダレス，キシアコウスキー，ワトソンが小委員会の担当者として選定された。Ibid.

(42) ディーン，キシアコウスキー，パーキンスが小委員会の担当者として選定された。Ibid.

(43) パーキンス，ウェブスター，ヨークが小委員会の担当者として選定された。Ibid.

(44) ダレス，ギルパトリック，グランサーが小委員会の担当者として選定された。Ibid.

(45) ギルパトリック，マックロイ，ヨークが小委員会の担当者として選定された。Ibid.

(46) Memorandum of Conversation, "Committee on Nuclear Proliferation Minutes of Discussion First Meeting", (December 1, 1964), SECRET/LIMITD DISTRIBUTION, No. 1064, *U. S. Nuclear Non-Proliferation Policy, 1945-1991*, NSA.

(47) Ibid.

(48) Ibid.

(49) Ibid.

(50) "Europe, NATO, Germany, and the MLF", (December 12, 1964), CONFIDENTIAL, *File Copy - Second Meeting - Dec. 13-14, 1964 (I)*, Box 10, Committee on Nuclear Proliferation, Committee File, NSF, LBJL.
(51) Ibid.
(52) むしろ，欧州に展開する40万にもおよぶ米軍兵力を引き続き駐留させることのほうが，米国のコミットメントに大きな説得力を与えると指摘していた。Ibid.
(53) Ibid.
(54) MLF構想を主張し続けることは，結果的にソ連との核不拡散条約に関する合意を遅らせ，インドや他の国家による核開発の可能性を高める。その場合，逆に西ドイツの独自核取得へのインセンティブを高めてしまうことになりかねないと指摘した。Ibid.
(55) Ibid.
(56) 以上の議論を踏まえて，NATO核戦力の検討作業においては，①「混合乗員（mix-manning）」という特徴的な運用形態も，核弾頭の安全管理及びその設計に関する情報保全の観点から疑問が残ること，②政治的な有効性ばかりだけでなく軍事的な有効性についても十分検討すること，③MLF設立条約において非核保有国による核兵器非取得条項を盛り込むことで，ソ連の反発をある程度緩和できる見込みがあること，という指摘を行った。しかしながら，MLF構想を代替する政策措置が示されていたわけではなかった。Ibid.
(57) "Value and Feasibility of a Nuclear Non-Proliferation Treaty", (December 10, 1964), CONFIDENTIAL, *File Copy - Second Meeting - Dec. 13-14, 1964 (I)*, Box 10, Committee on Nuclear Proliferation, Committee File, NSF, LBJL.
(58) Ibid.
(59) Ibid.
(60) Ibid.
(61) Ibid.
(62) Ibid.
(63) Ibid.
(64) Ibid.
(65) Ibid.
(66) "Background Paper on National Attitudes Towards Adherence to a Comprehensive Test Ban Treaty and To a Non-proliferation Agreement", (undated), SECRET, *File Copy - Second Meeting - Dec. 13-14, 1964 (I)*, Box 10, Committee on Nuclear Proliferation, Committee File, NSF, LBJL.

⑹⁷ Ibid.
⑹⁸ Ibid.
⑹⁹ インドやイスラエルの核武装は，パキスタンや中東アラブ諸国の核武装を招く可能性が高く，平和的な中立国であるスウェーデンや，反核意識が強い上に安全保障条約により米国に護られている日本が核武装した場合，核兵器を保有する必要性に多くの国家が駆られると分析されていた。Ibid.
⑺⁰ Ibid.
⑺¹ このようなフランスとイスラエルの協働は，その蓋然性は極めて低いものの，その懸念の存在自体が他国の行動に影響を与える点で問題であるとされた。Ibid.
⑺² Ibid.
⑺³ Ibid.
⑺⁴ Ibid.
⑺⁵ 逆に，NATO 核共有に関する交渉が上手くいかなかった場合，イタリアやオランダのような国家は，欧州の核防衛における何らかの役割を追求するために，核不拡散条約への早期参加には消極的な態度を示すと予測されていた。Ibid.
⑺⁶ Ibid.
⑺⁷ Ibid.
⑺⁸ この点について，同報告書内では，MLF 構想や類似の NATO 核戦力創設案について合意がなされないまま，西ドイツは核不拡散条約に参加すべきかと問われたアデナウアーは，明確に否定的な態度を示したことが言及されていた。Ibid.
⑺⁹ Ibid.
⑻⁰ Ibid.
⑻¹ Memo from Thompson to the Secretary, "Talking Points for Meeting with the Gilpatric Committee", (January 7, 1965), SECRET, *Thompson Committee*, Box 14, Records relating to Ambassador at Large Llewellyn Thompson, NARA.
⑻² Memo from Thompson to the Secretary, "Talking Points for Meeting with the Gilpatric Committee", (January 7, 1965).
⑻³ "Secretary's Meeting with the Gilpatric Committee on Non-Proliferation", (January 7, 1965), SECRET/EXDIS, Box 6, *Gilpatric Panel*, Files of Spurgeon Keeny, NSF, LBJL.
⑻⁴ Ibid.
⑻⁵ Ibid.
⑻⁶ "Tentative Thoughts on Certain Proliferation Problems", (December 4, 1964), *MLF*, Box 1, Committee on Nuclear Proliferation, Committee File, NSF, LBJL.

⑻7) Ibid ; Glenn T. Seaborg with Benjamin S. Loeb, *Stemming the Tide : Arms Control in the Johnson Years*, (Lexington Books, 1987), pp. 138-140.
⑻8) "Tentative Thoughts on Certain Proliferation Problems", (December 4, 1964).
⑻9) "A Report to the President by the Committee on Nuclear Proliferation", (January 21, 1965), SECRET, NSA, [http://www.gwu.edu/~nsarchiv/NSAEBB1/nhch7_1.gif, last accessed on November 12, 2009].
⑼0) Ibid.
⑼1) Ibid.
⑼2) Ibid.
⑼3) Ibid.
⑼4) この問題については担当委員のディーンから説明が行われ, 特定国家に対する核不拡散措置もその成功には国際的な取り組みが必要であり, 各協定の締結はその文脈において意義を有すると説いた。"Notes for 1/21/65 White House Meeting", (January 13, 1965), *Forth Meeting - Jan. 19, 1965 Folder*, Committee on Nuclear Proliferation, Committee File, NSF, Box 10, LBJL; "A Report to the President by the Committee on Nuclear Proliferation", (January 21, 1965).
⑼5) "A Report to the President by the Committee on Nuclear Proliferation", (January 21, 1965).
⑼6) Ibid.
⑼7) Ibid.
⑼8) Ibid.
⑼9) Ibid.
⑽0) Ibid.
⑽1) Ibid.
⑽2) Ibid.
⑽3) この点に関し, 欧州原子力共同体 (EURATOM) にも IAEA の保障措置を受諾するよう働きかけるべきとした。Ibid.
⑽4) ケネディ大統領が 1962 年 6 月に発令した NSAM160 号により, NATO において米国が保有する核兵器には PAL の装着が随時進められていた。National Security Action Memorandum No. 160 "Permissive Links for Nuclear Weapons in NATO", (June 6, 1962), SECRET, NH01150, *USNH*, NSA. また, PAL に関しては次も参照のこと。Peter Stein and Peter Feaver, *Assuring Control of Nuclear Weapons : The Evolution of Permissive Action Links*, (Center for Science and International Affairs Harvard University, 1987).

(105) "A Report to the President by the Committee on Nuclear Proliferation", (January 21, 1965).
(106) Seaborg, *Stemming the Tide*, pp. 144-145.
(107) Ibid.
(108) Memo form Bundy to the President, "Your meeting with the Committee on Nuclear Proliferation", (January 21, 1964), *McG. B. Vol. 8 1/1-2/28/65, [2of2]*, Box 2, Memo to the President, NSF, LBJL.
(109) Seaborg, *Stemming the Tide*, p. 145.
(110) Memorandum from Bundy to The Secretary of State, The Secretary of Defense, The Director, Arms and Control and Disarmament Agency, The Chairman, Atomic Energy Commission, The Chairman, Joint Chiefs of Staff, The Director of Central Intelligence, The Director, Office of Science and Technology, (January 23, 1964), SECRET/Eyes Only, *McG. B. Vol. 8 1/1-2/28/65, [2of2]*, Box 2, Memo to the President, NSF, LBJL.
(111) Seaborg, *Stemming the Tide*, p. 145.
(112) Memo from Weiss to Garthoff, "Gilpatric Study: The Implications and Consequences of US-USSR Agreement to Impose a World-Wide Non-Proliferation Policy", (January 14, 1965), SECRET/Limited Distribution, *Thompson Committee - 1965(1)*, Box 24, Records relating to Ambassador at Large Llewellyn Thompson, NARA.
(113) Hal Brands, "Rethinking Nonproliferation: LBJ, the Gilpatric Committee, and U. S. National Security Policy", *Journal of Cold War Studies*, Vol. 8, No. 2, (Spring, 2006), p. 102.

第4章
同盟アプローチにおける変化

　1965年，同盟アプローチに転機が訪れようとしていた。前年12月のNSAM322号により，ジョンソン政権ではNATO核共有政策の方針転換が図られた。これを受けて，ワシントンでは新たな政策の検討作業が始められた。5月には，マクナマラ国防長官から，NATO核防衛に関する政策協議制度の強化を目指した少数グループをNATO内に設置することが提案された。このマクナマラ提案により，政策協議方式に基づいた核共有制度案にも注目が集まるようになり，MLF/ANF構想のような戦力共有方式に基づいた核共有政策は相対化されて議論されるようになった。

　1964年12月に政策方針の転換が図られた同盟アプローチは，その後どのように展開したのか。MLF構想を中心とする戦力共有方式に基づいた核共有政策は，英国が提案するANF構想を踏まえ，どのように検討されていたのか。なぜ，マクナマラは政策協議方式案を提案したのか。本章では，ジョンソン政権内で，従来のMLF/ANF構想とは異なる政策措置が浮上してくる過程に焦点を当てながら考察する。

1　新たなNATO核共有政策の模索

（1）NSAM322号の影響

　NSAM322号により，ジョンソン政権はNATO核共有政策について新たな指針を決定した。この文書により，米国が考案した特定の政策を同盟国に対して強要するのではなく，欧州同盟国の間で合意された政策提案に受けた上で，長期的な合意を念頭に米国の対応策を検討するという方向性が示されたのであった。米国としては，核武装の代替案として核共有制度を位置づけている以上，欧州同盟国の安全保障上の要請を十分反映することが，同盟国に広く受け入れ

られる実効的な制度構築の必要条件であった。しかし，その前提である欧州諸国が本当に求めるものを把握することは，難しい作業であった。たとえそれを達成したとしても，多くの同盟国を満足させるような最大公約数的政策案を見出すことは，MLF構想を巡る政策協議の状況を踏まえると，さらに困難な課題であった。このような問題意識から作成されたNSAM322号は，新たなNATO核共有制度の策定に向けて，欧州諸国に最初の政策案の形成を一任することを大きな特徴としていた。したがって，この文書は，MLF構想を実現する上で米国の積極的役割を不可欠と考えてきたMLF推進派にとって，大きな後退を意味するはずであった。

　実際，NSAM322号を受けて，MLF問題を担当する国務次官補のポストはなくなり，MLF問題特別室も閉鎖され，スミス（Gerald Smith）大使は12月中旬に国務省を離れることとなった。しかし，NATOにおける核拡散の防止だけでなく米欧の一体性強化という観点から，MLF構想のような集団的核戦力の必要性を確信していた国務省の「神学者達」の姿勢が揺らぐことはなかった。むしろ，ウィルソン政権から大西洋核戦力（ANF）構想が提案されたことを踏まえ，英独両国が合意可能な政策を見出すためにも，米国がMLF/ANF協議を引き続き主導すべきと考えていたのであった。

　1965年1月8日には，国務省欧州局長のタイラー（William R. Tyler）からボールに宛てて，パリ作業グループ（PWG）協議の活性化を促す政策メモが送られていた[(1)]。タイラーは欧州局の意見として，MLF構想の協議体として設置されたPWGにおいて，ANF構想の実現に向けた協議も合わせて行うべきであると提言していた。既存の協議体を活用しながら，ANF構想も含めて継続的に検討作業を進める方が効率的であり，新たな多国間協議の枠組みを創設するよりは目立たなくて済むといった利点があると指摘していた[(2)]。そこでは，MLF構想の柱でもあった海上プラットフォームの混合運用や，ANF構想における海上プラットフォーム以外の兵器プラットフォームの運用に関する協議が具体的な検討項目として想定されていた[(3)]。

　さらに，この政策メモの起案者であった欧州局のスパイヤーズ（Ronald I. Spiers）は，3月上旬に予定されていた英独首脳会談に合わせて，米国がNATOにおける集団的核戦力の創設に引き続き高い関心を持っており，その

第4章　同盟アプローチにおける変化

実現に向けて積極的に取り組む意向であるという趣旨の大統領書簡を，両首脳宛てに送付することを提言していた。2月下旬，ラスクはこの提案を承認し，大統領書簡の案文が国務省で作成されることとなった。[4]

ホワイトハウスでは，このような国務省の神学者達の動きに対する警戒感が高まっていた。スパイヤーズの計画をラスクによる承認直後に知ったNSCスタッフのクライン（David Klein）は，バンディやNSCスタッフのスミス（Bromley Smith）にこの計画を伝えた。[5] クラインは，MLF/ANF構想の実現に向けて非常に積極的な米国の姿勢を示すこの書簡は，NSAM322号に示されたジョンソン大統領自身の意向と異なるだけでなく，欧州同盟国に異なるメッセージを送ることで「当惑と混乱を招く」ことになるだけであると問題視していた。[6] しかし，この件はラスクの承認を得ていることや，英国政府からANF構想に関する米国の積極的姿勢を求める声がホワイトハウスにも届いていたことから，後戻りすることは難しかった。そこでクラインは，米国の関心の高さに変更はないものの，英独両国も十分役割を果たす必要があるという大統領のメッセージを，ウィルソン首相とエアハルト首相にブルース（David K. E. Bruce）駐英米国大使やマギー（George C. McGhee）駐西独米国大使から口頭で伝えることをバンディに提案した。[7]

これを受けてバンディはラスクと協議し，米国政府の立場を書簡ではなく口頭で伝えることで合意した。[8] その一方でPWGでの協議を巡る問題については，西ドイツ国内の政治情勢に対する配慮から，タイラーの提言は採用されなかった。エアハルト政権は，キリスト教民主同盟（CDU）内のドゴール主義派を念頭に，1965年後半に予定されている総選挙にMLF/ANF構想を始めとするNATO核問題を巡る議論が与える影響を懸念していた。ジョンソン大統領やバンディは，総選挙が実施される予定の9月まで，MLF/ANFに関する協議を事実上凍結することを決定したのであった。

1964年後半にNATO核問題に対する処方箋としてのMLFの有効性に大きな疑念を抱くようになったバンディは，西ドイツ総選挙までの期間を利用してNATO核共有政策のあり方を再検討すべく動きだした。3月20日，バンディはラスク，マクナマラ，ボールをホワイトハウスに招き，総選挙を控えたエアハルト政権との交渉が事実上停滞してしまっているMLF/ANFを棚上げし，

他の核共有政策について検討作業の開始を提案した[9]。この考えに反対したのが，ボールであった。NATO核問題は，核共有制度のあり方という単独の政策問題ではなく，その重要性から米国の対欧州戦略の中核に位置付けた上で，包括的な視点から検討されるべきあった。それ故に，MLF/ANF構想の代替案に検討対象を限定するというバンディの提案に異議を唱えたのであった。米国がこの時点ですべきなのは，MLF/ANF構想の実現に向けた具体的な取り組みに加え，独自路線を強めるドゴールにどのように対応するのか，NATO同盟政策のあり方，西ドイツを西側陣営にいかに繋ぎ止めるのかといった多様な問題を含めてより大きな観点から米国の西欧政策を見直すことであるとラスクに訴えた[10]。この協議の結果，国務省を中心に国防省やホワイトハウスの政策担当者の間で，欧州政策の総合的な問題に関する政策検討グループを創設することが決定され，NATO核共有政策についても再検討されることとなった[11]。そのような中，新たなNATO核共有制度案が国防省からNATO同盟国に対して提案されたのであった。

(2) マクナマラによる「選抜委員会」の提案

1965年5月31日，NATO国防相会合に出席したマクナマラ国防長官は，同盟の核防衛に関する政策協議を行うための組織として，4～5ヶ国から構成される「選抜委員会(Select Committee)」をNATO内に創設する案を発表した[12]。マクナマラが明らかにした同委員会設置の目的とは，第1に「戦略兵器を含む核戦力の使用計画の立案作業における同盟国の参画を改善・拡大」することであり，第2には「通信手段の改善も含めて，核兵器使用の決定に関する政策協議ができる限り迅速に実施されることを保証」することであった[13]。マクナマラが，米国の核政策に関する同盟内の政策協議制度の強化を訴えた背景には，ケネディ政権期に新たな核戦略として提示された柔軟反応戦略に対する西欧諸国の消極的な反応への苛立ちがあった。

ケネディ政権は，1961年に行った核戦略の検討作業の中で，ソ連との戦略核戦力バランスは，実は米国の方が優位であるという状況を理解するに至った。この戦略状況を踏まえると，全面核戦争に至らない低烈度の軍事衝突への対処能力を構築することこそが，NATO防衛における喫緊の課題であると認識す

るようになった。したがって，ケネディ政権は通常戦力の増強に努めることを西欧諸国に改めて求めたのであった。一方，欧州同盟国にとって米国の要求は，さらなる財政負担に繋がるため受け入れ難いものである上，ソ連との核戦争を回避したいという消極姿勢の表れとして欧州防衛のコミットメントについて懸念を生んだ。

マクナマラにしてみれば，このような同盟国の反応は，従来米国がとってきた核政策に関する秘密主義の弊害として生じたものであり，新戦略の有効性を理解する上で必要となる「情報」や核政策の実態に関する「知識」が非核保有国に十分共有されていないことが原因であった。すなわち，西ドイツを始めとする非核保有国に在欧州米軍核戦力の実態や作戦計画，攻撃目標という非常に機微な情報を提供し，現状のNATO核防衛体制が十分ソ連に対して抑止力を有することを「教育」する必要性を強く感じていたのだった。実際，1963年からは欧州連合軍最高司令部（SHAPE）に所属する欧州諸国の軍幹部が，米ネブラスカ州オマハの戦略空軍司令部（SAC）に連絡官として駐在し，米国の核攻撃計画の策定の現場に接する機会が提供されてはいた。但し，それは各国政府の代表ではなく，あくまでNATO軍のオブザーバーとしての身分で「見学」していたに過ぎず，マクナマラの求めていた核政策への有機的な「参画」を通じた新戦略に対する同盟国の理解拡大には程遠いものであった。このような問題意識からすれば，「選抜委員会」提案は合理的なものであった。

マクナマラの提案に対して，英国は同委員会の創設に前向きな姿勢を示していた。西ドイツもマクナマラ提案を歓迎する姿勢を示していたが，それがMLF/ANF構想に影響を与えることを懸念しており，慎重な姿勢も崩さなかった。ラスクは，マクナマラからの発表が行われた2日後にワシントンを訪れたシュレーダー（Gerhard Schroeder）西独外相と会談し，選抜委員会がMLF/ANF構想の代替案とはならないことを直接説明した。その一方，フランスは，反対こそしなかったものの消極的態度に終始した。他の同盟国の間では，この提案についての事前説明がなかったこともあり，同提案がMLF/ANF構想という集団的核戦力案の代替案という含みを持っているのか，同盟内に排他的な核政策に関する意思決定組織の創設を意味しているのか，という様々な憶測を呼んでいた。他の同盟国も概ね歓迎するが，基本的な枠組み

が決定されておらず、どのような性格の委員会となるのか、将来像が明確ではなかったため、慎重な姿勢を示していた。

NATOでは1965年6月から11月にかけて、非公式に選抜委員会案の実体化に向けた協議が進められていた。そこでは、ブロジオ（Manilo Brosio）NATO事務総長が事実上の議長役となり、米国や英国、西ドイツを含む11ヶ国のNATO常駐代表大使（Permanent Representative）との間で、参加国の問題、NATOにおける制度的位置付け、委員会の運用に関する取決事項（terms of reference）、北大西洋理事会（NAC）との関係、といった事項が話し合われていた。[20] 7月の時点で、選抜委員会はNATO内の常設組織としてではなく、暫定的な協議体とすることが非公式協議において合意されていた。さらに同委員会では、戦略核戦力の使用計画も含めた米国の核政策の計画立案への同盟国による参画のあり方や、核兵器使用に関する事前協議メカニズムやNATO内の通信体制のあり方という問題、を協議事項とすることで一致した。NATOにおける制度的位置付けについては、NACの下部組織として、事務総長を選抜委員会の議長として協議を行い、1965年12月に開催予定のNATO閣僚会合において検討結果を報告することが合意された。[21]

構成メンバーの選定については、参加国の数を5ヶ国程度に限定することを基本原則とすることで合意された。この点については、実質的な協議を行う上では参加国を限定することが必要であるというマクナマラの強い意向が背景にあった。米国と英国、西ドイツの参加が想定されていたが、後述するように選抜委員会の組織形態が8月以降の協議過程を経て当初案より変化したこともあり、最終的な構成国は11月まで決定されなかった。1つの可能性として提案されていたのは、核保有国と非核保有国のバランスを考慮するかたちで、米国や英国、フランスとその他の非核保有国メンバーの計6ヶ国から構成される案であった。フランスは、非公式協議の場において、7月22日の段階で選抜委員会に参加しないことを明らかにしていたが、米国の意向もあり、将来的な参加の可能性を残すため「空席」が確保されるべきであることや、同委員会に「選抜」されない加盟国については、オブザーバーというかたちで参加するという案も検討されていた。[22]

このように、ブロジオ事務総長とNATO常駐代表大使間で非公式協議にお

いて，マクナマラが提案した選抜委員会は，MLF/ANF 構想の代替案としての提案ではないこと，常設機関ではなくアドホックな協議体であること，NATO 核防衛のあり方を検討する上で必要不可欠な情報の提供とそれに基づいた意見交換を行うことが目的であり，何らかの「決定」を行う組織ではないことが確認された(23)。そして，NATO 加盟国から 10ヶ国の国防相が参加する国防相特別委員会（SPECOM）を創設することで合意がなされた。

(3) 国防相特別委員会における協議

1965 年 11 月 27 日，SPECOM の第 1 回会合はパリで開かれた。そこで，NATO 事務総長を議長として，その下に「インテリジェンス・データ交換作業グループ」（第 1 作業グループ），「コミュニケーション作業グループ」（第 2 作業グループ），「核計画作業グループ」（第 3 作業グループ）という 3 つの作業グループを設置することが正式に発表された(24)。そこでブロジオ事務総長は，SPECOM が常設組織ではなく暫定的な協議体として設置されたのであり，何等かの政策決定を行う組織ではない点を説明した。その上で，参加を希望する他の同盟国にも門戸が開かれていること，最終的に NAC に対して核政策協議に関する勧告案を提出することを目指していることが明らかにされた。さらに，SPECOM は「多角的核戦力に関する協議と並行」して行われるのであり，MLF/ANF 構想の代替案ではないことを強調したのであった(25)。

ブロジオに続いて発言したマクナマラは，ベルリン危機やキューバ危機の事例を挙げながら，ソ連による大規模な軍事侵攻以下のより複雑な事態に対応する上で，核兵器使用のコントロール体制を強化することの必要性を説いた(26)。したがって，SPECOM は，NATO 核防衛に関する情報，通信，計画立案という分野における同盟国間の共通認識を構築することを主要な目的として，軍事的脅威の評価，計画立案，指揮・統制，情報共有体制のあり方，核兵器使用の決定に関する事前協議体制といった具体的な問題について協議することが示された(27)。

この会合では，NATO における核政策協議に関する制度や加盟国の参画状況，核兵器の指揮統制手続の概要について欧州連合軍最高司令官代理から説明が行われた。さらに，事務総長スタッフからは，危機管理における核兵器使用

の事前協議を行う上での,現行の通信能力・態勢や重要データの共有体制が説明された。[28]

同会合の主要な決議事項だったのが各作業グループの目的や具体的な検討課題であった。インテリジェンスに関する第1作業グループの目的は,核兵器使用の迅速な決定に向けたインテリジェンス及びその他の情報共有のあり方について改善点を勧告案としてまとめることであった。具体的には,①核兵器の使用決定に関する現行体制やNATO加盟国間のインテリジェンス情報の評価体制,②核兵器の使用を決定する際にNATOや加盟国内の政治・軍事当局が必要とするインテリジェンス情報及びデータの種類,関係司令部での表示方法,③将来的に検討の必要性が高まりそうな分野,が検討されることが決定された。[29]

通信体制に関する第2作業グループの目的は,緊急事態における核兵器の使用判断について,迅速な事前協議を行うための安全な通信システムのあり方を検討することで合意された。具体的な検討対象としては,①NATO内の司令部と軍事当局間,加盟国代表部と本国との間,加盟国政府間の現行の通信システムの検証,②核兵器の使用に関する軍事的要請を伝達,加工,統制するための通信経路,③既に導入が検討されている通信システムの変更の必要性,④目的を達成する上で必要な変更点や改善点,という項目が含まれた。[30]

核計画に関する第3作業グループについては,核兵器使用の計画策定過程における加盟国の参画拡大の方法について十分協議を行い,勧告案を作成することが目的とされていた。具体的な検討事項としては,第1には,現行の核戦力について,NATOが利用可能な核戦力(戦略兵器も含む)や攻撃目標,米国が使用対象とする核戦力と同盟国が利用可能となる核戦力を区分する基準(核兵器の保管体制も含む),ターゲティング政策を含む現在の核兵器の配備計画,といった項目が含まれた。第2には,核計画において同盟国の参画が認められている範囲についての協議,第3には,戦略核戦力を含むすべての核戦力の指揮・統制体制について,現行の組織や施設,核戦力の指揮・統制の手続きや概念,第4には,勧告案の実施に必要となる人的・資金的コストの見積もりが含まれた。[31]

また,同会合では構成メンバー数を巡っても議論が交わされた。当初,ブロジオ事務総長からは各作業グループの構成メンバー数を4ヶ国とする案が発表

されたが、オランダのデ・ジョン（De John）国防相の提案を背景に、ヒーリー英国防相から、①各作業グループを5ヶ国とすること、②米英を固定メンバーとして、残りの3ヶ国を作業グループごとに決定するという案が示された。デ・ジョンは、実質的な議論を行う上で各作業グループのメンバー国を少数に抑えるべきというマクナマラの考え方を支持していた。但し、第3作業グループが「西ドイツに対して核兵器を譲渡する第一歩」としてソ連の批判を招く可能性を指摘した。最終的に、各作業グループは固定メンバーである米国と英国に加え、次の加盟国から構成されることが決定された。すなわち、第1作業グループ（インテリジェンス・データ交換）では、ベルギー、カナダ、ギリシャ、第2作業グループ（通信）では、カナダ、デンマーク、オランダ、そして第3作業グループ（核計画）では、西ドイツ、イタリア、トルコが構成メンバーとなった。

この日の会合では、特別委員会に参加する10ヶ国のNATO常駐大使とNATO事務総長から構成される運営委員会（Steering Committee）を設置することについても決定された。明示的な採択がなされたわけではなかったが、事実上、この運営委員会の長は事務総長が務めることが合意された。第1回会合の最後には、特別委員会のその後の予定に関して、①12月に開催予定であったNATO閣僚会合において、ブロジオ事務総長からSPECOMの手続的な側面についての報告書を提出し他の加盟国に対して同委員会について口頭で説明すること、②第2回会合を3月末に実施すること、③各作業グループでの検討作業及び議事進行に関する手続については、運営委員会において決定すること、について合意がなされた。

2　戦力共有方式案と政策協議方式案

(1) MLF構想の放棄を求めるバンディ

このように、1965年5月から半年の間に、マクナマラの選抜委員会提案はSPECOMの設置というかたちで進展することとなった。この時期になると、SPECOMのようにNATO核防衛政策の協議制度の構築を目指す核共有政策は「政策協議方式（consultation approach）」として認識されるようになっていた。

その一方で，特定の兵器システムの共有・共同運用というMLF/ANF構想のような従来型の核共有制度は「戦力共有方式（hardware solution）」と呼称されるようになっていた。このように，アイゼンハワー政権末期からNATO核共有制度を巡る主要な政策手段であったMLF/ANF構想は，次第に相対化されて認識されるようになっていた。

1965年後半に進展をみせていたNATOにおける政策協議と並行して，ホワイトハウスにおいても，バンディや欧州問題担当のバター（Francis M. Bator）大統領特別補佐官補（国家安全保障問題）を中心として新たなNATO核共有政策のあり方が検討されていた。10月18日，バンディはホワイトハウスでの検討作業を「大西洋核防衛の再出発に向けて」と題する政策文書にまとめ上げた。[36] この文書の大きな特徴は，「混合乗員運用戦力或いはそのような核戦力の計画を除いて」という副題にも現れているように，MLF/ANF構想のような集団的な戦力共有方式を放棄し，政策協議方式だけに基づいた核共有制度の構築を提言している点であった。

バンディが政策協議方式案を推すことになった前提としては，1年前に結論付けたMLF構想を取り巻く状況が依然として改善されていないことが指摘されていた。バンディによれば「NATOの主要な同盟国間の相互信頼と結束を維持・強化しながら，独立的な核保有国の数を制限し低下させる」というMLF構想の目的は正しいものであった。但し，問題は国内外で同構想への十分な支持を獲得できていない点にあった。例えば，フランスを始め多くの同盟国では外交関係者の一部を除いて，財務省や国防省，職業軍人から学界に至るまで消極的であるという由々しき状況であった。西ドイツでも，同構想を巡って賛否両論が存在しており，今やMLFは「争いの種（an apple of discord）」となっているとされた。[37]

このような状況において，米国には4つの道があるとされた。第1には，MLF構想を再び前面に掲げて推進するという選択肢であった。第2の選択肢は，MLF構想ではないが混合運用制を採用した戦力共有方式案を新たに策定し，その実現を追求することであった。第3の選択肢は，特別な行動をとることなくMLF構想が「自沈」することを目指すものであった。最後の選択肢は，MLF構想を含む戦力共有方式案を放棄し，NATO核防衛に関する合同の計画

第4章　同盟アプローチにおける変化

立案や政策協議制度の強化を目指すというものであった(38)。

　バンディは，これらの選択肢の中で米国としては第4の選択肢をとるべき，と結論付けていた。すなわち，MLF/ANF構想といった集団的核戦力案から離れて，核政策の決定過程に同盟国――特に西ドイツ――の参画を拡大することを追求すべきであると提言した。というのも，MLF構想を含めた戦力共有方式案が国内外で幅広い支持を集める可能性は低く，米国が今追求する必要性はないからであった。但し，第3の「何もしない（do nothing）」という選択肢については，核共有に関する様々な議論の登場，マクナマラの選抜委員会案の進展，さらに西ドイツ総選挙の実施という流れの中で，米国のリーダーシップに対する同盟国の不信を招くだけであるため，とるべきではないと論じていた。バンディにとってみれば，米国政府が実現を目指す政策が現時点であるのであれば，今こそその決断を下すべきであった(39)。

　そこでバンディが提案したのは，西ドイツや英国，フランスとの戦力，戦略，予算，技術の計画立案，核兵器使用の事前協議というNATO核防衛政策における協力関係を強化することであった(40)。それは，NATO核防衛の政策形成におけるボンの役割を拡大し米英間の核協力の水準に近づけることによって，英独間の平等性を確保することを目指したものであった。具体的には，①現在英国と締結している内容と類似の核兵器に使用に関する覚書を西ドイツと締結すること(41)，②核使用に関する協議態勢を支援する通信チャンネルの開設，③西ドイツに対するインテリジェンス情報の提供，④相互利益のための軍縮・軍備管理措置に関する意見交換の実施，⑤必要に応じて政府首脳・閣僚・文民・軍の間での交流の実施，⑥西ドイツやイタリアをNATO常設グループ（Standing Group）に加えると同時にNATO軍事機構における西ドイツ軍関係者の補職ポストの拡大，といった項目が挙げられていた(42)。バンディは，これらの措置を通じて，核政策に関する「最恵国待遇」を西ドイツに与えることで，米英独の協力関係を促進しようと考えていたのであった。

　バンディを始めホワイトハウスがこのような政策案を想起した背景には，NATO核問題の本質は西ドイツに不満を抱かせないかたちで西側陣営に繋ぎとめておくことである，という確信があった。この条件を満たすために米国がしなくてはならないこととは，核政策に関して，ボンに「身分と地位（rank

135

and standing)」を与えることにより、ロンドンとの平等性を確保することであった。ドイツが重要であったのは、「ドイツは欧州において、歴史的及び現在の地位から、いかなる核兵器もドイツのコントロール下に置いてはいけないという事について同盟諸国と敵陣営が全会一致で判断する、唯一の国家である」という事実からであった。したがって、「彼らが危険であるというまさにその理由から、取り込まなくてはいけない」のであった[44]。

バンディが政策協議方式を重視したのは、同盟における核保有国と非核保有国の間の政治的威信や影響力を巡る平等性を確保するためには、核武装や集団的な核兵器システムに参画することは必要ではない、という原則を構築することを重視したからであった。戦力共有方式が問題であった理由の1つは、それが「何らかのかたちで核兵器システムに参画することが国家の威信にとって不可欠である」という誤った結論を導き出すからであった。MLF推進論者による「同構想でしか長期的にドイツ人を満足させることはできない」といった主張や、同構想が核武装を防止する唯一の有効な代替案であり、同盟国に対する有効な核不拡散政策であるという考えは、これまでの経緯を踏まえると、それが本当に正しいと証明することはできないと考えていた。

それとは対照的に、選抜委員会案に対しては一般的に歓迎する態度をドイツ人はみせているとして、その有効性に期待を示していた。バンディの認識からすれば、西ドイツが求める同盟内の平等性とは、究極的には米国に対する影響力の強さに表象される平等性であった。すなわち「ボンにとっての政治的地位とは、ワシントンにおける地位を意味しているのであり、ボンにとっての安全保障とはワシントンにおける自信を意味している」のであった[45]。また、この政策文書では、政策協議方式案がNPT交渉に与える影響についても言及されており、あくまで付随的な効果としてではあったが、戦力共有方式に基づいた核共有案よりはソ連との合意を容易にすることも期待できると指摘していた[46]。

(2) 集団的・戦略核戦力の創設案に固執するボール

バンディらNSCスタッフが中心となって作成された政策案に対し、真っ向から反論したのは国務省MLF推進派の中心人物とみなされていたボール国務次官であった。バンディの政策案が提示されてから約2週間後、ボールは戦力

第4章　同盟アプローチにおける変化

共有方式に基づいた核共有制度の創設を強く求める政策案をラスク，マクナマラ，ボール宛に示したのであった。ボールは，NATO核共有政策を，軍事的手段としてよりも平和で安定的な欧州の構築という戦略目標を確保するための手段としてみなしていた。したがって，どのような核共有制度が「平和の安定を最も保証し戦争の災禍にこの地域が再び巻き込まれない」ようにするのかという問いこそ，最初に検討されるべき問題であった。ボールは，核問題だけでなく主要な政治・安全保障問題について協力できる「政治システムの構築」を米国は目指すべきであり，米英独が主要な役割を果たす集団的な核共有制度の創設がその手段として最適であると考えていた。そこで重要な要素となるのが，「共同で所有し管理する」ことであった。すなわち，新たな兵器システムを調達するのではなく，英国が保有している核戦力の所有権やコントロールを移譲することにより集団的核戦力を創設することを提案したのであった。

ボールがこのような結論を得るに至った背景には，欧州の安全保障問題の本質は「ドイツ」にあるという強い確信と警戒感があった。かつて世界は，ドイツの「不満と神経症」により2度も戦争に突入した。当時とパワー・バランスが大きく変化したとはいえ，現在でも「ドイツ人はまた同じ過ちを繰り返す可能性がある」のであった。というのも，西ドイツは「西側陣営の牛後 (limited to the Western rump)」に制限されているにもかかわらず，近代的で効率的な産業基盤，高い技術水準，多い人口を擁する「事実上の世界で3番目の最も強力な国家」であるからであった。ボールの認識では，米国が現在直面している問題は「戦間期に同盟が直面した問題と同じ」であった。すなわち，「どのようにして，この並外れた才能とエネルギーを擁するドイツ人を，破滅的な目的ではなく，有益な目的に従事させることができるのか」という問題なのであった。米国にとって「猟奇的なドイツ」の再来を防ぐことが，欧州の安全保障を確保する上で不可欠であった。

ボールが重視したのが，NATO内の核クラブに対する疎外感や不平・不満を永続的にボンに抱かせないこと，NATO同盟内で西ドイツに平等な地位を確保することであった。そこで，ボールが考えた解決策が，「集団的核兵器システム」に西ドイツを参画させることであり，それにより「ドイツ人の心に潜む悪魔を追い払う」ことになるのであった。

ボールが不可欠の要素としてみていた要素は，核兵器を集団的に管理することだけでなく，集団的に所有することであった。ドイツ人の自尊心を満たすためには，自らが所有していると認識できるような「可視的で実体的な戦力」への参画が極めて重要であり，単独ではなくとも，集団的な核兵器の「所有（ownership）」は，西ドイツを満足させる上で本質的な要素であると考えていた。それは，度々浮上していた在欧米軍削減・撤退論の不安に対する良い「解毒剤（antidote）」としての機能も期待されていた。この点についてボールは，提案したような戦力を西ドイツが米国を始め他の同盟国と共同で費用を負担して所有し，さらに共同で運用することを通じて，西ドイツの防衛に対する米国の継続的な関与が保証されると考えていた。それは，ドイツ人の「健全な精神」を維持する上で必要不可欠となる「安全・安心感」を提供するのであった。[52]

　もう1つの重要な要素は，バンディが指摘したように，英国との平等性を確保することであった。西ドイツは，英国と同等の政治的立場・身分にあると感じている限り，たとえフランスが独自核の取得に邁進していたとしても，その事実に向き合うことができる。というのも「ドイツは英国をうらやむと同時に尊敬してきた」のであり，核兵器に関して英国と同等の立場にあることにより，ドイツの不安感を払拭させることができる，と考えていたのであった。同盟における平等性という問題に関して，ボールはNPTに対する批判も加えていた。NPTを通じて，西ドイツは「核兵器に関して永続的に劣った地位」に置かれることになるが，その見返りとして与えられるのは，バンディが提案するような2国間での政策協議の機会だけである。さらに，核保有に関して，フランスや英国に加えてソ連に対して劣った地位に置かれることを，条約という明確なかたちで受け入れなくてはならない点が，大きな問題点であった。[54]

　ボールが提案した核戦力構想の特徴は，①英国の核戦力（V型爆撃機，ポラリス原潜）をNATOの枠組みで創設される多国間戦力に移譲することで，英国は独立的な核抑止力を事実上放棄することになる，②訓練が完了次第，英国のV型爆撃機が混合乗員で運用される，③核兵器コントロールについては，米国と欧州グループ双方の合意による採決方式をとる，という点であった。同案の利点としては，①MLF構想が洋上艦隊というプラットフォームの新たな建設（調達）を前提としていたのとは異なり，英国及び米国が当時既に保有してい

第4章　同盟アプローチにおける変化

る核兵器システムを利用すること，②ポラリス原潜の混合乗員運用については，当面の間は回避できること，③英国の独自核を「消滅させる」ことになるため，NPT という「紙切れ」よりも核不拡散に大きく寄与すること，が挙げられていた。

　この提案においてさらに注目すべき点は，戦力共有方式案には政策協議方式の要素も必然的に含まれるとボールが考えていた点であった。この集団的核戦力案では，単に各兵器プラットフォームの調達だけではなく，それを管理・運営する執行委員会が創設されることも想定されており，それが「NATO 理事会という大きすぎるフォーラムでは実現できなかった多くの共通課題に取り組む」ことを可能とすると考えていたのであった。参加国間で協議される可能性が高い議題としては，核兵器の開発計画，核兵器の使用可能性が想定される世界規模での危機への対応策，技術共有の可能性，軍縮政策，核不拡散措置，といった項目が想定されていた。ボールは，戦力共有方式案にはこのような政策協議という機能が当然含まれると考えており，西ドイツを米国及び西側陣営に強く繋ぎとめるという政治的目的の達成を目指したのであった。バンディが提案した政策協議方式案について，その趣旨自体の意義は認めるものの，集団的な核兵器システムの創設を伴っていないことが，まさしく大きな欠点であった。さらに問題であったのが，バンディ案では，実質的に米国と西ドイツの2国間関係の強化を目指している点であった。ボールは，米国が西ドイツとの2国間関係という枠組みで「特別な関係」の構築を目指すことは，他の同盟国の不安や余計な憶測を呼ぶことになり，NATO の結束強化という観点から間違った方向性であると考えていたのであった。

　ボールにとっては，将来にわたる欧州の平和と安定の確保という戦略的な目的の達成こそが重要であり，MLF 構想の大きな欠点は「政治的問題を解決するための軍事的仕掛け」という印象を持たれるようになったことであり，その根底にある大きな目的は，洋上艦隊を含む新たな兵器システムの調達という話題の影に隠れてしまったのであった。

　最後に，集団的核戦力の創設に向けた今後の政策手順に関して，関係国との交渉方針が示されていた。フランスについては，ドゴールは核問題において西ドイツに役割を与えるいかなる提案に対しても反対することは目に見えている

が，西ドイツ国内での影響力は，その意図が明らかになるにつれて低下する傾向にあるため，特に考慮することなく粛々と政策を進めるべきであるとした。ソ連の反発に対しても，フランスと同様に，特に考慮する必要はないと論じていた。モスクワは核問題における西ドイツの役割を禁止することを，NPTにソ連が同意する条件とすることで，集団的核戦力の創設を阻もうとしている。しかしながら，ここで忘れてならないのは「核不拡散協定は——それが何らかの意義を持つとすれば——モスクワだけでなくボンの署名も必要である」という点であった。戦力共有方式を含む核共有制度の創設が合意されない限り，西ドイツ政府が「核兵器の取得と所有を永久に放棄することはほとんどあり得ない」のであり，それこそ優先的に進めるべき政策課題であった。[57]

英国に対しては，ウィルソン政権が前年の選挙時に掲げていた「独立的核抑止力」の放棄という公約を果たすよう，断固たる態度で説得にあたるべきと提言していた。また，西ドイツ政府は，歴史的な背景から，核問題に関して同国が実際に何を求めているのか，その本音を聞き出すことは非常に困難であると指摘していた。したがって，重要なのは米国自身が決断をした上で，西ドイツを導くかたちで指導力を発揮するしか，実現の道はないと論じていた。[58]

(3) 国務省特別検討チームの核共有案

バンディ提案やボール提案以外にも，国務省では特別検討チームにおいて核共有政策が検討されており，『大西洋核問題への新たなアプローチ』と題する報告書が作成されていた。[59] ここで提案されている新たなアプローチは「核問題に関する西ドイツ及び欧州諸国の懸念に応え，米国のより広い政治的目的の強化を目指し」ており，長期的には①米・英・西独の協調関係及び英国と西ドイツの平等性の構築，②核拡散防止，③大西洋パートナーシップ及び欧州統合を念頭に置いたものであった。[60]

そこでは戦力共有方式について3つの代替案が示されていたが，より特徴的な点として，NATO同盟国のうち核問題に関連性の高い国家から構成される「国家グループ（Group of interested countries）」の設立を提案していることであった。この国家グループの目的は主に2つあり，第1には欧州諸国への核拡散を防止すべく，各国が核兵器取得の必要性を感じないような核防衛体制，協議

第4章　同盟アプローチにおける変化

体制となることであった。そこでは，NATO 核防衛体制のあり方だけでなく，欧州以外の地域で核兵器の使用可能性が高い危機発生時の対応策，戦力共有方式である集団的核戦力の創設案，米国のミサイル及び核兵器製造から派生する技術的ノウハウの共有まで，幅広い問題を検討することが提案されていた。

　第2の目的は，核不拡散政策やその他の軍縮・軍備管理政策について，NATO 内の協調的，統一的な態度を形成することであった。例えば，NATO 加盟国が他の自由主義陣営に属する核能力保有国に核の傘を提供する場合や，軍縮交渉におけるソ連への提案及びソ連側の提案に対する対応策について協議することが想定されていた。この目的の背景には，核共有体制と軍縮交渉は密接に関係する問題であり，特にジュネーブでの軍縮交渉に西ドイツは参加しておらず，交渉の過程について十分情報を共有する必要があるという問題意識があった。[61]

　但し，国家グループ創設に関する課題として，メンバー国をどのようにして少数に限定することができるかという問題があった。MLF や ANF のような集団的核戦力の創設を目標とするならば，このグループには米国，英国，西ドイツ，イタリア，オランダの5ヶ国に限定することが可能であった。しかし，集団的核戦力の創設を明示的に目標として掲げない場合，この問題は収拾がつかなくなるであろうとされた。[62]

　この国家グループには，NATO 同盟の核問題に関する協議体としての機能が期待されていたが，それを制度的に支えるために，同グループには「運営委員会（Committee）」及び「事務局（Executive）」の設置が検討されていた。前者には，協議中の問題を担当する閣僚級の各国代表者が参加し，後者には参加国のいずれの代表でもない人物によって，委員会とは独立的な存在として機能することが示された。また，運営委員会の決定は，米国と統一的に扱われる欧州の両者の合意に基づいてなされることが提案されていた。

　戦力共有方式については，次の3つの代替案が提示されていた。最初の案は，集団的核戦力の創設を早急に目指すのではなく，パリの MLF/ANF 交渉を国家グループの枠組みで引き続き検討するというものであった。戦力共有方式の検討を継続するというこの案は，1964年12月の新聞報道以降，西ドイツやフランス，英国に広まった米国が MLF/ANF を放棄したという印象が誤りであ

141

ったことを示す良い機会を提供する一方，事実上の先送り案であり，今後の同盟関係やソ連の動向により集団的核戦力の編成や創設のタイミングが左右される可能性が指摘された。第2の案は，米国と欧州のポラリス原潜から構成される集団的核戦力の創設案であった。具体的には，米国からポラリス原潜3～4隻を国家グループのコントロール下に移譲し，欧州からは当時英国が建造中であったポラリス原潜を共同出資・所有するかたちにした上で，米国と同数の原潜を同グループのコントロール下に置くというものであった。第3の案は，ANFとほぼ同じ内容であり，混合乗員制で運用される英国のV型爆撃機部隊，英国のポラリス原潜4隻から構成される集団的核戦力の創設案であった。この案では，結果的に英国の核戦力が集団的核戦力に吸収されるという核不拡散の観点も考慮されていた。

このように，同報告書ではNATO内に核問題を専門に検討する国家グループ創設案，3つの集団的核戦力案が提案されていた。但し，これらの政策案を検討する上で「西ドイツ政府の態度に関して十分理解しないまま，核問題に関する決定を行うのは賢い行動ではない」として，米国から新提案を提示するのではなく，9月の総選挙後に西ドイツ政府の態度が明らかになってから具体的な検討を行うべきと考えられていた。

3　エアハルト訪米とMLF/ANF構想の延命

(1)「決断」を巡る政権内の議論

1965年9月に行われた総選挙に勝利を収めたエアハルト首相は，12月にワシントンを訪問することが決まった。ジョンソン政権では，米独首脳会談の最も重要な議題の1つとなることが確実であったNATO核問題について，米国政府の政策方針が検討されていた。ウィルソン英首相との会談，NSAM322号の発令により決断が先送りされたMLF/ANF構想を推進するのか，実現に向けた関係国協議が進められていた「選抜委員会」案をどのように位置付けるのか，ジョンソン＝エアハルト会談は，NATO核共有政策のあり方について1つの方向性を示す重要な機会となることが予想されていたのであった。

11月11日，ホワイトハウスでは，ラスク，マクナマラ，バンディ，ボール

が参集し，エアハルト訪米に関する政策協議が行われた。そこでは，NATO核問題に関する政権内での議論を踏まえて，大きく3つの考え方が検討された[67]。第1には，NATO集団的核戦力という戦力共有方式案の実現に向けて米国が強いリーダーシップを発揮すべきという考え方であり，ボールによって強く主張された[68]。第2には，戦力共有方式を現時点で追求するのは誤りであり，それよりは，核政策におけるインテリジェンス，攻撃目標の選定，計画立案，予算，兵器システムの設計といった事項についての政策協議を拡充する必要性を説く立場であり，バンディによって主張された立場であった[69]。但し，バンディは戦力共有方式案の可能性を閉じるべきとは主張していなかった。バンディの認識からすれば，それは選択の問題ではなく順番の問題なのであった。

最後の立場は，最終的な決断を下すには時期尚早として，西ドイツ政府と英国政府との協議を重ねる中で，進むべき方向性を今後数ヶ月かけて検討するという考え方であり，ラスクによって示された[70]。ラスクは，いかなる政策方針を米国が採用するとしても，「裏切られたという感情」を西ドイツ政府が抱かないようにすることの重要性を踏まえつつも，今決断を迫られる類の問題ではないと考えていた[71]。また，戦力共有方式と政策協議方式のどちらがNATO核共有政策のあり方としてふさわしいのかという問題については，両案の要素はいずれも相互補完的に重要な機能を果たすという観点から，折衷方式の実現を考えていた。

これらの3つの立場に対して，マクナマラは，どちらの方向性を選択すべきかどうかという問題以上に，米国政府が早急に決定を下すことが重要であるという考えを示した。すなわち，戦力共有方式が，その実現に向けた米国の活発で継続的な圧力をかけるだけの価値があると大統領が判断するのであれば，その決定を支持するし，そうでないのであれば，戦力共有方式を放棄するという決断を今下すことを望むというのが，マクナマラの意見であった[72]。この協議では明確な決定が行われたわけではなかったが，ラスクの意見に近い形で，ジョンソン政権は戦力共有方式の可能性について英国政府や西ドイツ政府と協議を重ねることになった。

戦力共有方式に関する最初の意見交換は，11月下旬，英国政府と行われた。11月27日からNATO国防相会合及びSPECOMの第1回会合に出席するた

ジョンソン大統領（左），マクナマラ国防長官（中央），
バンディ大統領特別補佐官（右）
（出所：LBJ Library photo by Yoichi Okamoto）

めに欧州を訪れていたマクナマラとボールは，ロンドンを訪れ，NATO核問題に関する米国の考え方を伝えたのであった。英国政府としては，次のような政策方針を考えていた。英国政府の希望は，①英国のポラリス原潜及びV型爆撃機をNATOが継続する限り「不可逆的に（irrevocably）」NATOに移譲すること，②同戦力の所有権及びコントロールを集団的な主体に移譲すると同時に，西ドイツ，イタリア，オランダ，その他のNATO同盟国に売却する用意があること，③条件として，米国も英国と同数のポラリス原潜を①か②の方法で移譲すること，ということであった。

　この要望を踏まえ，ラスク，ボール，マクナマラ，バンディは，ウィルソン英首相との会談に備えて，次のような2段階からなるアプローチを考案した。第1には，英国と同数のポラリス原潜（4隻）をNATOが継続する限り不可逆的に移譲するためのプロセスを開始することで合意し，第2には，仮に西ドイツがこの戦力に参加したい場合には，米国としては同戦力を集団化することに賛成する，という案であった。さらに，12月中旬にワシントンを訪問したウィルソン英首相は，「この案は少し現実離れしているとも感じる」と加えながらも，英国政府としては，「ANF構想をまだ支持したいと考えている」と明言したのであった。

第4章　同盟アプローチにおける変化

（2）ジョンソン＝エアハルト会談

　米国の政策方針を考える上で不可欠だったのが，NATO核共有制度に関する西ドイツ政府の考え方を把握することであった。エアハルト政権はどのような核共有を望んでいるのか——戦力共有方式なのか政策協議方式なのか——という問題は，エアハルト首相の側近であり事実上の特使として，11月上旬にワシントンを訪れたビレンバッハ（Kurt Birrenbach）連邦議会議員との意見交換を通じて，明らかにされていった。

　11月8日，国務省のラスクの執務室で行われたビレンバッハとの意見交換は，マクナマラ，バンディ，ボール，レディ（John M. Leddy）が参加して行われた。ビレンバッハは，エアハルト政権は「共同で所有，運用，管理される」ような「共通の核兵器システム」に参加すべきであるとして，戦力共有方式に基づいた核共有を望んでいるという立場を明らかにした。具体的には，①戦術核兵器に加えて戦略核兵器をも構成要素とすること，②SACEURの指揮下に置かれること，③共同で所有され混合乗員制に基づいて運用されること，④欧州参加国間の平等性が確保されること，さらに⑤欧州の政治的統合が達成された場合の規定（欧州条項）とドイツ再統一が達成された場合の規定（再統一条項）を盛り込んでいること，といった特徴を備えるべきことが示された。この核戦力に参加することを通じて，西ドイツは①核問題に関する西ドイツの立場が強まること，②米国及び他の欧州同盟国との関係が強化されること，③フランスや英国に比して西ドイツが被っている差別状況が解消されること，④共通の核兵器システムを取得することにより，いずれ参加が見込まれる英国やフランスの独自核に対する将来的な解決策を提供すること，といった利点があるとされた。ここでボンとしては，MLF構想がNATO核問題には最善の解決策であることに変わりはない，という点が強調された。

　その一方で，英国政府が提案しているANF構想もいくつか修正を加えることで今後の協議に向けた「叩き台」となり得ることも指摘された。西ドイツにとってANF構想の問題点とは，①英国が拒否権を保持していること，②英国のV型爆撃機の費用まで西ドイツが負担することになることであると説明した。また，英国政府が欧州条項に対して反対の立場を示していることもボンにとっては問題であると述べた。計画実現に向けた今後の予定表としては，2年から

145

3年の期間を想定しているが，大切なのは，この核戦力を創設するという合意を早急に締結することであると強調した。また，ビレンバッハはNPT交渉にも言及し，同交渉において米国は「すべての核オプションを残すべき」として，同年8月に18ヶ国軍縮委員会（ENDC）に提出された米国のNPT草案で示された文言を維持することを求めた。[78]

　この会談で議題に上った項目の中で興味深いのが，核政策に関する同盟内の平等性を巡る議論であった。西ドイツがフランス及び英国との関係においてどのような平等性を望むのか，という質問に対して，ビレンバッハは次のように答えた。フランスとの平等性に関しては，パリが①独立路線を強く主張していること，②欧州大陸における覇権を求めていること，③米国を欧州から排除しようという態度を取っていることが問題であり，特に核兵器の有無によって国家の地位が大きく異なると考えている点が問題であると指摘した。他方，英国との関係においては，核兵器コントロールにおける平等性に問題を感じていることを明らかにした。すなわち，ボンとしては「核兵器コントロールにおける平等な権限」を保有すべきと考えており，いかなる核戦力においても英国の拒否権を認めることはできないと断言した。この点に関して，バンディは現実的に考えて英国政府が自国の核戦力を拒否権なしで集団的核戦力に移譲することはほとんどあり得ないと指摘し「英国が拒否権を放棄すると西ドイツは本気で考えているのか」と問い正したのであった。

　これに対してビレンバッハは「仮に英国がそうしない［拒否権の放棄に合意せず集団的核戦力に参加しない］のであれば，彼らの財政状況がそうさせるまで待つしかない」と答え，英国は独自核を維持するだけの財政的負担にそう長く耐えることはできず，いずれ参加せざるを得ない状況に追い込まれることになるという見解を示したのであった。[79]また，フランスは「打撃力（force de frappe）」戦力という独自の核戦力を維持し続ける意志が固いということを踏まえると「兵器システムが平等性という目的を達成することができるのか」という問いに対しては，西ドイツが求めるのは独自核の取得という「絶対的な平等性」ではなく，「相対的な平等性」を求めているだけであり，「大企業の大株主となることは，小さな企業の社長となることと同等の意味を持つ」と独特な解釈を展開し，集団的核戦力の創設が望ましいことを訴えたのであった。[80]

第4章　同盟アプローチにおける変化

　核兵器使用に関する拒否権の問題に関しては，ラスクからも疑問が示された。すなわち，①NATOは西ドイツと米国がいなければ軍事的能力を全く持たないこと，②西ドイツには米軍だけでなく核備蓄制度に基づいた戦術核兵器が多く配備されていることに鑑みるに，西ドイツは，核兵器の使用に関する事実上の拒否権を既に手中に収めているのであり，MLFやANFが対象とする戦略兵器をなぜ重視するのか，具体的な説明を求めた。ビレンバッハは，第1に，西ドイツ軍とSACEURの指揮統制ラインとの間に全く接点がないこと，第2に，ボンからすると戦術核兵器では核兵器の使用における共同決定という役割を同国に与えるものとはみなされないことを指摘し，西ドイツとしては米国の決定に「より強い声」が欲しいのであるが，政治的に危険であることから，現行の2国間関係ではそれを達成できないと答えた。さらに，西ドイツとしては「消極的な拒否権」以上の「積極的な影響力」が欲しいのであり，そのためには新たな核共有案の制度的側面が重要になってくるという考えを披歴したのであった。

　拒否権の問題に加えて，さらに興味深い点として挙げられるのが，西ドイツ提案に対するマクナマラからの軍事的合理性に関する質問であった。第1に，ソ連及び中国の軍事的脅威に対しては米国が十分な核戦力を保有しており，西ドイツが提案するような戦力共有方式案は軍事的必要性がないこと，第2に，そのような軍事的必要性のない兵器システムに対して，なぜ西ドイツは費用を負担しようとするのか明確ではないこと，第3に，新たな核戦力の攻撃能力は相対的にみて非常に小さなものであり，それ自体では有効な抑止力とはなりえないこと，第4に，米国は拒否権を保持することになるため，西ドイツは現在以上のコントロールを獲得することはないこと，最後には，そのような戦力案に他の欧州諸国が費用を負担する可能性が低いこと，といった指摘であった。[81]

　これらの問いに対して，ビレンバッハは，マクナマラの指摘に概ね同意しながら，次のように答えた。まず，今回の核戦力案が実現したとしても，西側が既に保有している核戦力の規模に大きな変化を生むわけではないとした上で「しかしながら，この集団的核戦力の目的は軍事的なものではなく，政治的なもの——核政策の決定過程において西ドイツと他の欧州同盟国の関係をできる限り密接なものとすること——である」と明言したのであった。核政策に

関して西ドイツを始めとする欧州諸国から示された意見は，米国としても軽視できるはずはなく，そのような政治的目的に対して十分費用を負担する用意がボンにはあるのであった。また，マクナマラの指摘するように米国の核戦力に比した場合この核戦力は極めて規模が小さい一方，フランスの核戦力に対しては十分な規模を有しているとして，問題とはならないという認識も示されたのであった。また，意見交換の中ではSPECOMについても話題が及んだが，具体的な認識は示されなかった。(82)

この意見交換を通じて，エアハルト政権が改めて戦力共有方式に基づいた核共有制度の構築を目指していることが明らかになった。但し，この会談で示されたビレンバッハの考え方がどこまでエアハルト首相本人の考えを反映したものなのか，ジョンソン政権では十分把握できてはいなかった。

12月19日から3日間の日程でワシントンを訪問したエアハルト首相は，20日午前，ホワイトハウスでジョンソン大統領と会談した。(83)会談の冒頭で，エアハルトは，西ドイツが核兵器に加え生物・化学兵器の製造を放棄した世界で初めての国家であることに言及しながら，同国は核兵器の「独立的なコントロール」や「独自核の保有」ではなく「多角的で統合されたシステム」を望んでいると述べた。ジョンソン大統領は「なぜ，西ドイツはNATOや米国の防衛力に加えて，新たに原子力潜水艦を求めるのか，なぜ米国が既に調達したものを欲しいのか」と問いかけ，西ドイツ政府が具体的にどのような核共有体制を求めているのかより詳細な説明を求めた。これに対してエアハルトは，欧州防衛に対する米国のコミットメントに不安を感じているわけではないが「現在のNATOの情勢は不安定さが増しており，核分野においてより緊密な統合があり得る」と答えた。さらに，この「緊密に連携された多角的システム」は単にソ連に対する抑止という軍事的側面だけでなく，同盟内の政治的地位に影響をあたえる政治的側面も重要であり「米国，英国，西ドイツが協力して多角的な取決めの基盤を見出すべき」と提案した。

エアハルトはNPTについても言及し，核不拡散という原則に対する支持が欧州で拡大している一方，西ドイツ政府としては「核不拡散への合意は核共有の合意を前提とする」と考えており，「西ドイツが永久に核抑止なしで生きると仮定することは不可能である」と明言した。(84)これは注目すべき発言であり，

第4章　同盟アプローチにおける変化

NATO核共有体制に関する合意を，NPTに対する合意の前提条件とすることを意味していた。会談の最後にエアハルトは「核共有と核不拡散の問題についてさらに検討したい」と述べ，この問題に関する両国間の協議を継続することを確認した。[85]

同日午後には，エアハルト首相に同行していたシュレーダー外相が，国務省でラスクやボールと会談していた。[86] シュレーダーは，核共有に関して「混合乗員運用制といった特徴も含めてMLF構想が最善策であると考えているが，その特徴自体が他の同盟国に受け入れられない要素となっていることも理解」していると述べた。したがって，現実的な選択肢としては，英国のポラリス原潜を主要なプラットフォームとしたANF構想を柱として協議を進めたいという意向を示した。そこで，西ドイツ側は核共有案をまとめた文書を提示しながら，英国に加えて米国のポラリス原潜やV型爆撃機だけでなく，研究・開発段階にあった次世代のパーシング・ミサイルや当時開発の最終段階に入っていた最新鋭のF-111戦闘攻撃機も念頭に置いていることを明らかにした。[87] 英国の懸念が強かった新たな兵器システムの調達問題については，シュレーダーが「その必要性がない」ことを明言し，既存のプラットフォームを利用するかたちで新たな集団的核戦力を構成することで一致した。

今後の協議の進め方については，米英独の3国が一堂に会して協議を行うことが自然な流れであるはずであった。しかしながら，ボールが指摘したように，そのような3国協議は「イタリアやオランダ，その他の同盟国が強く警戒するであろう」ことから，実施することは不可能という状況であった。[88] したがって，エアハルト首相が直接ウィルソン首相と会談する必要があるし，3国首脳間での書簡のやり取り，駐在大使を通じた意見交換といった枠組みで進めることが提案された。

首脳会談後に発表された共同声明では，両首脳がNATO核問題に関して西ドイツ及び他の同盟国が核防衛において「適切な役割を果たすべき」ことで一致したことが示された。また，ジョンソン大統領は，NATOの核抑止力が「完全に効果的」であることを確認した上で，核共有のあり方に関する米国の政策方針は，同盟内の非核保有国の核防衛における「正当な分担」を確保すべく作成されると述べた。そこで，両首脳は「そのような取決め［核共有体制］

149

については，米独２国間及び他の関係する同盟国と協議すること」で合意したことを明らかにしたのであった。ここに，MLF/ANF 構想は引き続き同盟アプローチの主要な要素として延命されることになった。

ジョンソン大統領としては，英国政府と西ドイツ政府間での協議において合意がなされることが先であり，それまでは米国政府として戦力共有方式案か政策協議方式案かで選択を迫るようなことは行うべきではないと考えていたのであった。マクナマラが求めていたような NATO 核問題に関する早期の判断は行われず，1964 年 12 月の NSAM322 号で示された受動的態度が継続される状況が続くこととなった。但し，NATO では，1965 年 12 月，暫定組織として SPECOM が設置されるなど，同アプローチを巡る状況は大きく変化を遂げようとしていたのであった。このように，同盟アプローチに関する NATO での展開やジョンソン政権内の政策論議が活発となる陰で，多国間制度アプローチにも静かな変化の兆しが訪れていたのであった。

注

(1) パリ作業グループは，１月上旬に法務問題検討作業グループの会合が開かれてはたが，その後の予定は決定されていなかった。Memorandum to the Under Secretary from Tyler, "Future of Paris Working Group : Action Memorandum", (January 8, 1965), CONFIDENTIAL, *MLF General Vol. 3 [1of2]*, Box 23, SF, NSF, LBJL.

(2) 英国政府は，パリ作業グループが MLF 構想の実現に向けて創設された協議体であることから，ANF 構想の協議体としては適切ではないと考えており，新たな協議体の創設を希望していた。Ibid.

(3) Ibid.

(4) Memorandum for the President, "Draft Letters on ANF/MLF", (February 28, 1965), SECRET, *MLF General Vol. 3 (1/2)*, Box 23, SF, NSF, LBJL.

(5) Memorandum for Bundy through Smith, "ANF/MLF", (March 1, 1965), SECRET, *MLF General Vol. 3 (1/2)*, Box 23, SF, NSF, LBJL.

(6) Ibid.

(7) Ibid.

(8) Memorandum to the President, "Erhard/Wilson meeting", (March 2, 1965), SECRET, *MLF General Vol. 3 (1/2)*, Box 23, SF, NSF, LBJL.

(9) From Tyler to Ball, "Meeting with Secretary McNamara and McGeorge Bundy on

第4章　同盟アプローチにおける変化

Alliance Nuclear Problem", (March 19, 1965), SECRET *Nuclear Problem*, Box 28, GWB, 1961-1966, NARA.
(10)　Memorandum from Ball for Rusk, McNamara, and Bundy, "ANF/MLF Problem" SECRET, (March 25, 1965) ibid.
(11)　Telephone conversation between Ball and Ferguson (March 25, 1965), *MLF II [1 8 65 - 4 8 66]*, Box 5, GWB, LBJL ; Memorandum to Ball from Bundy (March 29, 1965), *Nuclear Problem*, Box 28, GWB, 1961-1966, NARA.
(12)　David N. Schwartz, *NATO's Nuclear Dilemmas*, (The Brookings Institution, 1983), pp. 181-182 ; Harlan Cleveland, *NATO : The Transatlantic Bargain*, (Harper & Row, Publisher, 1970), p. 53 ; Paul Buteux, *The Politics of Nuclear Consultation in NATO 1965〜1980*, (Cambridge University Press, 1983), pp. 39-68 ; Helga Haftendorn, *NATO and the Nuclear Revolution : A Crisis of Credibility, 1966-1967*, (Clarendon Press, 1996), p. 161.
(13)　William Kaufmann, "Nuclear Planning and Consultation Remarks Before the Select Committee of Defense Ministers on July 29, 1965", (July 19, 1965), SECRET, *[MLF] Mr. Bundy for 6 o'clock meeting Monday, 18 October*, Box 25, SF, NSF, LBJL ; Haftendorn, *NATO and the Nuclear Revolution*, p. 161.
(14)　NATOでは，1952年2月のリスボン合意により予備役の部隊を含めて96個師団まで増強することを決定していたが，同盟国の財政的負担を背景に実現されていなかった。Jane E. Stromseth, *The Origins of Flexible Response : NATO's Debate over Strategy in the 1960s*, (Macmillan Press, 1988), pp. 11-12 ; Beatrice Heuser, *NATO, Britain, France and the FRG : Nuclear Strategies and Forces for Europe, 1949-2000*, (Macmillan Press, 1997), pp. 30-33.
(15)　Buteux, *The Politics of Nuclear Consultation in NATO 1965〜1980*, pp. 39-68.
(16)　Schwartz, *NATO's Nuclear Dilemmas*, pp. 181-182.
(17)　Memo to Bator from Legere "Relations with Allies in Special Committee Context", (October 26, 1965), SECRET, *[MLF] Mr. Bundy for 6 o'clock meeting Monday, 18 October*, Box 25, SF, NSF, LBJL.
(18)　但し，マクナマラがこのような提案をしたのは初めてではなかった。1962年5月，アテネで開催されたNACでも，核委員会の設置を提案していたが成功に至っていなかった。Haftendorn, *NATO and the Nuclear Revolution*, pp. 161-162.
(19)　Memorandum of Conversation, "Problem of NATO", (June 2, 1965), SECRET, Box 1576, *DEF4 DA NATO Pacts & Alliances 6. 1. 65*, CF Political & Defense 1964-1966, NARA ; Haftendorn, *NATO and the Nuclear Revolution*, p. 163.

⑳　同協議に参加していた11ヶ国とは、米国、英国、西ドイツ、フランス、イタリア、ベルギー、オランダ、デンマーク、カナダ、トルコ、ギリシャであった。また、この協議が非公式という形態で進められた背景には、あまり目立たないことでより詳細な事項についての協議が進展することを目指したブロジオ事務総長の意向があり、実際の会合は同事務総長の執務室で行われていた。Incoming Telegram POLTO 1875, "Select Committee (SC) Proposal", (June 29, 1965), SECRET, *DEF 4 - DA NATO ColD. Pacts & Alliances 6. 1. 65*, Box 1576, CF Political & Defense 1964-66, NARA.

㉑　Incoming Telegram POLTO 5, "Re POLTO 1883", (July 2, 1965), SECRET, Box 1576, *DEF4 DA NATO Pacts & Alliances 7. 1. 65*, CF Political & Defense 1964-1966, NARA ; Incoming Telegram POLTO 91, "Select Committee (SC)", (July 21, 1965), Box 1576, *DEF4 DA NATO Pacts & Alliances 7. 1. 65*, CF Political & Defense 1964-1966, NARA.

㉒　Incoming Telegram POLTO 92, "Select Committee-NAC July 21", (July 22, 1965), *DEF4 DA NATO Pacts & Alliances 7. 1. 65*, Box 1576, CF Political & Defense 1964-1966, NARA ; Outgoing Telegram to PARIS TOPOL 111, ANKARA 70, "Select Committee", (July 26, 1965), SECRET, Incoming Telegram POLTO 92, "Select Committee-NAC July 21", (July 22, 1965), *DEF4 DA NATO Pacts & Alliances 7. 1. 65*, Box 1576, CF Political & Defense 1964-1966, NARA.

㉓　Incoming Telegram POLTO 92, "Select Committee-NAC July 21", (July 22, 1965), Box 1576, *DEF4 DA NATO Pacts & Alliances 7. 1. 65*, CF Political & Defense 1964-1966, NARA.

㉔　Incoming Telegram POLTO 276, "Meetings of Special Committee of Defense Ministers in Paris, November 27, 1965", TOP SECRET, (November 29, 1965), NH1005, U. S. Nuclear History, NSA.

㉕　Ibid.
㉖　Ibid.
㉗　Ibid.
㉘　Ibid.
㉙　Ibid.
㉚　Ibid.
㉛　Ibid.

㉜　当初案での構成メンバーは、第1作業グループ（インテリジェンス・データ共有）：カナダ、ベルギー、ギリシャ、米国、第2作業グループ（コミュニケーショ

第4章　同盟アプローチにおける変化

ン）：オランダ，デンマーク，トルコ，英国，第3作業グループ（核計画）：米国，英国，西ドイツ，イタリア，であった。Ibid.
(33) Ibid.
(34) Incoming Telegram POLTO 276, "Meetings of Special Committee of Defense Ministers in Paris, November 27, 1965", TOP SECRET, (November 29, 1965).
(35) Ibid.
(36) "The Case for a Fresh Start on Atlantic Nuclear Defense (with No Mixed Manned Force or Plans for Such Forces)", (October 18, 1965), SECRET, *[MLF] Mr. Bundy, for 6 o'clock meeting Monday, 18 October*, Box 25, SF, NSF, LBJL.
(37) Ibid.
(38) Ibid.
(39) Ibid.
(40) "Draft Plan for Atlantic Nuclear Cooperation (ANNEX A), (October 18, 1965), SECRET, *[MLF] Mr. Bundy, for 6 o'clock meeting Monday, 18 October*, Box 25, SF, NSF, LBJL.
(41) 具体的には，①合衆国大統領と西ドイツ首相は，米国の核兵器を搭載した核戦力や西ドイツ国内の基地を拠点に運用される核戦力が核兵器を使用する場合には，事前に，その決定について協議することにより合同で決定する，②合衆国大統領は，どこで使用されるかにかかわらず，米国が核兵器を使用する場合には，時間が許す限り，西ドイツ首相と個人的に協議を行う，③核兵器の使用が想定される緊急事態に際しては，米国は西ドイツ及び同盟国と協議を実施するためのあらゆる可能な措置を講じる，④緊急事態に際して直接西ドイツ首相と協議することができることを保証するために，適切な通信施設・設備を整える，という内容であった。Ibid.
(42) 2国間の相互交流において取り上げられる議題としては，①ソ連の脅威の程度，②現行及び調達段階にある核戦力の能力及び限界，③それらの核戦力の攻撃目標の設定（targeting），④取得計画中の能力の変更，⑤それらの核戦力に関する国防予算，⑥発生可能性のある事態及びそれらの事態への対処方法，が念頭に置かれていた。Ibid.
(43) "The Case for a Fresh Start on Atlantic Nuclear Defense (with No Mixed Manned Force or Plans for Such Forces)", (October 18, 1965).
(44) Ibid.
(45) Ibid.
(46) Ibid.
(47) "The Case for a Strong American Lead to Establish a Collective Nuclear System

153

that Would Help Save the Western World from Repeating an Old Mistake", (October 27, 1965), *Nuclear Problem,* Box 30, GWB, NARA.
(48) Ibid.
(49) Ibid.
(50) Ibid.
(51) Ibid.
(52) Ibid.
(53) Ibid.
(54) Ibid.
(55) Ibid.
(56) ボールはさらに，政策協議方式だけの場合，そこに参加する際の費用負担が戦力共有方式を含む場合に比して著しく低くすむことから，参加希望国の数を制限することができず，実質的な協議はできなくなってしまうという点も指摘していた。Ibid.
(57) Ibid.
(58) Ibid.
(59) State Department Paper, "New Approach to Atlantic Nuclear Problem", (Undated), SECRET, *Nuclear Problem,* Box 29, GWB, NARA.
(60) Ibid.
(61) Ibid.
(62) Ibid.
(63) Ibid.
(64) Ibid.
(65) Ibid.
(66) Ibid.
(67) Document 131, Memorandum Prepare in the White House, "Tentative Agenda for Meeting", (November 11, 1965), SECRET, *FRUS, 1964-68, Volume XV, Germany and Berlin,* pp. 330-331.
(68) Ibid.
(69) Ibid.
(70) Ibid.
(71) Ibid.
(72) Ibid.
(73) この第1段階は，英国による独自核を放棄させるという極めて象徴的な出来事と

なり，核不拡散に向けた画期的な第一歩となるとボールは考えていた。すなわち，この2段階アプローチにより，米国が西ドイツと戦力共有方式を実現しようとしまいと，英国の独自核を「国際化」することができる。さらに，同アプローチは西ドイツに参加する圧力をかけることなく戦力共有方式を提案することができると考えていたのであった。Memorandum for the President, "Visit of Prime Minister Wilson", (December 13, 1965), SECRET, *Proposal for Nuclear Sharing, Nov. 1964-65*, Box 47, Records Relating to the Defense Program and Operation, 1959-1969, NARA.

(74) Memorandum for Record, "The President's account of his private conversation with Prime Minister Harold Wilson, 5:15 to 6:15 p.m. December 16", (December 17, 1965), SECRET, *McGeorge Bundy, 11/20 - 12/31/65 Vol. 17 [2of3]*, Box 5, Memo to the President, NSF, LBJL.

(75) "Collective Nuclear Arrangements in NATO", (November 8, 1965), SECRET LIMDIS, *Nuclear Sharing*, Box 29, Papers of Francis M. Bator, LBJL.

(76) Ibid.
(77) Ibid.
(78) Ibid.
(79) Ibid.
(80) Ibid.
(81) Ibid.
(82) Ibid.

(83) Document 119, Memorandum of Conversation, "Nuclear Sharing", (December 20, 1965), SECRET NODIS, *FRUS, 1964-68, Volume XIII, Western Europe Region*, pp. 289-292.

(84) Ibid.
(85) Ibid.

(86) Document 120, Memorandum of Conversation, "Nuclear Sharing", (December 20, 1965), SECRET NODIS, *FRUS, 1964-68, Volume XIII, Western Europe Region*, pp. 292-295.

(87) 西ドイツ政府の核共有案をまとめたこの文書は，首脳会談の席でもエアハルト首相からジョンソン大統領に提示されていた。Ibid.

(88) Ibid.
(89) Ibid.

(90) Memorandum From the President's Special Adviser for National Security Affairs

(Bundy) to Secretary of State Rusk, (January 17, 1966), SECRET, Document 124, *FRUS, 1964-68, Volume XIII, Western Europe Region*, pp. 300-301.

第5章
多国間制度アプローチの一進一退

　1965年初頭，ジョンソン大統領の判断によりギルパトリック報告書が極秘扱いとなったことで，多国間制度アプローチの推進を目指していたACDAの取り組みは大きな壁に直面していた。国務省を始め米国政府内では，西ドイツ核武装問題への対応を重視する考えが多数派であり，同盟アプローチの実現に影響を与えかねない提言が，実際に採用される可能性は低いままであった。しかしながらこの時期，世界的な核拡散に対する危機感の広がりを背景に，多国間制度アプローチにも新たな展開がみられたのであった。本章では，同盟アプローチが優先的に追求される中で，限定的ながらも多国間制度アプローチが進展する過程に焦点を当てて考察する。

1　多国間制度アプローチの静かな進展

(1) NSAM335号
　1965年1月下旬，バンディは，ギルパトリック報告書を極秘文書とすることを指示した長官委員会参加者宛のメモにおいて，同提言の内容については政権内で非公式に検討作業を行うことも指示していた。しかしながら，その後もしばらくの間，具体的な検討作業が開始される動きはみられなかった。このような状況を打開すべく動いたのが，ギルパトリック委員会運営スタッフを務めたNSCスタッフのキーニー（Spurgeon M. Keeny）であった。3月下旬，キーニーはバンディに対して，提出から2ヶ月が経とうとしている中，ギルパトリック報告書についての検討作業が政権内で全く行われず，なおざりにされている状態がジョンソン政権内の多国間制度アプローチ推進論に与える影響として，2つの指摘が示されていた。[1]

　最初に指摘されていたのは，この状態が政権内に与える政治的影響であった。

ワシントンでは既に，同報告書が軍備管理・軍縮条約を中核として核拡散防止に向けた積極的な取り組みを強く勧告する内容であることが広まっている。その一方，ラスク国務長官やトンプソン大使が外交政策の重要な課題として核不拡散を位置付けていないだけでなく，選択的な核拡散も許容しているのではないかという声さえ聞かれる。したがって，ギルパトリック報告書に関する政策的な検討作業を何ら実施しない状態が続けば，「核不拡散というジョンソン大統領自身が掲げた政策目標を断念したと誤解される」ことになり，政権内の「軍縮コミュニティ」の士気に与える影響はもちろんのこと，報告書のリークという可能性も現実に高まるという問題が指摘されていた。

キーニーの考えでは，軍備管理・軍縮条約こそが世界的な核拡散の防止において不可欠の要素であるということであった。核拡散防止協定や包括的な核実験禁止条約は，米国の軍備管理・軍縮政策の主要な柱であり，新たに核兵器開発を目指そうという国家にとって「大きな足枷」として機能する，有効な政策措置であると論じていた。さらに，ワシントンがこの分野において消極的な姿勢をとることは，軍備管理に米国が本当に利益を見出しているのかという疑念を国内外で生起させてしまう，という懸念が示されていた。(2)

そこでキーニーは，次のような提案を行った。第1に，バンディが以前示したように，長官委員会においてギルパトリック報告書の検討作業を行うこと，次に，米国の核不拡散政策を明確に示す短いNSAMを作成することであった。さらに，大統領の主要な演説において核不拡散政策を簡単に再言及すること，そして最後に，ソ連指導部との書簡を通じた対話や意見交換を継続し，核拡散防止協定及び包括的核実験禁止条約を米国が重視している姿勢を直接伝えることであった。(3)

バンディは，キーニーからのメモを受け取った翌日，ラスクやマクナマラに対して，ギルパトリック報告書で示された多国間条約に関する提言について，長官委員会において検討する必要性を伝えた。但し，そこでは，多国間条約の進展に向けた取り組みではなく「核拡散防止協定及び包括的核実験禁止条約の原則に対する米国の基本的な支持（強調は筆者による）」について検証することが提案されており，ギルパトリック報告書に対する政権中枢の慎重な雰囲気が反映されていた。(4) バンディ自身は，多国間条約を重視する同報告書が「バラン

第5章　多国間制度アプローチの一進一退

スを欠く」として違和感を示す一方，米国の核不拡散政策が「もう1つの方向に偏る」ことも避けるべきであるとして，個別的・2国間措置だけでは不十分との認識も示しており，同報告書で示された多層的な核不拡散政策という方向性については同意する姿勢をみせていた。実際，4月中に開催された長官委員会では，インド核問題への対応策を検討していたトンプソン委員会の経過報告が議論の大半を占めていたが，ACDA が作成した多国間条約に関する政策メモも検討項目の1つに加えられたのであった。しかしながら，この長官委員会での協議が何か新しい一歩を生み出すことはなかった。

このような状況の中で，多国間制度アプローチを推す動きが政権の外部から起こった。1965年6月23日，ケネディ（Robert Kennedy）上院議員が，軍備管理・軍縮政策を積極的に進めるべきという内容の演説を上院で行い，大きな反響を呼ぶこととなった。さらに，この内容を支持する社説をワシントン・ポスト紙が掲載し，ジョンソン政権の軍備管理・軍縮問題に対する姿勢を消極的であるとして批判したのであった。

軍備管理・軍縮政策への積極的な取り組みの姿勢を求めるこのような世論の動向を踏まえ，1965年6月下旬，バンディは，ラスク国務長官やフォスター ACDA 長官，フィッシャー（Adrian Fisher）ACDA 副長官と政策方針を協議したのであった。その結果，軍備管理・軍縮政策における新たなプログラムの検討を指示するよう，ジョンソン大統領に進言するに至った。6月28日，大統領の承認を受けたバンディは，「軍備管理プログラムの作成」と題する NSAM335号を，国務省や国防省，ACDA，統合参謀本部議長，CIA 長官，米国文化情報局（USIA）長官，国家航空宇宙局（NASA）長官，科学技術問題担当大統領特別補佐官に対して発令した。

この NSAM335号は，多国間制度アプローチの推進派にとって画期的な文書であった。何よりも重要であったのは，同文書において，ジョンソン大統領が，核拡散防止に向けた政策案を含む新たな軍備管理・軍縮プログラム案の作成と提出を ACDA に指示したことが明らかにされていたことであった。その上で，関係省庁からのコメントやこの問題に関する見解も提出することが求められていた。すなわち，新たな軍備管理・軍縮プログラムを「作成する上での主導権は ACDA にあるものとする」ことが明確に指示されたのであった。従

来,ACDA の提案文書が閣僚級の目に触れる機会は長官委員会が最高レベルであり,ジョンソン大統領は長官委員会の出席するホワイトハウス・スタッフを経由して内容が伝えられる,という手続が採られていた。また,中国核問題を背景に省庁間協議体として設置されていたトンプソン委員会においても,フォスターが,決定権を有する議長ポストに就任することはできなかったのであった。ここで初めて,ACDA は,国務省や関係省庁の見解を踏まえながらも,自らが取りまとめた政策案をジョンソン大統領に直接提出することになったのであった。それは,ACDA を中心とする政権内の多国間制度アプローチ推進派にとって,政治的に大きな前進を意味していたのであった。[9]

(2) ギルパトリック報告書の限定的な復活

NSAM335 号を受けて,新たな軍備管理・軍縮政策案の検討作業を開始した ACDA は,7 月 31 日,「NSAM335 号に基づくプログラム案」(以後,プログラム案)と題される政策文書をホワイトハウスに提出した。[10] そこで示されていたのは,ACDA が継続して提言していた個別的・2 国間措置と多国間条約の締結という多層的な核不拡散プログラムであった。米国が目指すべき多国間条約として挙げられていたのは,①核拡散防止条約,②核実験禁止条約,③核兵器の削減,④戦略核運搬手段の生産凍結と削減であった。これに加えて,インド,日本,イスラエルを念頭に置いた政策措置が示されていた。

多国間条約の中でも,プログラム案が最初に取り上げていたのは核拡散防止条約に関する提言であった。後述するように,この時期ワシントンでは,英国政府の行動を背景に最初の NPT 草案の策定作業が進められていたことから,そこでの提言は具体的な文言に関するやや技術的な内容となっていた。但しその行間には,MLF/ANF 構想があくまでジョンソン政権の優先課題であるという,容易には変更できない現実を受け入れる ACDA の姿勢がにじみ出ていた。ギルパトリック報告書にも採用されていた,MLF/ANF 構想の設立条約に核不拡散宣言を盛り込むという野心的な提言は影を潜め,同構想を巡る同盟内での協議が先に合意されなければ,NPT 交渉で具体的な規定文言を交渉することは難しいという認識が示されているだけであった。したがって,ACDA が NPT 草案に関して示した提言とは,焦点となっている欧州条項及び

核兵器コントロールの移譲を巡る問題の規定について,「一般化アプローチ」を採ることであった。

具体的には,国家に対する核兵器コントロールの「移譲（transfer）」を禁止する一方,「国家グループ（group of states）」に対する移譲については,禁止の対象とするのかどうかを曖昧にする,ということであった。但し,多国間制度アプローチに特有のリスクとして,条約交渉自体がソ連によって「NATOの一体性を阻害する目的で利用される」可能性があるとしながらも,そのようなリスクよりも「核拡散がもたらす危険や,この危険を予防する国際条約の重要性の方が勝る」という点は,しっかり強調されていた。

個別的・2国間措置に関しては,ギルパトリック報告書において提言されていた,インド,日本,イスラエル,エジプトに対する取り組みとほぼ同じ内容が示されていた。この個別的アプローチに関しては,核兵器開発能力を有する対象国に対して,米国による当該国への経済支援を関連付ける考え方が示されるという,新たな側面も加わっていた。具体的措置として提案されていたのは,米連邦議会において「経済関係のあり方を左右する要因に,対象国の核兵器開発の状況を含める」という主旨で「両院一致決議」を採択するという方法であった。但し,経済制裁を核不拡散に向けた政策措置の1つに加えるというこの提案は,該当国への強制的な措置というよりは,該当国政府の経済政策の関係者が核兵器開発への積極的な反対論者として機能する,という間接的な効果への期待から提案されていた。

同文書で提示されていた政策案は,多国間制度アプローチの追求を重視するという政策の方向性や,多国間条約や個別的・2国間措置の複合的政策案の追求という点で,ギルパトリック報告書から同盟関係及び米国の核戦力態勢に関する部分を実質的に除いた部分とほぼ同じ内容であり,この文書を通じてギルパトリック報告書は事実上の「復活」を遂げたのであった。

2　インド核問題への対応

(1) 安全の保証問題の浮上

1965年からNPT交渉が新しい展開をみせる中,ジョンソン政権では核不拡

散に向けた個別的アプローチに関する検討作業も継続されていた。この問題を担当していたのは，1964年8月以降，検討作業を続けていたトンプソン委員会であった。同委員会の特徴は，ACDA が目指していた核不拡散に向けた多国間条約ではなく，個別的・2国間協定のあり方に焦点を当てて検討作業を進めていたことであった。すなわち，核兵器開発能力を有すると目される潜在的核保有国（核能力国）に対して，2国間枠組みで政策措置を検討することが主要な目的とされていた。特に，核拡散問題への関心が中国核問題の浮上を背景に高まってきたことから，核能力国の中でもその影響を最も大きく受けると認識されていたインドの動向が，1つの主要な検討対象として位置付けられており，インド小委員会を設置して検討作業が開始されていた。同様に，日本への核不拡散措置を検討する日本小委員会も設置された。

　1964年10月14日，トンプソン委員会は「インド核問題——政策方針案」と題する報告書を提出した。そこでは，インドによる核武装を防止するための方策として，①インド指導者層との政府高官協議の実施，②科学分野における支援可能性の模索，③軍備管理・軍縮問題に関する国際協議におけるインド政府との協力，④インド政府への関与における他国政府（英国，日本）との政策協議，⑤インドの安全の保証，を政策の柱として追求することが提言されていた。この報告書が提出されてから半年間，インド核問題に対するジョンソン政権の取り組みとしては，科学技術分野における支援を追求することが重視されていた。当時のワシントンでは，インドが核兵器開発を目指す上で，その政治的地位・国家の威信が主要な動機として考えられていたからであった。すなわち，科学技術協力を通じてインドの技術力の向上を図ることにより，そのような科学技術上の威信が核兵器取得の代替的役割を担うことが期待されていたのであった。例えば，民生用の原子力開発や宇宙分野における支援の可能性を，米原子力委員会のシーボーグ（Glenn T. Seaborg）委員長とインド原子力開発の推進者であったバーバ（Homi J. Bhabha）博士との間で検討していた。このように，ジョンソン政権は，インド核問題における科学技術分野での国家的威信という要素を重視した取り組みを行ってきたのであった。

　その後，ジョンソン政権では，インド政府が安全の保証を望んでいるという判断から，同国に対する「安全の保証」という選択肢が重要性を帯びるように

なってきたのであった。この安全の保証に関しては，1964年10月16日及び18日，中国が初めて核実験を実施した直後に発表した大統領声明及び大統領演説が，米国の基本的立場を示した文言としてジョンソン政権内では認識されていた。16日の大統領声明では，中国政府が発表した核実験の実施を確認したことやその軍事的意義は低いという認識を示しながら「米国はアジアにおける防衛コミットメントを再確認する。仮に中国が有効な核能力を開発した場合でも，中国共産党による軍事侵攻への対処支援を求めるアジア諸国の要請に『いつでも応えるという米国の姿勢 (readiness)』に何ら影響を及ぼすものではない」ことを発表していた。さらに，18日のラジオ・テレビ演説においては，ジョンソン大統領自身から「核兵器の取得を目指さない諸国は，核攻撃の威嚇という脅威に米国の強力な支援を必要とするのであれば，それを獲得できるということについて確信を持つことができる」という認識が示されていたのであった。

1965年1月，核開発を巡るインド政府の決定において政治的地位や国家の威信という要素から安全保障上の懸念が重要な要因であると認識するに至ったトンプソンは，従来の保証の対象国を特定していない「一般的な」保証から，インドを対象とした特定的な保証を新たに提供する必要性を感じ始めていた。したがって，この問題について新たな可能性を模索するよう委員会メンバーに求めることとなった。この問題を巡って大きな制限となったのは，インドが米国の同盟国ではないという点であった。それどころか，非同盟主義の指導的立場にいたインドに対して，米国が明示的に安全の保証を約束することは，米国だけでなくインド政府にとっても政治的に受け入れられない選択肢であった。そこで，トンプソン自身が考えていたのは，まず，核保有国による安全の保証を求める内容の声明をインド政府に発表してもらい，その後，この声明に呼応するかたちで非核保有国の安全を考慮するという趣旨の声明を米国政府が発表するという案であった。

インド政府の声明としては，①インド政府はいかなる核攻撃の威嚇にも屈服することはなく懸念はしていないこと，②インドに対して実際に核攻撃が行われた場合には，「主要な核保有国」が，個別的或いは国連を通じて集団的に「適切な行動」をとるとインド政府は確信していること，③インド政府は核兵

器の開発を目指すのではなく，その資源とエネルギーを国民のために活用する，といった内容を盛り込むことを想定していた。その一方，米国政府の声明については，①核兵器開発を目指さないというインド政府の決定を歓迎すること，②いかなる国家もインドへの核攻撃が「重い代償」を払うことになると認識すべきである，という点を盛り込むことを考えていたのであった。

このトンプソン委員会での議論において焦点となったのは，米国の提供するコミットメントの実行可能性と妥当性の問題であった。ギルパトリック委員会での議論でも浮上していたように，正式の同盟関係のないインドに対して具体的な軍事行動を約束することは困難であった。米国政府としては，当時既に，中国の軍事侵攻を前提としたインド防衛に関する軍事支援の合意や防空支援に関する協定を同国政府と締結していたが，1965年2月の時点で，トンプソンはそれ以上の実質的な軍事的コミットメントを提供することが必要であるとは考えていなかった。したがって，トンプソンによれば，「米国からの支援のインパクトを最大化する一方，新たな政治的・軍事的コミットメントの提供，或いは挑発的な政策を招きかねないような『白紙委任状』と認識されないこと」が，米国側の声明を作成する上で考慮すべき基準なのであった。

その後，1965年4月に開かれた長官委員会での検討に向けて作成されたインド及び米国の声明案は，次のような内容を含んでいた。インド政府側声明案としては，第1に，インドは核兵器を製造する能力を有しているが，国民の福利厚生に鑑みて核兵器の開発を目指すのではなく，その資源やエネルギーを国民の繁栄のために活用することを目指すこと，第2に，核兵器の拡散は軍拡競争や戦争のリスクを高めるものであり，インドは継続して核拡散の防止及び世界的な軍縮の実現に向けて影響力を発揮していくこと，が示されていた。そして，核侵攻の脅威から非核保有国の安全を保証する責任を核保有国は有すること，さらには，インド政府に対する核攻撃は「深刻な損害・結果を被るという認識により抑止されるものと確信する」ことが盛り込まれていた。

このインド政府声明に対応した米国政府の声明案は，第1に，核兵器開発を目指さないというインド政府の決定を賢明な判断であるとして歓迎すると同時に，1964年10月18日の演説で述べた安全の保証を再確認した上で，安全の保証に関する文言が続くことになっていた。この後段の文言については2つの

第5章　多国間制度アプローチの一進一退

案が検討されており，1つの案は，同演説で示された米国政府による保証は，北京からの核脅威を背景に米国の強力な後ろ盾を必要とする「アジアの自由主義陣営のすべての非核保有国に適応されること」を明言する内容となっていた。

もう1つの案は，第1案の文言の後に，①アジアのすべての諸国は，北京による自国領土への核攻撃が米国の「迅速な反応」を招くということについて確信を持つことができること，②そのような反応に影響を与える米国の軍事パワーは疑う余地のないものであるため，北京は核侵攻によって国益を利すると結論付けることはできないこと，という文言を加えた内容であった。長官委員会では，現行の立場を大きく逸脱することの不利益を懸念する意見と，現行の立場ではインド政府が抱いている安全保障上の懸念に十分応えていない——したがってインドの核武装を阻止することが困難となる——という意見に分かれており，2つの文案が作成されたのもそのような状況を反映していた。

このような中，保証のあり方について新しい提案が国務省の国際機構問題局から示された。同局長であったクリーブランド（Harlan Cleveland）国務次官補は，4月中旬，トンプソンに対して，国連決議を通じた安全の保証を提案した。クリーブランドは，安全の保証の内容を作成する上では，①米国の安全保障上の要求を満たしていること，②インドの非同盟主義に抵触しないこと（米国だけでなくソ連も同様の保証を提供する必要性があること），③米国による保証の信頼性を損ねるような行動をソ連がとらないこと，④ソ連の同意を得るために保証の対象をインドとして明示しないこと，という4つの条件があると指摘していた。これらの条件を踏まえると，1つの選択肢として国連総会決議という多国間の枠組みで安全の保証を示すことも有効であると考えたのであった。

この提案は，トンプソン委員会での検討を経て，4月16日に行われた長官委員会の議題となった。議論の過程では，賛成論として①保証を提供することに対するソ連の同意を得られる可能性がある，②2国間ではなく，多国間枠組みでの保証というインド政府の目的に適う（非同盟主義という条件を満たすことができる），③実質的なコミットメントではない（米国の行動の自由が維持される），④国連及び軍縮問題の進展における気運を高める上で有効，という意見が示された。その一方，反対論としては，①ソ連が決議案に賛成しない可能性が強い，②インドの安全保障上の要請に応えることにはならない，③中国による通常戦

165

力の脅威には言及されていない，④国連決議には法的拘束力がない，といった意見が示された。最終的には，国連決議案を通じた保証の提示という方向性を追求するのであれば，ENDC や国連安全保障理事会ではなく国連総会での決議案として提案されるべきこと，提案国は米国ではなくインドが望ましいこと，という点について意見が一致したが，国際機構問題局が提案した文言を巡っては，意見が分かれたため，適当な文言については引き続き検討することが決定された。(32)

その後，このアプローチは，ソ連の賛同を得ることができていなかったため，1966 年まで進展することはなかった。但し，ジョンソン政権はこの国連決議の可能性を継続して追求していく姿勢をとっていたのであった。また，当初検討されていた，インド政府と米国の並行的な声明を通じた保証の提示という選択肢については，適切な状況が訪れた場合に改めて検討することでトンプソン委員会のメンバーや関係省庁の意見は一致していたものの，その後実際に具体化されることはなかったのであった。(33)

（２）アジア版核共有制度の検討

1964 年 8 月に本格的な検討作業が開始されて以降，核不拡散に向けた個別的アプローチは，インド核問題を踏まえた安全の保証の方法を巡る議論を中心に展開されていた。その一方，1964 年 11 月 23 日の長官委員会におけるアジア地域における核共有制度の可能性を検討すべきというラスクの発言を受けて，国務省では，他の関係省庁と連携してその検討作業が開始されていた。(34) 1965 年 4 月下旬，国務省政治・軍事問題局のガーソフ（Raymond L. Garthoff）により取り纏められた政策メモが，トンプソンを通してラスクに提出された。(35)

その政策メモでは，インド核問題について，同国政府は核保有国からの一般的な安全の保証を求めており，米国との核共有を要請しているのではない点を指摘していた。但し，中国の核兵器開発が今後も継続されていく可能性が極めて高いことを踏まえると，将来的に，中国による核威嚇・核攻撃を抑止するために特定の核戦力配備が必要であるとデリーが結論付ける可能性がある点を指摘していた。

具体的に核共有の態勢を検討するにあたり，インドが米国の同盟国ではなく

友好国である点が強調されていた。すなわち，同国は，日本を始めとするアジアの同盟国（中華民国，韓国，フィリピン）と状況が本質的に異なるのであった。例えば日本とは，同盟関係を通じて実際に在日米軍というプレゼンスを通じてコミットメントを強化している。同盟関係が存在することによって，それは必ずしも究極の安全を保証するものではないかもしれないが，日本や他の同盟国の領土に米国の核兵器を備蓄することなど，様々な可能性を実行するための必要な基盤を確保することができると指摘されていた。したがって，日本，オーストラリア，ニュージーランド，中華民国，韓国，フィリピンに関しては，現行の同盟関係の枠組みの下で，例えば核備蓄制度のような核共有も可能であると考えられていた。その一方，同盟関係にないインドとの核共有は，NATO核備蓄制度のように対象国内に米国の核兵器を備蓄するという方式はなじまないのであった。

そこで，「核支援」というかたちで政治的に実現可能な核共有としては，①米印2国間での方式か，②米英印の3ヶ国での方式が示されていた。米国としては，インドは英国連邦の一員という関係にあるため英印2国間方式が望ましいが，両国ともに米国の参加を望む可能性が高いと考えていた。また，米印2国間の核共有方式については，米国だけでなくインドにとっても魅力が劣るとして，米英印の3ヶ国間での方式が検討されていた。

このメモで核共有の実例として示されていたのは，次の2つの方式であった。1つ目の方式は，英国空軍及びインド空軍が保有するキャンベラ爆撃機を運搬手段として活用する案であった。そこでは，①インド国外の基地に米国の核兵器（核爆弾）を備蓄しておき，②中国の核攻撃が行われた場合に，米軍輸送機によりインド国内の空軍基地に核爆弾を移送し，③インド空軍のキャンベラ爆撃機に搭載して実際に使用する，という手順が想定されていた。もう1つの案は，インド近海に展開する英海軍或いは米海軍の空母を活用する方式であった。そこでは，①米国がA-4スカイホーク艦上攻撃爆撃機をインドに提供・訓練した上で，②中国による核攻撃が行われた時点で，インド国内の基地からA-4スカイホーク飛行中隊をベンガル湾やシンガポール近海に展開する米国或いは英国の空母に派遣し，③空母において核兵器（核爆弾）を搭載し中国本土に報復攻撃を行う，という手順が想定されていた。

この政策メモが作成されて以降も，アジア版核共有の可能性に関する検討作業は，ラスク及びトンプソンの主導の下，JCS を含む国防省や ACDA と調整しながら国務省において継続されていた。[41] 1966 年 3 月，ガンディ (Indira Gandhi) 新首相の訪米を前に，この検討作業をまとめた政策メモがラスクに提出された。[42]

そこでは，インドが近い将来において核兵器開発計画を開始する可能性が高まったという情勢分析を踏まえ，その阻止に向けた政策措置の可能性が核共有以外の選択肢も含めて提示されていた。この検討作業の背景には，インド核問題においては 1965 年初頭から安全保障上の懸念という要素が大きな要因となりつつあるという認識があり，安全の保証や核共有も，このような安全保障上の要請に応える方法として位置付けられていた。[43] しかしながら，米国としてはこのような政策の方向性を追求した場合，米国の実質的なコミットメントを強化する必要性が生じるという問題があった。ギルパトリック委員会における議論でもラスクやトンプソンから示されたように，米国政府としては「コミットメントを最小限に止めることが望ましい」というのが本音であった。したがって，このメモで提示された核共有を始めとする政策措置は具体例の 1 つという意味以上のものではないとされていた。むしろ，国務省だけでなく国防省や ACDA も含めて，いかなる形態・方式にせよ，インド政府との協議において核共有の可能性に触れることには反対の態度を強く示していたのであった。[44]

この政策メモでは，核共有の実例として 1965 年 4 月にラスクに提示された 2 つの案に加えて，中距離ミサイル・システムを活用した案も挙げており，基本的な枠組みとしては，①インドが運搬手段を取得した上で，②中国が核兵器を使用した時点で，米国がインド国外に保管する核兵器（核爆弾・核弾頭）を提供する方式が想定されていた。[45] 但し，具体的な核兵器コントロールについては，1960 年代から運用が開始された NATO の「2 重鍵方式」を援用するのかどうかという点も含めて言及されてはいなかった。そこでは，インドとの核共有が含む問題点として，仮に，米国がインドに核共有のための核戦力（運搬手段・訓練）創設を支援する場合，米国のコミットメントは非常に大きなものとなることが指摘されていた。その場合，単に核弾頭・核爆弾を提供するだけに止まらず，第 1 撃に生存可能な指揮・統制（C^2）システムの構築，防空能力といっ

た他の要素についても，米国が負担するかたちで支援する道義的責任を生じることになる可能性も懸念されていた。また，ここで示された方式は，米国自身は平時の状態にありながらインドに核兵器を提供するという取決めであるため，新たな法律が必要となる可能性についても指摘されていた[46]。

この政策メモで興味深い点は，米国がインドとの核共有協議を進めた場合のリスクとして，同盟国に与える影響についても検討していることであった。パキスタンに対してもインドと同様の核共有を提案すべきであるとしながら，それを拒否する可能性が高く，ソ連や中国への依存を高めると同時に，外国からの支援にめどがつけば独自核の開発を開始する可能性もあるとされていた。また，米印の核共有は日本に対しても悪影響を及ぼす可能性があると指摘されていた。すなわち，日本にとっては「米国の核抑止力を確保することが，米国との２国間同盟や米軍の駐留を正当化する主要な理由」であるため，インドの事例から，米国との同盟関係や国内駐留を伴わない形態でその目的を達成することができると認識した場合，日本は米国との関係を変えたいと考える可能性があると分析されていた。また，フィリピンを始め他のアジアの同盟国にも同様の影響が懸念されていた。英国については，核共有に対して協力的な姿勢を示すとされており，オーストラリアも，米国が支援を要請すれば協力すると予測されていた。但し，多国間での核共有では運用における柔軟性や調整が複雑なものとなってしまうという点に鑑みるに，両国が提供できるものはそれほど多くはないことも指摘されていた[47]。

このような分析を踏まえた上で，国務省の検討作業チームは，インドの核武装を阻止する上でこの核共有にどこまで効果があるのかは，「決して明確ではない」と結論付けていた。この点について，マクナマラやJCSは，インドによる核武装を遅らせる「時間稼ぎ」以外の効果はないという認識であったが，国務省としては「そのような『時間稼ぎ』であっても十分追求する価値を持つ状況が生じるかもしれない」と考えていた。但し，1966年3月の時点においては，米国が核共有の可能性を含む新たなコミットメントを提案する必要性は低く，訪米予定のガンディ首相に対しては，①核保有国は非核保有国の安全保障上の利益を保証する何らかの取決めを考えるべきこと，②万が一，中国の核能力がインドにとって深刻な脅威となった場合には，米国と率直にその問題へ

の対応策について協議することを期待すること,を伝えるにとどめるべきことが提言として示されていた。[48]

(3) NSAM351号の発令と包括的な政策案の作成

1966年5月9日,中国は第3回目となる核実験をロプノール実験場で行った。この核実験を受けて,ジョンソン政権はインド核問題への対応策に関する包括的な検討作業を開始したのであった。6月10日,ジョンソン大統領は「インド核問題」と題するNSAM351号を発令し,国務長官に対して国防長官及びACDA長官と連携しながら,インドによる核兵器開発に関するいくつかの政策課題について「さらに深く検討すること」を要請し,その検討結果を,7月中旬をめどに報告書として提出するよう指示した。[49]ここで挙げられていたのは,①国益に照らして,インドに核武装を思いとどまらせる上でどの程度の経済的圧力を用いることが妥当なのか,②いくつかの軍備管理協定が核兵器開発への意図に与える効果及び米国がそのような協定締結に用意すべき費用,③インドの安全保障上の要請を米国が満足させることが,その具体的措置や実施する適切なタイミングも含めて,どの程度米国の国益に適うものなのか,④他に検討を要する政策アプローチはあるのか,といった政策課題であった。[50]

このような指示を受けた国務省は,7月25日,その検討作業をまとめた政策提言の報告書を大統領に提出した。[51]インド核問題に対する基本的認識として,インド核問題は政治的及び国家の威信に関する懸念と安全保障上の懸念の2つが大きな要因として背景にある点を指摘していた。したがって,この問題に対しては1つの対策だけは十分な解答にはならない上,国家の威信や安全保障の懸念は時間の経過と共にその内容が変化するため,短期的な取り組みが必ずしも長期的な解決に繋がるわけではないという問題があった。すなわち,短期的に,米国の圧力が直接的で集中しすぎた場合,長期的にはインドに独自開発を選択させることになりかねないというリスクがあった。インドの核兵器開発問題が,いつ喫緊の課題として浮上するのかを正確に予測することはできないため,この問題を継続的に見直していくことが必要であるとしていた。[52]

このような認識を前提としながら,経済的圧力に関する政策提言としては,次の4つの提言が示されていた。第1には,間接的な圧力を継続すべきである

こと，第2には，インド政府の指導者層及び非政府で世論に影響力を有する人物に対して，①軍事的に有用な核戦力システムを構築することがいかに困難で経済的にも負担が大きいのか，②経済発展に必要な科学・技術・人材を核兵器開発にどれだけ奪われることになるのか，という2つの点を明らかにすること，であった。しかしながら，第3の点として，核武装の際に経済援助を削減或いは停止するというような直接的な圧力をかけることは賢明ではないとしていた。最後の点としては，仮に，インド指導者が経済援助の水準を増やすよう求めてきた場合，米国政府としてそのような要求に応じる際には，インドの非核政策の継続がその合意の黙示的な部分の1つとすることを検討すべきである（非核政策の継続を経済援助の継続の暗黙の条件とする）と論じられていた。[53]

安全保障上の懸念への対応に関しては，中国の軍事能力評価に関して米国が把握している情報をインドに提供することによって，インドが客観的に中国の軍事能力を判断するよう導くことが重要な点として掲げられていた。そのためには，米国も，中国の脅威度をむやみに強調しないようすべきであると指摘していた。但し，中国の核戦力の能力が継続して強化されていくという事実を踏まえると，短期的な措置としては，①インド核問題が「ポイント・オブ・ノーリターン」を超える前に，1965年の国連決議案のような多国間の枠組みでの安全の保証や，米国による非公式の安全の保証を重層的に提供することが必要であると考えられていた。[54]

この点については，適切な文言を作成する上で次の4つの条件が示された。すなわち，①中国からの核の脅威を緩和すること，②安全の保証は中国が核兵器使用の威嚇を行った場合や実際に核侵略を行った場合にのみ適用されること，③そのような威嚇あるいは侵略に対する抑止は公的な宣言を通じたものではなく，インドにおける米国の国益を示すものや中国の侵略に反対するという米国の姿勢を通じて提供されること，④実際に核攻撃が行われた場合でも，米軍が「自動的に」報復攻撃を行う義務が発生するような取決めとならないこと，であった。但し，国務省としては，そのような非公式の安全の保証を早急に示す必要性があるとは判断していなかった。適切なタイミングとしては，非核保有国の安全の保証を謳った国連決議の採択が現実的になってきた段階において，インドの状況を考慮しながら判断を下すべきという意見が主流であった。[55]

このような考察を踏まえ，国務省が提言していたインド政府の安全保障上の要請に対応する政策措置は，次の4つであった。第1には，中国の核兵器開発に関する情報と分析をインドの指導者に提供し，同開発が直面している課題や限界を明らかにすることを通じて，インドの国益に関する範囲において中国の核脅威を戦略的に判断することを支援するということであった。第2には，米国政府の公的発言・声明において中国の核脅威を強調するような言動を避けること，第3には，非核保有国に対する安全の保証を趣旨とした国連決議の採択に向けてソ連側に同意を積極的に求めていくことであった。第4には，国連決議採択の見通しがついた時点において，インドに対する非公式での安全の保証の提供という問題に取り組むべきである。その際には，①中国による核威嚇を防止するために米国に求められるものとは何か，②実際にインドに対して核威嚇，或いは核攻撃を実施した場合に米国はどのように反応するのか，③安全の保証の信憑性・信頼性を確保する上で必要となる具体的・実体的な措置とは何か，④インドが核武装を決意した場合に，安全保障分野において考慮すべき措置は何か，という問題についてより詳細に分析する必要があると指摘していた。

インド核問題に対する軍備管理・軍縮政策の有効性については，NPTや核実験禁止条約が成立したとしても「時間稼ぎ」という効果しかなく，それらだけでインドの核武装を阻止できると期待すべきではないものの，この分野における協定締結に向けて継続して取り組むべきであると勧告していた。インド核問題に影響を与える他の要因として，政治的な地位や国家の威信という要素の重要性も指摘していた。インドが核兵器に対して政治的な価値を大きく見出していることに鑑みて，第1に，核兵器を巡る「持てる者」と「持たざる者」という対立構造の悪化を避けること，第2に，インドの政治的地位や威信を強化するような措置があるかどうかを検討することが必要であるとされていた。したがって，この政策措置は，実際に必要性が生じるときまでさらなる検討のためにも「考えに止めておくべき」であると国務省高官は認識していた。NSAM351号への回答となった政策メモで提言された政策措置は，8月1日に発令されたNSAM355号により承認され，その実施に向けた取り組みが開始されたのであった。

3　NPT交渉の再始動

(1) NPT米国草案の作成

　1965年8月17日、ジョンソン政権は「核兵器の拡散防止に向けた条約草案 (Draft Treaty To Prevent the Spread of Nuclear Weapons)」を、米国単独案として18ヶ国軍縮委員会 (ENDC) に提出した。それは、核拡散防止に向けた国際協定の締結を求めたアイルランド決議 (国連決議第1665号) が1961年12月に採択されて以来、初めて公式に提示されたNPT草案であった。これ以降、NPTが署名される1968年7月まで、合わせて7つの条約草案が米ソ間で交わされることになるが、米国案を提出するというジョンソン政権の取り組みが、NPTが締結される上で重要な第一歩となったのであった。

　ただし、1965年前半の状況からすれば、NPT草案を米国が作成することは想像できない行動であった。ワシントンでは、核拡散防止に向けた多国間制度アプローチの推進論は依然として少数派であり、中国の核兵器開発問題を背景としたACDAの積極的な取り組みや、ギルパトリック委員会での議論も、具体的な行動に結びつくまでには至っていなかった。NSAM335号の発令を受けて、ACDA主導での軍備管理・軍縮政策の検討作業が緒についたばかり、という状況であった。

　ジョンソン政権が、1965年の8月というタイミングでNPT草案を作成し、なおかつ同案をENDCという公式の場に発表することを決定した背景には、英国政府の働きかけが大きく影響した。ウィルソン政権は、軍備管理・軍縮問題に対する積極姿勢を前面に出しており、同年2月頃にはNPTの英国草案を作成しジョンソン政権に提示していたのであった。このような働きかけに対して、ジョンソン政権は具体的な検討作業に着手することはせず、消極的な姿勢に終始していた。当時国務省では、1963年にソ連に提示された不移譲宣言案とその解釈を示した高官委員会の「議事録」が、米国の利益を反映した最も妥当性のある文言であるという理解が広く共有されていた。したがって、ジョンソン政権内でも、この宣言案が事実上のNPT草案であるという認識が強く、このタイミングで新たな文言を作成すべきという議論すらなかったのであった。

さらに，1964年12月に発令されたNSAM322号や，1965年9月に予定されていた西ドイツ国内総選挙まで表立ったMLF/ANF協議を控えるというホワイトハウスの決定を背景に，NATO核共有が焦点となるNPT交渉も進展を急がないという認識が政権内で強く，ラスク自身も「[西]ドイツの選挙よりも前にこの核不拡散協定を締結すべきではない」と認識していたのであった。[67]

ワシントンの消極姿勢にもかかわらず，ウィルソン政権は1965年6月に開催された国連軍縮委員会（UNDC）において，NPT草案の修正版をENDCの西側4ヶ国（the Western Four）に提示した。その後7月7日には，NACにおいて同草案を提示し，西ドイツを含めたNATO諸国に英国政府の考えを明らかにしたのであった。さらに，英国草案を7月下旬に急遽開催が決定されたENDCに提出する意向であると，ジョンソン政権に伝えてきた。英国案の特徴は，核保有国の不拡散義務にとして，すべての非核保有国や核保有国が参加しない「[国家]連合」に対する核兵器の「移譲（transfer）」を禁止していることであった。[68]それは，米国がMLF憲章への挿入を検討していた欧州条項／欧州オプションを明確に禁止することを意味していた。この文言により，いかなるNATO核共有制度においても核兵器使用に対する拒否権を放棄しないというロンドンの姿勢が明らかとなった。[69]ジョンソン政権にとって，欧州条項の可能性を正面から否定する英国案は，MLF構想の可能性の確保という西ドイツの要求を考慮すると到底受け入れられないものであった。[70]

このような状況の中，7月16日，ACDAは新たなNPT草案を作成し長官委員会に提出した。[71]争点となっていた核保有国及び非核保有国の不拡散義務に関しては，英国案に含まれていた「国家連合」という文言はなく，非核保有国による核兵器取得の「支援」を禁止するだけという，限定的な核拡散の定義を示していた。このACDA案は，英国政府から核保有国の不拡散義務に関する文言について修正案が通知されたことを受け，修正が加えられた。その結果，同案の第1条は，核保有国に対してすべての核兵器の「移譲」を核拡散行為として禁止すると同時に，軍事同盟を通じた直接的・間接的な移譲の禁止，核兵器コントロールを保有する国家及び「その他の機関」の総数を制限することで核不拡散を担保する，という文言となっていた。[72]バンディは，この修正案について，MLF艦隊創設の余地が残されるため，西ドイツ政府に「役立つ」もの

第5章　多国間制度アプローチの一進一退

であると同時に，後段に新たに追加した文言により英国政府にとっても「受け入れやすい」と評価していた(73)。

7月19日，ジョンソン政権は，米国として初めて作成されたNPT草案を英国政府に提示した。これを受けて，ENDCの英国代表を務めていたチャルフォント（Lord Chalfont）英軍縮問題担当国務相は，米国修正案の受け入れに前向きな姿勢を示した。ところが翌20日，ウィルソン政権は，米国案を受け入れられないだけでなく，米国の同意が得られない場合でも，英国案を単独で提出すると告げてきたのであった(74)。米国案では，英国が拒否権を将来に亘り保持することを明確にできず，国内政治的に問題が大きいというのが，英国側の示した理由であった(75)。ジョンソン政権は，この英国の態度に困惑を隠せなかった。特に懸念されたのは，ENDCへ英国独自案を提出することが，米国の対ソ交渉戦略に与える影響であった。実際にロンドンが同案をENDCに提出した場合，ワシントンとしては異議を示さざるを得ないことは明白であった。それは，ENDCの西側諸国間に見解の相違が存在することを露呈することで，ソ連側に「天から恵まれた」恰好の攻撃対象を与え，軍備管理・軍縮交渉における米国の立場を著しく損ねかねない問題であった(76)。

したがってジョンソン政権は，ENDCへの原案提出を止めるよう改めて英国政府に求めたのであった(77)。さらに7月26日に開会したENDCでは，西側統一草案の作成に向けて協議を行っていた(78)。その結果，8月11日，英国政府は米国の要求を受け入れ単独で草案を提出しないことに同意し，西側4ヶ国の統一案を提出することで合意に達した(79)。ただし，MLFの欧州条項に関する文言に対する英国の留保を踏まえ，「米国案」として提出されることになった。1968年7月1日の署名まで続く条文交渉は，その第一歩を踏み出したのであった。

（2）ソ連のNPT草案の衝撃

米国のNPT草案がENDCに提出されてから約1ヶ月後となる9月24日，ソ連は，初めて公式のNPT草案を国連総会に提出した(80)。ソ連案は，全部で7つの条文から構成され，意外にも第5条から第7条までの条約手続に関する規定については米国案と共通の文言を使用していた。但し，NPT交渉における

175

最大の争点であった核保有国と非核保有国の核不拡散義務に関する第1条及び第2条の文言は，米国側が予想していた以上に核拡散行為の対象を広く定義した，厳しい文言となっていた。[81]

　ここで，米国案との相違点が大きかった第1条及び第2条，第3条の規定に注目すると，次のような文言が盛り込まれていた。第1条では，核保有国の義務を規定しており，第1項において，核保有国が核兵器を直接的，間接的，第3国経由及び国家グループ経由で非核保有国に移譲することを禁止している。それだけでなく，非核保有国或いは国家グループによる核兵器の所有権・コントロール権の獲得や核兵器使用の決定への参加，というかたちで，禁止される移譲（譲渡）の状態についても特定的に言及されている。さらに，核兵器のコントロールだけでなく，その配置に関するコントロールも含めて「核兵器を保有しない部隊，軍，隊員，国家に移譲すること」を，たとえそれらが軍事同盟の指揮下に置かれている場合においても禁止するという規定も盛り込まれている。さらに第2項では，非核保有国による核兵器の製造に関する行為（製造，製造準備，実験の実施）に対する支援や関連技術の提供を，いかなる形態（直接的・間接的・第3国経由・国家グループ経由）においても実施することを禁止している。

　非核保有国の義務を中心に規定した第2条は，第1条の義務に対応した規定内容に加え，非核保有国が「独自或いは他国と協力した核兵器の製造または製造準備［核兵器開発］を自国または他国の領土において実施すること」も禁止行為として言及されている。米国のNPT草案では，核保有国と非核保有国の義務に関しては第1条と第2条が規定している一方，ソ連案では，核保有国及び非核保有国の全条約加盟国の核不拡散義務として，核兵器の取得を目指す国家に対する支援行為の禁止を，改めて第3条において規定するという念の入れようであった。[82]

　ソ連のNPT草案は，従来からの同国の主張を反映して，MLF/ANF構想の実現を阻む規定内容であった。この点については，ホワイトハウスを始め国務省やACDAの想定内の文言であった。しかし，同草案にはジョンソン政権を困惑させる内容が含まれていたのであった。それは，ソ連側の文言では，MLF/ANF構想だけではなく，NATO核備蓄制度を中心に構築されていた現

第5章　多国間制度アプローチの一進一退

行のNATO核共有制度自体も禁止される可能性が高いという点であり，米国にとってはあまりにも論外な主張であった。したがって，国務省では，ソ連案の文言が実質的にどのようなNATO核共有の形態を禁止しようとしているのか，モスクワの真意を読み解く作業に多くの時間が費やされることとなった。

10月29日，ソ連側の正式な解釈が，ドブルイニン（Anatoly F. Dobrynin）駐米ソ連大使から口頭で伝えられた[84]。そこで示されたソ連の立場とは，①「NATO核戦力」の創設計画は，事実上，西ドイツを核兵器に「接近」させる拡散行為であるため，強く反対する，②米国の主張は理解するが，そのような計画を実行に移すことは核不拡散条約締結の可能性を排除することを意味する，③米国はNATO核戦力とNPTのどちらを取るのか，選択をすべきである，というものであった。ラスクは，現行のNATO核共有制度もソ連は否定するということなのか問い正したことに対して，ドブルイニンは「現行の制度が核不拡散行為にあたるのであれば，ソ連としてはそれに反対である」という曖昧な答えを返すに止まった[85]。

このソ連の立場に対するACDAの分析では，ソ連側が反対を示している「NATO核戦力」がMLFだけでなくANFも含むのか，現行の2重鍵方式に基づいた核共有制度まで対象としているのか依然として不明であると結論付けられていた。またACDAは，ドブルイニンが当時NATO内で協議中であったマクナマラ委員会には言及していない点に注目し，最終的な立場については判断を保留していると指摘していた[86]。国務省の情報分析局（INR）は，ソ連のNPT草案やその後の政府関係者の発言を分析しながら，どのような形態の核共有をNPTにおいて許容するのかという点について，ソ連の態度は「極めて精妙に意図された不明瞭さ」に包まれていると表現していた。このような曖昧な態度を維持する狙いは，自らをNATOにおける核共有協議の動向をみながら判断できる立場に置くことにより，NATO内の問題に間接的に影響力を及ぼすことであると，分析していた[87]。

12月8日，ラスクはドブルイニンに対して口頭で返答した[88]。そこで示された米国の立場とは，①米ソ間に核不拡散協定の締結に関して相互に利益を有することを認識している，②ソ連の核戦力が欧州を標的としている以上，欧州諸国が核攻撃への防衛に参加することを禁止するような条約を受け入れることは

できない，③NATO 防衛に関するすべての提案は，核拡散にあたるものではない，④米国としては米国案に沿うかたちで交渉を進めたい，というものであった[89]。但し，ラスクはソ連案に含まれる文言に言及しながら「すべての非核保有国が核兵器，核兵器の合理的なコントロール，核兵器使用の権限，核兵器製造に必要な情報を取得しないことについて合意する用意がある」と述べ，協調的な姿勢も示していた。今後の交渉については，米ソで双方の NPT 草案について合意可能な条文から協議を開始すべきという認識を示していたが，ソ連の狙いが核不拡散であるならば合意に達することができるはずであるが，それが NATO の弱体化にあるのであれば米国としては「どうすることもできない」と釘をさすことも忘れていなかった[90]。

（3）NPT 合意の条件に関するバンディの確信

国務省がソ連側の真意を読み解く作業に苦心していたのとは対照的に，バンディはドブルイニンとの意見交換を通じて，事態打開の可能性に期待を寄せ始めていた[91]。会談の場でバンディが，ソ連の NPT 草案について NATO 核共有制度に対するソ連の態度が不明確である点を指摘すると，ドブルイニンは，米国政府内に同制度のあり方を巡って複数の見解がみられると指摘しながら，ソ連としても明確な判断を下せずにいることを率直に認めた。その上で，両政府間で誤解を避けるためにも「非公式の対話」を提案してきた。そこで改めて，MLF 構想に対する反発は，西ドイツと核兵器の問題がソ連にとって特別なものであることを背景にしたものであり，当然ながら NATO はソ連にとって好ましい存在ではないが，NATO の弱体化を狙ったものではないことを主張した[92]。

このようなやりとりを通じて，バンディには NPT 合意に至る可能性の高い 1 つの解答案を抱くようになっていた。MLF 構想のように新規の兵器システムで，なおかつ核兵器コントロールに西ドイツを直接参画させるような核戦力を伴わない核共有であれば，NPT に関するソ連の同意を得ることができるという確信が生まれていたのであった。すなわち，ANF 構想やマクナマラ委員会の組み合わせであれば，最終的にソ連に受け入れられる可能性が高く，「NATO 核問題に関する米国政府の方針が決定された時点で」早期に非公式

第5章　多国間制度アプローチの一進一退

での対話を求めるドブルイニンの考えは正しいと考えたのであった。さらに，バンディの認識では，もはやどの同盟国も MLF 構想の実現を求めていない以上，実質的な痛みを伴わないかたちで，MLF 構想の放棄を公にする前にソ連側にその事実を伝えることにより「モスクワに貸しをつくることができるかもしれない」とまで考えていた。結論として，バンディは「NATO における責務を果たすのと同時に，核不拡散条約の締結に向けて交渉を進展させることが可能である」と期待を抱くようになったのであった。[93]

　この時期，バンディと同様に，フォスターもソ連との合意実現に大きな可能性を感じ始めていた。ワシントンでは，NPT 草案を巡る米ソ間の意見交換がドブルイニンを通じて行われる中，ニューヨークでは，ラスクとグロムイコ（Andrei A. Gromyko）ソ連外相間の合意に基づき，フォスターと ENDC でソ連代表を務めていたツァラプキン（Semen K. Tsarapkin）との間で条約交渉が行われていた。[94] その目的とは，米ソ両国の NPT 草案において比較的合意の可能性が高い部分に関して誤解や相違点を減らすことであった。フォスターは，この協議を通じて，ソ連側は現行の NATO 核共有やマクナマラ委員会については最終的に受け入れる，という確信を得たのであった。モスクワにとって，問題はあくまで MLF/ANF 構想であった。

　12月中旬に予定されていたエアハルト首相との米独首脳会談を前に，フォスターは西ドイツ政府に MLF/ANF 構想の実質的な中止に同意させるよう，ジョンソン大統領に働きかけていた。エアハルトに対しては，①同構想のような核兵器の「共同所有」に基づいた核共有は同盟内での軋轢を生む要因となりかねない上，その実現も困難であること，②現行の2国間枠組みやマクナマラ委員会のような政策協議体が望ましいこと，③西ドイツの安全保障に関して，既に同国内に数百発もの核兵器が配備されていること，④政策協議方式の方がフランスの批判をかわす上で有利であること，といった点を説くことで，MLF/ANF 構想を実質的に諦めてもらうよう求めていた。

　さらに大胆にも，米国が自国の核兵器のコントロールやその所有権を手放すことはないということを記した非公式の書簡をソ連に提示することに同意するようエアハルトに働きかけるべきであると提言していた。特に，その書簡には，米国が同意可能な条約は，MLF/ANF 構想を明示的に禁止するような文言を

盛り込むことはしないが，そのようなタイプの戦力が実現しないということについて米ソ両国が明確に理解するということが含まれることを明らかにすべき，ということまで主張していた。核拡散を防止する上ではソ連との連携が必要であると確信していたフォスターにとって，NPTについて米ソ両国が合意することは「必要な第一歩」であった。

しかしながら，NPTの重要性を認識するようになっていたバンディは，2月28日をもって政権を離れフォード財団の理事長としてニューヨークに移った。その後約1ヶ月もの間，大統領特別補佐官のポストは後任者が決定されず空席の状態が続いた。4月1日にようやく後任者として選ばれたのは，国務省政策企画会議議長を務めていたロストウ（Walt W. Rostow）であった。[95]ロストウといえば，ボール国務次官やロストウの後任となったオーウェンと共にMLF/ANF構想という集団的・戦略核戦力案の推進論者として国務省の「神学者」の一員であった。したがって，ロストウがNPT交渉の妥結よりもNATO核問題を優先課題として取り組むことは必至であるとみられており，多国間制度アプローチが停滞する可能性が極めて濃厚な状況となったのであった。

（4）修正案の作成

1966年3月21日，米国は前年に提示したNPT草案の修正案をENDCに提出した。そこでは，核保有国及び非核保有国の核不拡散義務に関する第1条及び第2条の文言が修正された。[96]核保有国の義務を規定する第1条は，1965年草案（原案）では2つの項目から構成されていたのが，4つの項目に細分化されていた。[97]

第1項では，非核保有国だけでなく非核保有国から構成される「国家連合」に対する核兵器の移譲を禁止しており，第2項では，第1項で示された主体による核兵器開発（製造，準備，実験）への支援だけでなく，核兵器の取得を「奨励（encouragement）」或いは「勧誘（inducement）」する行為が新たな禁止事項として追加された。ACDAの説明では，第1項で新たに追加された非核保有国の国家連合という文言について，NATOは核保有国を含む国家連合なので，この規定が将来的なNATO核共有制度の内容に影響を与えることはない，と

いう解釈を示していた[98]。また，第2項の規定は，ソ連のNPT草案の文言を用いたものであった[99]。第3項では，非核保有国及び核兵器コントロールを有する国家連合の総数を増やすようなすべての行為を禁止するとしている。ここで，原案で用いられた「その他の機関」という文言に変わり1965年7月の英国案で用いられた国家連合という文言が使用されているが，ACDAは両者に特に大きな違いはないと説明していた。最後の第4項では，従前の項目で禁止されている行為が，「第3国，或いは国家連合，或いは軍の組織，すべての国家の軍人」を通じて，直接的にも間接的にも禁止されることが規定されており，ここでも，ソ連案で用いられていた文言が援用されていた[100]。

ACDAがこのような修正案を作成した背景には，2つの目的があった[101]。第1には，ENDCにおいて米国政府の協調的態度を示すということであった。同案では，ソ連側のNPT草案において用いられた文言を援用しており，モスクワに対してより柔軟な姿勢を見せることを重視した措置であった。第2には，米国草案に対する英国の支持を獲得するということであった。修正案では，英国政府が求めるような「核共有における欧州オプションの問題に実質的な影響が及ばない」文言ではあったものの，既に英国政府から同案に対する支持を受けており，前年8月のようなENDCの席上で異議を示すようなことは行わないことを確認していたのであった[102]。そこには，NPT交渉を少しでも前進させたいというACDAの意気込みが反映されていた。

ただし，同盟アプローチの進展を優先させるという一貫した政策方針の前に，限界も存在していた。この時期，ジョンソン政権では同盟アプローチのあり方を巡り戦力共有方式と政策協議方式を巡る政策論議が始まったばかりであり，それが確定されるまでNPTの文言を確定することは困難であった。しかも，ソ連草案がNATOにおける現行の核共有制度も禁止する文言であったように，両者間の立場の違いは未だに大きいのであった。

注

(1) Memorandum for Bundy from Keeny, "Status of the Gilpatric Report", (March 26, 1965), SECRET, *McGeorge Bundy Vol. 9 March - 4/14/65, [2of3]*, Box 3, Memos to the President, NSF, LBJL.

(2) Ibid.
(3) Ibid.
(4) Memorandum to The Secretary of State and The Secretary of Defense, "The Gilpatric Committee Report continues to be part of the unfinished business on my desk", (March 27, 1965), SECRET, *McGeorge Bundy Vol. 9 March - 4/14/65, [2of3]*, Box 3, Memos to the President, NSF, LBJL.
(5) Memorandum to The Secretary of State and The Secretary of Defense, "The Gilpatric Committee Report continues to be part of the unfinished business on my desk", (March 27, 1965), SECRET, *McGeorge Bundy Vol. 9 March - 4/14/65, [2of3]*, Box 3, Memos to the President, NSF, LBJL.
(6) Hal Brands, "Rethinking Nonproliferation : LBJ, the Gilpatric Committee, and U. S. National Security Policy", *Journal of Cold War Studies*, Vol. 8, No. 2, (Spring, 2006), pp. 104-105
(7) Memorandum to the President from Bundy, "Disarmament Proposal", (June 26, 1965), CONFIDENTIAL, *McGeorge Bundy Vol. 11 June 19/65, [1of3]*, Box 3, Memos to the President, NSF, LBJL.
(8) National Security Action Memorandum No. 335, "Preparation of Arms Control Program", (June 28, 1965), CONFIDENTIAL, *McGeorge Bundy Vol. 12 July 1965, [3of3]*, Box 3, Memos to the President, NSF, LBJL.
(9) 但し，ホワイトハウスではバンディの考えにより，国務省の関係部署から反発が大きい場合には，ラスク国務長官からホワイトハウスに伝えるよう手配していた。ジョンソン大統領は，ある政策案について政府内の賛否両論を事前に十分把握しておきたいという姿勢が強く，このようなバンディの説明の背景には，大統領の政策決定スタイル対する配慮があった。"Disarmament Proposal", (June 26, 1965).
(10) 同委員会では，核能力国としてインド以外にも日本，イスラエル，アラブ共和国（エジプト），スウェーデンが挙げられていたが，中国の核武装の影響を最も大きく受けるとみられていたデリーの動向及び核不拡散措置が，主要な検討対象として位置付けられていたのであった。ACDA, "Proposed Program Under NSAM No. 335", (July 31, 1965), SECRET, *Disarmament Vol. 2 Committee of Principals [1 of 2]*, Box 14, Subject File, NSF, LBJL.
(11) Ibid.
(12) Ibid.
(13) 設置当初は「核兵器能力に関する委員会」が正式名称であったが，1965年1月までに変更されていた。参加省庁は，ACDA，ホワイトハウス，国務省（欧州局，

第5章　多国間制度アプローチの一進一退

政策企画室，中近東局，国際機構問題局など），国防省，JCS，USIA，CIA であった。

(14) From Foster to the Committee of Principals, "Terms of Reference for a Committee concerning Further Action that might be taken to Prevent Proliferation of Nuclear Weapons Capabilities", (August 24, 1964), SECRET/NOFORN, *Committee of Principals - 1964 Aug.-Dec.*, Box 2, Records relating to Committee of Principals, NARA.

(15) 1965年6月に作成された日本小委員会の報告書では，①米国の核抑止力に対する日本の信頼を維持すること，②仮に日本が核武装の決定を行った場合に，その政策方針に影響を与えることのできる影響力の維持，を目標としていた。具体的な政策措置として，①日米関係の強化，②ソ連や中国に対して，日本への拡大抑止の信憑性の高さを示すこと，③日本の防衛計画への影響力の維持，④科学分野における日本の取り組みの奨励，⑤核兵器に対する日本政府の関心の把握と定期的な評価の実施，⑥さらなる具体的な政策措置に関する米国政府内での継続的な検討作業の実施，が提言されていた。黒崎輝『核兵器と日米関係——アメリカの核不拡散外交と日本の選択　1960-1976』（有志舎，2006年）60-63頁。

(16) Memorandum for Members of the Committee of Principals, "The Indian Problem : Proposed Course of Action", (October 14, 1964), SECRET/LIMITE DISTRIBUTION, *DEF Defense Affairs (14-B) 1964 India*, Box 10, Files of Deputy Assistant Secretary for Politico-Military Affairs relating to Disarmament Committee, 1961-1966, NARA.

(17) Memorandum for the Committee of Principals, "Progress Report of the Committee on Nuclear Non-Proliferation", (April 8, 1965). SECRET, *Committee of Principals-1965 January throughout May*, Box 1, Records relating to Committee of Principals, NARA.

(18) ACDA, "Statement by President Johnson on the Chinese Communist Nuclear Test, October 16, 1964", *DODA, 1964*, pp. 451-452.

(19) ACDA, "Radio-Television Address by President Johnson, October 18, 1964", *DODA, 1964*, pp. 465-469.

(20) Memorandum to the Secretary, Ball, Talbot, and Rostow from Thomson, "Indian Nuclear Weapons Capability", (January 30, 1965), SECRET, *Thompson Committee- 1965 (1)*, Box 24, LET, NARA.

(21) Ibid.

(22) Ibid.

(23) この点についての懸念は，特に国防省から伝えられていた。Memorandum for McNaughton from Thompson, (March 5, 1965), SECRET, *Thompson Committee-1965 (1)*, Box 24, LET, NARA.

(24) インド政府に対する防衛コミットメントとしては，①ネルー首相に対するアイゼンハワー大統領からの支援約束（1959年2月），中国の軍事侵攻に対する軍事支援及びインド国内の基地使用・防衛物品の貸与に関する交換公文（1962年11月14日），防空支援協定（1963年7月）などが認識されていた。Ibid.

(25) Ibid ; Memorandum to Thompson from Rostow, "Nuclear Assurances", (February 9, 1965), SECRET, *Thompson Committee- 1965 (1)*, Box 24, LET, NARA.

(26) "Assurances for India", (undated), SECRET/LIMITE DISTRIBUTION, *Committee of Principals-1965 Jan-May*, Box 1, Committee of Principals, 1964-1966 [COP], NARA.

(27) Ibid.
(28) Ibid.
(29) Ibid.

(30) Memorandum to Thomson from Cleveland, "A General Assembly Resolution to Provide Assurances to the Non-Nuclear Countries – ACTION MEMORANDUM", (April 7, 1965), SECRET/LIMITED DISTRIBUTION, *Thompson Committee- 1965 (1)*, Box 24, LET, NARA ; Memorandum to Members of the Committee on Nuclear Non-Proliferation, "A Possible General Assembly Resolution to Provide Assurances to Non-Nuclear Countries", (April 13, 1965), SECRET, *Disarmament Conference Vol. 2 (2of2)*, Box 14, SF, NSF, LBJL.

(31) そこで提案されていた文言とは，「核兵器を保有しない諸国に対する核兵器を伴った侵攻の危険により，そのような諸国がその侵攻に抵抗するための支援を保証する必要性を際立たせることに鑑み，加盟諸国が，核侵攻の犠牲となった核兵器を保有しないいかなる国家に迅速な支援を行うというこの決議を承認するという意図を歓迎し，この決議の目的に他のすべての諸国が賛同することを求める［下線原文ママ］」という内容であった。"A Possible General Assembly Resolution to Provide Assurances to Non-Nuclear Countries".

(32) Memorandum for Members of the Committee on Nuclear Non-Proliferation, "The Possible GA Resolution on Assurances", (April 16, 1965), SECRET/LIMITED DISTRIBUTION, *Disarmament Conference Vol. 2 (2of2)*, Box 14, SF, NSF, LBJL.

(33) Memorandum for Thompson from McCormick, (November 15, 1965), SECRET, *DEF DA (14-B) 1965 India*, Box 10, Files of Deputy Assistant Secretary for Politico-

Military Affairs relating to Disarmament Committee, 1961-1966, NARA.

(34) Memorandum from Bundy to Foster, (November 30, 1964), *Committee of Principals Vol. I (1/3)*, Box 13, SF, NSF, LBJL.

(35) Memorandum for the Secretary from Thompson, "Asian Nuclear Support Arrangements Against the Chinese Nuclear Threat", (April 21, 1965), TOP SECRET/LIMITED DISTRIBUTION, *Nuclear Weapon (2)*, Box 26, LET, NARA.

(36) Ibid.

(37) 実際、この政策メモでは核共有ではなく「核支援（nuclear support）」という表現を用いていた。Ibid.

(38) この方式に関しては、オーストラリアやマレーシア、可能であればパキスタンといった、他の英国連邦が参加する可能性についても言及されていた。Ibid.

(39) 同メモでは、米軍の核兵器備蓄施設としては、当時豪州空軍（RAAF）の管理下で英国空軍（RAF）の飛行中隊が展開していたマレーシアのバターワース基地（Butterworth Base）が言及されていた。Ibid.

(40) A-4艦上爆撃機は段階的に退役する予定であったやめ、1つ目の案で言及されたキャンベラ爆撃機の活用が無理な場合でも、新たな航空機を調達する必要性がない点が利点として指摘されていた。Ibid.

(41) Memorandum to Bundy from Keeny, (December 3, 1965), SECRET, *Komer Memos Vol. 2 [2/3]*, Name File [NF], NSF, LBJL ; Memorandum for Bundy from McNaughton, "Nuclear Sharing in Asia", (December 3, 1965), SECRET, *Komer Memos Vol. 2 [2/3]*, NF, NSF, LBJL.

(42) Memorandum to the Secretary from Johnson, "Possible Assurances and Nuclear Support Arrangements for India : Action Memorandum", (March 3, 1966), TOP SECRET/LIMITED DISTRIBUTION, *Nuclear Weapon (2)*, Box 26, LET, NARA.

(43) インドの核武装を防ぐ政策措置としては、①核不拡散条約及び包括的核実験禁止条約、②インドに対する米国の圧力、③米印同盟、④核保有国による安全の保証、⑤米国による安全の保証の呼びかけ、⑥米国単独での保証の強化、⑦核共有、が選択肢として示されていた。Ibid.

(44) Ibid.

(45) Ibid.

(46) Ibid.

(47) Ibid.

(48) 核共有を含めた将来的に可能性のある政策措置は、さらなる検討のためにも「考えにとどめておくべき（keep in mind）」であると提言されていた。Ibid.

(49) Memorandum from Rostow to President, "For your approval", (June 9, 1966), SECRET, *Walt Rostow 5/27-6/10/66 [1of 3]*, Box 8, Memo to the President, NSF, LBJL; NSAM No. 351, "Indian Nuclear Weapon Problem", (June 10, 1966), SECRET, *14-B Thompson Committee NSAM 351*, Box 10, Records relating to Disarmament and Arms Control, 1961-1966 NARA.
(50) NSAM No. 351.
(51) "Report for the President in Response to NSAM No. 351: the Indian Nuclear Weapon Problem", (undated), SECRET, *Nuclear Weapon*, Box 26, LET, NARA.
(52) Ibid.
(53) Ibid.
(54) Ibid.
(55) この安全の保証に関する長期的な政策には、①中国が実際に核兵器を用いて軍事侵攻した場合に米国はどのように反応すべきなのか、②米印両国が受け入れることのできる範囲で、非公式での安全の保証の信憑性・信頼性を強化するためにはどのような方法があるのか、③インドが核の役割を担うことを決定した場合に考慮すべき措置は何か、という問題について詳細な分析が必要であると指摘していた。Ibid.
(56) Ibid.
(57) 特に、核実験禁止条約（包括的、或いは爆発規模の制限）がインドの核武装を制限する上で有効であるという事実も考慮すべき、と論じていた。Ibid.
(58) この報告書の最後には、特別提言として、①核兵器開発に関するインドの動向を正確に把握するために、関連するインテリジェンス・データの収集・分析を重視すべきであること、②インドが核武装した場合に備えた長期的な対応策の検討を開始すべきこと、が付言されていた。Ibid.
(59) したがって、このメモで提示された核共有を始めとする政策措置は具体例の１つという意味以上のものではないとされていた。むしろ、国務省だけでなく国防省やACDAも含めて、いかなる形態・方式にせよ、インド政府との協議において核共有の可能性に触れることには反対の態度を強く示していたのであった。Ibid.
(60) NSAM No. 355, "The Indian Nuclear Weapons Problem, further to NSAM 351", (August 1, 1966), SECRET, *Nuclear Weapon*, Box 26, LET, NARA.
(61) ACDA, "United States Proposal Submitted to the Eighteen Nation Disarmament Committee: Draft Treaty To Prevent the Spread of Nuclear Weapons, August 17, 1965", *DODA 1965*, pp. 347-349; ACDA, "Statement by ACDA director Foster to the Eighteen Nation Disarmament Committee: Draft Treaty To Prevent the Spread of Nuclear Weapons, August 17, 1965", *DODA, 1965*, pp. 349-353.

第5章　多国間制度アプローチの一進一退

(62) 公式の条約草案が示された期日は，第1回が米国案（1965年8月17日），第2回ソ連案（1965年9月24日），第3回米国修正案（1966年3月21日），第4回米ソ同一案（1967年8月24日），第5回米ソ修正同一案（1968年1月18日），第6回米ソ共同案（1968年3月11日），第7回最終案（1968年6月12日）であった。

(63) 1965年4月の時点で，ACDAは条文草案の作成までは検討していなかった。Memorandum for Members of the Committee of Principals from Foster, "U. S. Position on a Program to Inhibit, and Hopefully Stop, Nuclear Proliferation", (April 15, 1965), SECRET/LIMITED DISTRIBUTION, *Committee of Principals-1965 Jan-May*, Box 1, COP, NARA; Memorandum to Members of the Committee of Principals from Foster, "Agenda for Committee of Principals Meeting – April 22, 1965", (April 20, 1965), SECRET/LIMITED DISTRIBUTION, *Committee of Principals-1965 Jan-May*, Box 1, COP, NARA.

(64) ウィルソン政権がNPT締結に積極的であった背景には，①NSAM322号（1964年12月）がMLF構想の決定先送りを示したものとして米紙上で報道されたことや，②ギルパトリック委員会での検討がNPT締結を強く求める方向性で進んでいるという報道，③米国の軍備管理・軍縮政策の積極的推進を訴えるフォスターACDA長官の論文が『フォーリン・アフェアーズ』誌に掲載されたこと，が1つのシグナルとしてロンドンに伝わっていた可能性もある。Document 91, "Memorandum of Conversation, 'U. K. Draft Treaty'", (August 1, 1965), SECRET/EXDIS, *FRUS, 1964-1968, Volume XI*, pp. 233-234.

(65) Outgoing Telegram to Paris 53, (July 11, 1965), SECRET, *Disarmament-18 Nation Disarmament Conference [ENDC] Vol. I (1of2)*, Box 13, Subject File [SF], NSF, LBJL; Memorandum for Rusk from Fisher, "Telegram of Instructions to Ambassador Finletter on Non-Proliferation", (July 12, 1965), *ACDA Vol. II (2of2)*, Box 6, Agency File, NSF, LBJL.

(66) この時期の長官委員会では，4月に開会する国連軍縮委員会（UNDC）における政策方針が検討されていたが，英国草案については協議されていなかった。Memorandum for the Committee of Principals, "Progress Report of the Committee on Nuclear Non-Proliferation", (April 8, 1965), SECRET/LIMTED DISTRIBUTION, *Committee of Principals-1965 Jan-May*, Box 1, COP, NARA.

(67) Document 87, "Record of Meeting of the Committee of Principals", (undated), No classification marking, *FRUS, 1964-1968, Volume XI*, p. 226.

(68) John Walker, *Britain and Disarmament : The UK and Nuclear, Biological and Chemical Weapons Arms Control and Programs 1956-1975*, (Ashgate Publishing

Company, 2012), p. 194.
(69) 7月上旬に改めて示された英国修正案も，簡潔な文言を用いながらも，非核保有国及び国家連合への核兵器の不移譲義務（第1条）や，核兵器コントロールを保有する国家連合への非核保有国の参加禁止義務（第2条）を通じて，欧州条項の可能性を否定している点で実質的に同じ内容であった。Incoming Telegram from Geneva 2225, (August 7, 1965), SECRET, *Disarmament - 18 Nation Disarmament Conference [ENDC] Vol. I*, Box 13, SF, NSF, LBJL.
(70) Document 87, "Record of Meeting of the Committee of Principals", (undated).
(71) この草案は，核保有国及び非核保有国の不拡散義務に関する規定（第1条），国際原子力機関（IAEA）の保証措置受入に関する規定（第2条），条約手続（署名，批准，寄託，登録）に関する規定（第3条），有効期限，脱退手続，条約の運用検討・確認のための加盟国会議開催に関する規定（第4条），条約の正文に関する規定（第5条），という5つの条文から構成されていた。Memorandum for the members of the Committee of Principals from Foster, "Position Paper on a Non-Proliferation Agreement", (July 16, 1965), SECRET, *Committee of Principals-1965 June-Dec,* Box 1, COP, NARA.
(72) "Points to be Covered in Interim Discussion With President Under NSAM 335", (July 20, 1965), SECRET, *Committee of Principals—1965 June-Dec,* Box 1, COP, NARA.
(73) Document 87, "Record of Meeting of the Committee of Principals", (undated).
(74) Memorandum for Bundy from Foster, "UK Draft Non-Proliferation Treaty", (July 21, 1965), SECRET, *ACDA A-Z '64-'66,* Box 4, WH&AF 63-66, CF, NARA.
(75) Ibid.
(76) Document 87, "Record of Meeting of the Committee of Principals", (undated); "UK Draft Non-Proliferation Treaty", (July 21, 1965); Document 88, "Telegram From the Department of State of the Embassy in the United Kingdom", (July 22, 1965), SECRET/NODIS/IMMIDIATE, *FRUS, 1964-1968, Volume XI,* pp. 229-231.
(77) Outgoing Telegram to Geneva 1756, (July 28, 1965), SECRET, *Disarmament - 18 Nation Disarmament Conference [ENDC] Vol. I,* Box 13, SF, NSF, LBJL.
(78) フランスは構成メンバーではあったが不参加の方針を維持していた。Document 91, "Memorandum of Conversation: U. K. Draft Treaty", (August 1, 1965), SECRET/EXDIS, *FRUS, 1964-1968, Volume XI,* pp. 233-235; Incoming Telegram from 2199, (August 3, 1965), SECRET, *Disarmament - 18 Nation Disarmament Conference [ENDC] Vol. I,* Box 13, SF, NSF, LBJL; Incoming Telegram from

Geneva 2209, (August 4, 1965), CONFICENTIAL, *Disarmament - 18 Nation Disarmament Conference [ENDC] Vol. I*, Box 13, SF, NSF, LBJ ; Incoming Telegram from Geneva, (August 6, 1965), CONFIDENTIAL, *Disarmament - 18 Nation Disarmament Conference [ENDC] Vol. I*, Box 13, SF, NSF, LBJL ; Incoming Telegram from Geneva 2225, (August 7, 1965) ; Outgoing Telegram to Geneva 1784, (August 9, 1965), SECRET, *Disarmament - 18 Nation Disarmament Conference [ENDC] Vol. I*, Box 13, SF, NSF, LBJL.

(79) Incoming Telegram from Geneva 2243, (August 11, 1965), SECRET, *Disarmament - 18 Nation Disarmament Conference [ENDC] Vol. I*, Box 13, SF, NSF, LBJL ; Incoming Telegram from Geneva 2244, "Non-Proliferation Treaty", (August 11, 1965), CONFIDENTIAL, *Disarmament - 18 Nation Disarmament Conference [ENDC] Vol. I*, Box 13, SF, NSF, LBJL.

(80) このソ連のNPT草案は、1966年1月27日に開会したENDCにおいても提示された。ACDA, "Sixth Annual Report of the United States Arms Control and Disarmament Agency, January 23, 1967", *DODA, 1966*, pp. 821-864.

(81) もう1つの相違点として、ソ連案では条約修正の手続に関する規定（第4条）が新たに盛り込まれていた。ACDA, "Soviet Draft Treaty on the Nonproliferation of Nuclear Weapons, September 24, 1965", *DODA, 1965*, pp. 443-446.

(82) Ibid.

(83) Document 98, "Memorandum From Spurgeon M. Keeny, Jr., of the National Security Council Staff to the President's Special Assistant for National Security Affairs (Bundy)", (October 4, 1965), CONFIDENTIAL, *FRUS, 1964-1968, Volume XI*, pp. 256-257.

(84) Document 100, "Memorandum of Conversation : Non-Proliferation", (October 29, 1965), SECRET, *FRUS, 1964-1968, Volume XI*, pp. 259-261.

(85) ソ連の真の狙いは核不拡散の達成ではなくNATOの弱体化にあるのではないか、というラスクの問いに対してドブリーニンは「ソ連は米ソ双方のNPT草案について検討する用意ができている」として、正面からは回答しなかった。Ibid.

(86) Document 101, "Memorandum from the Acting Director of the Arms Control and Disarmament Agency (Beam) to Secretary of State Rusk", (November 4, 1965), SECRET/NORFORN/CONTROLLED DISEEM, *FRUS, 1964-1968, Volume XI*, pp. 262-263.

(87) Research Memorandum to the Secretary from Hughes, "Soviet Views of Nuclear Sharing and Nonproliferation", (October 13, 1965), SECRET/NO FOREIGN

DISSEM/CONTROLLED DISSEM, *Treaty-Non-Proliferation II, 1965*, Box 8, File of Spurgeon Keeny, NSF, LBJL ; Intelligence Note to the Secretary from Hughes, "Dobrynin's October 29 Oral Statement on Nonproliferation", SECRET/LIMDIS/NO FOREIGN DISSEM/CONTROLLED DISEM, *Treaty-Non-Proliferation II, 1965*, Box 8, File of Spurgeon Keeny, NSF, LBJL.

(88) Document 104, "Memorandum of Conversation : Non-Proliferation", (December 8, 1965), SECRET, *FRUS, 1964-1968, Volume XI*, pp. 268-271.

(89) Ibid.

(90) Ibid.

(91) Document 102, "Memorandum From the President's Special Assistant for National Security Affairs (Bundy) to President Johnson", (November 25, 1965), *FRUS, 1964-1968, Volume XI*, pp. 264-267.

(92) Ibid.

(93) Ibid.

(94) Memorandum for the President from Foster, "A Time for Decision on Non Proliferation", (December 7, 1965), SECRET/NODIS, *Treaty-Non-Proliferation II, 1965*, Box 8, File of Spurgeon Keeny, NSF, LBJL ; Memorandum for the President from Foster, "Steps to Prevent the Spread of Nuclear Weapons – Erhard Visit", (November 10, 1965), SECRET, *Treaty-Non-Proliferation II, 1965*, Box 8, File of Spurgeon Keeny, NSF, LBJL.

(95) バンディが後任者に推していたのは，NSC スタッフであったモイヤース（Bill Moyers）であった。I. M. Destler, Leslie Gelb and Anthony Lake, *Our Own Worst Enemy : The Unmaking of American Foreign Policy*, (Simon and Schuster, 1984), p. 198.

(96) ACDA, "U. S. Proposal Submitted to the Eighteen Nation Disarmament Committee : Amendments to the U. S. Draft Treaty To Prevent the Spread of Nuclear Weapons, March 21, 1965", *DODA, 1966*, pp. 159-160 ; ACDA, "Statement by ACDA Deputy Director Fisher to the Eighteen Nation Disarmament Committee : Amendments to the United States Draft Treaty To Prevent the Spread of Nuclear Weapons, March 22, 1966", *DODA, 1966*, pp. 160-168.

(97) "Revised Draft Articles I, II and IV of a Non-proliferation Treaty", (January 20, 1966), CONFIDENTIAL, *Nuclear Weapon (2)*, Box 26, LET, NARA.

(98) "Explanation of Treaty Changes", (January 21, 1965), CONFIDENTIAL, *Nuclear Weapon (2)*, Box 26, LET, NARA.

(99) Ibid.
(100) 主要な文言の定義を規定している第4条では，大きな特徴として，核保有国を「核国（Nuclear State）」，非核保有国を「非核国（Non-Nuclear State）」としていた原案から，それぞれ「核兵器国（Nuclear-Weapon State）」及び「非核保有国（Non-Nuclear-Weapon State）」に変更していた。この変更の背景には，ENDCにおけるインド代表からの批判があり，民生用の原子力技術を有するインドのような国家を含まないように，より厳密な文言を採用したのであった。"Explanation of Treaty Changes", (January 21, 1965).
(101) Memorandum for the Secretary from Foster, "US Non-Proliferation Treaty", (January 24, 1966), CONFIDENTIAL, *Nuclear Weapon (2)*, Box 26, LET, NARA.
(102) Ibid.

第6章
同盟アプローチの完成

　1966年に入ると，ジョンソン政権内で明確な方向性が定まっていなかった同盟アプローチは，フランスによるNATO軍事機構からの脱退という出来事を背景に，政策協議方式に基づいた政策措置の先行的な実現へと大きく動くこととなった。MLF/ANF構想への消極的態度とは対照的に，同年初頭から活動を開始した国防相特別委員会（SPECOM）同盟諸国から高い評価を受け，暫定的な組織ではなくNATO内の常設機関として制度化する動きが進展したのであった。かくして，同年12月には，NATOの核防衛に関する恒常的な政策協議制度として，核防衛問題委員会（NDAC）とその下に核計画グループ（NPG）の創設が決定されたのであった。その一方，国務省では戦力共有方式案を推す動きが根強く残ってはいたが，国防省を中心とした政策協議方式案の先行的な追求という方針の前に，反対意見が示されることはなかった。本章では，MLF/ANF構想を巡る混沌とした状況から次第に抜け出し，従来の2国間・戦術核共有制度と核計画グループという，NATOにおける同盟アプローチの完成形が成立するに至る過程を考察する。

1　NATO核共有政策の急展開

（1）NATO危機の影響
　1966年に入ると，NATO核問題を巡るワシントンの状況は比較的落ち着いていた。エアハルト首相は，ANF構想よりもMLF構想への拘りを示しつつも，あくまで戦力共有方式による解決を求めていた。他方，ウィルソン首相は，乗り気ではないものの，ANF構想を柱とするのであれば戦力共有方式による解決も受け入れる姿勢を示していた。両国間の態度には微妙な違いがあったが，戦力共有方式に反対しないという点では共通しており，ジョンソン政権として

は，具体的な合意案の策定を英国と西ドイツとの2国間協議に委ねることを決定したのであった。

このような「凪」の状態は，3月上旬，フランスのNATO軍事機構脱退通告により，大きく乱されることとなった。3月7日，ドゴール大統領はジョンソン大統領に親書を送り，1969年の北大西洋条約の発効期限を前に，フランスの国家主権を護るという観点から，NATOとの関係において重要な決定を下したことを伝えたのであった。その4日後，フランス政府から届けられた「覚書（aide memoire）」には，同国に駐留するNATO軍（すなわち米軍）及びその施設の国外移転・移設を求める内容が記されていた。さらに，駐仏各国大使を経由して渡された覚書（Aid Memoire）では，前書簡での要求内容の期限を1967年4月1日として明確に設定し，同国がNATOの軍事機構から脱退することが示されていた。この通告を受けて，ジョンソン政権では，アチソン（Dean Acheson）元国務長官を顧問として，対仏関係や対NATO関係に関する政策方針の検討作業が国務省を中心に開始されたのであった。

そのような中，3月29日，ホワイトハウスにウィルソン首相から書簡が届けられた。そこでは，NATO核問題の解決に向けた取り組みを早期に開始すべきとして「政策協議及び政策決定における役割へのドイツ人の要請」を満たすために，この時期に既に協議を開始していたSPECOMのような機能を有する，構成国を限定した常設機関の創設を提案していた。しかも，ウィルソン政権は「戦力共有方式の可能性を排除することになる」として，ANF構想の実現を事実上放棄する意向であることを明らかにしたのであった。この書簡に逸早く反応したのは，かねて戦力共有方式の有効性に疑念を抱いていたバター（Francis M. Bator）大統領特別補佐官補であった。バターはこの機会を捉えて，前年12月頃から作成作業を進めていたNATO核問題に関する政策メモを，ジョンソン大統領や，4月1日付でバンディの後任として国務省政策企画室から異動してきたロストウ，さらに大統領特別補佐官であると同時にホワイトハウス報道官も務めていたモイヤース（Bill D. Moyers）の3名に提示したのであった。

バターは，ウィルソン首相の書簡により戦力共有方式案の行方に焦点が当てられている状況を指摘しながら，国務省からは米国が圧力をかけることで英国

第6章　同盟アプローチの完成

の態度を変えることができるという議論が示されるであろうが、最終的な決断を下す前に、同方式案が西ドイツに与える影響も含めて十分検討することが必要であると説いた。[5]その際には、帝国主義時代のウィルヘルム2世の言葉を引用しながらジョンソン大統領が指摘した、「ドイツ人が陽のあたる場所を見つけることの重要性」を考慮に入れながら、米国が受け入れられる戦力共有方式が「ドイツ人の核の野心を鎮静化させるのか、逆に潜在的な欲求を刺激してしまうのか」という観点から評価する必要があった。[6]その作業を進める上では、必然的に「[核共有に関して]ドイツ人は何を求めているのか」という本質的な問題が浮上するが、この問いには単純な答えはなかった。そこで、バターは、米国が受け入れられる戦力共有方式の条件を検討した上で、西ドイツが目指す目的をいくつか想定しながら、同方式が各目的を達成する手段として有効なのかどうかを考察したのであった。[7]

　米国が受け入れられる戦力共有方式の最低条件とは、いかなる取決めにおいても核兵器の使用についての米国の拒否権が保証されていることであった。具体的には、米国と英国が半数を移譲して構成するポラリス原潜艦隊、英国のV型爆撃機、西ドイツのパーシング・ミサイルを主要なプラットフォームとして、それらを米・英・西独やその他の西欧同盟国が共同負担・所有し、NATO指揮の下で米英西独が拒否権を保有するという戦力が最有力案として想定されていた。[8]この戦力は、米国を中心に同盟が保有する戦略核戦力全体からするとほんのわずかな部分を占めるだけであり、西ドイツにとっては、本質的に「議決権のない株式（non-voting stock）」に大量の資金を拠出するのと同然である。すなわち、ドイツ人は資金を提供しながら、核兵器を使用することも、すべてのプラットフォームに乗員を充てることも、戦力全体を監察することもできない上、西ドイツの独立的な軍事能力や将来的な核能力獲得に関する技術的基盤の育成に資することもできないのであった。したがって、通常の感覚からすれば、西ドイツがそのような戦力を求めるのは、軍事的・経済的合理性からは到底理解できないというのがバターの認識であった。[9]

（2）戦力共有方式の有効性
　戦力共有方式を求める西ドイツの目的が、軍事的な要因以外にあるとすれば、

195

それは何であろうか。バターは、可能性のあるものとして、以下の目的を挙げた。第1に挙げられたのは、ボンが、独立的な核兵器コントロールの獲得に向けた第1段階として、戦力共有方式を位置付けている場合であった。バター自身は、この可能性は極めて低いと認識していたが、問題は、国務省のMLF推進派が主張していた議論の妥当性であった。すなわち、米国が戦力共有方式に基づいた核共有制度を実現しなければ西ドイツ核武装の可能性を阻止することはできない、という議論がどこまで現実を表しているのか、という問題であった。この点に関して、バターは、同方式案は西ドイツの核武装を遅延させるよりも、却って加速化させてしまう可能性が高いと分析していた。その理由として、同方式の推進論が、ボンやワシントンでの一般的な認識に与える影響が指摘されていた。すなわち、推進論の前提が「西ドイツの核の不平等は長期的に維持されず、その非核保有国としての地位は『異常事態』である」という認識に基づいているため、逆説的ではあるが、この議論を繰り返すことによって、却ってボンが独立的な「核の引き金に指を掛けるのは当然のこと」であるという認識を生んでしまうのであった。さらに、西ドイツ政府が軍事的価値の殆どない計画に多額の資金（税金）を注ぎ込む場合、エアハルト政権は国民に対して上手く説明がつかなくなるため、結果的に、その資金に見合うだけのものを要求すべきという議論が噴出する可能性がある、という点が指摘されていた。[10]

2番目の目的としては、ドイツ再統一問題を巡りソ連の譲歩を引き出すための交渉カードとして戦力共有方式を位置付けている場合が挙げられていた。しかしながら、このような「将来的に脅威となるという脅し」は、ソ連や東欧諸国の恐怖心を煽る結果となり、この問題の解決を却って難しくするため、米国だけでなく一般的なドイツ人にとっても、受け入れ難い選択肢であると論じた。次の目的としては、米国が西ドイツを見捨てる可能性を低減するという目的が検討されていた。この場合、同方式案の実現により米西独関係の緊密化を表すことはできるが、核兵器使用の拒否権を米国が保持する以上、同方式によって「西ドイツの、現在の無防備さが改善されること（悪化することにも）にはならない」と断じた。この目的に関連して、実際に米国が見捨てた場合への保険としてみなしている場合についても検討されていたが、ここでも、米国が拒否権を保持していることから、戦力共有方式が有効な手段と成り得ないと説明した。[11]

第6章　同盟アプローチの完成

　次に検討された目的とは，戦力共有方式を通じて西欧同盟国との関係強化を図ることであったが，3年前とは状況が異なり，同方式案に対しては消極的な態度を示す同盟国が多く，それは欧州統合を促進するよりも，むしろ同盟関係を分断する恐れを高めていると指摘した。最後に検討された目的は，同方式案により国家の威信と地位を向上させるという目的であった。この点に関して，戦力共有方式では同盟内における不平等性を却って際立たせてしまうだけであり，有効な手段ではないと論じた。さらに，1番目の目的の場合と同様に，この平等性の原則を過度に強調することで，西ドイツが核保有国となるべきという議論に正当性を与えてしまう恐れがあると指摘していた。(12)

　バターはこのような考察を通じて，戦力共有方式では西ドイツの要請に応えられないと結論付けた。但し，同方式が適切な解決策ではないからといって，米国政府として何もしなくてよいというわけではなく，同方式に替わる措置を講じる必要がある，というのが彼の考えであった。西ドイツは既存の核戦力の配備状況や攻撃目標の選定，核戦力の新たな取得計画に関して当然利害を有するため，ここで重要となる条件とは，ANF構想で想定されているような8隻の原潜に限定することなく，米国や英国が保有する戦略兵器すべての計画・管理に参画させることであった。すなわち，バターによれば「すべてのレベルで，かつ可能な限り実践的な方法で，核政策の形成過程へのドイツ人の参画拡大を最も目に見えるかたちで実現すること」が米国の求められている課題なのである。(13)

　バターが示した具体的な政策措置は，西ドイツとの2国間枠組みや，英国，イタリアなどの他の同盟諸国も参加する多国間枠組みを通じて，核政策に関するインテリジェンス，政策協議，計画立案，軍縮問題等の事項に関して「最恵国待遇（most favored treatment）」を与えるというものであり，英国と同等の「身分と地位（rank and standing）」に西ドイツを引き上げることであった。(14)このような政策協議方式の目的としては，①西ドイツは核問題に関して英国と同等の発言権を有していると，同国の首相に公に宣言させること，②英国及びイタリアを含むことで，ワシントンとボンの「枢軸」結成とみられることを防ぐこと，③フランスに門戸を開いておくこと，④戦力共有方式が含んでいた，東西関係が不必要に損なわれ，核不拡散条約締結の可能性が低下するというリス

197

クを回避すること，が挙げられていた。

　このように，バターは戦力共有方式がNATO核問題の解決策として有効ではなく代替案として政策協議方式を採用すべきという議論を展開していた。ただし，西ドイツ政府があくまで戦力共有方式案の実現を求めていることもあり，米国政府としてこの選択肢を現時点で完全に否定することは賢明ではないということも指摘していた。今や多くの課題に直面しているエアハルト政権に対して急な政策変更を告げるのは賢い選択ではなく，当面は同方式の可能性を残しておくことが重要であると論じたのであった。

　バターの政策メモが提出されて間もない4月11日，今度は国務省からNATO核問題の早期解決を促す政策メモがジョンソン大統領に届いた。この文書は，対仏関係や対NATO政策のあり方を検討していたアチソンの強い働きかけを背景に作成され，ラスクの承認を受けた政策方針を提案していた。そこでは，フランスの軍事機構脱退宣言により生じたNATO危機により，核共有問題が焦点となっているが，「過去5年もの間，西側が共同防衛において核兵器をどのように使うのかというこの大きな課題は，未解決のままできた」と指摘し，その背景にある3つの要因に言及していた。第1には，西ドイツ要因であり，同国が他の西欧同盟国——特にフランス——の反応を気にするあまり，核問題において具体的にどのような役割を望んでいるのか明確には示していないことであった。第2の要因は，英国の態度が一貫していないことであった。すなわち，ウィルソン労働党政権は選挙中に独立的な核戦力の放棄を謳っていたにもかかわらず，現実には核保有国としての立場を支持していることや，MLF構想の代替案としてANF構想を提案しておきながら，今では消極的な態度を示していることが指摘されていた。最後の要因としては，米国自身がこの問題を巡り，同盟関係の結束強化，連邦議会の懸念，核不拡散という複数の課題に直面していることが挙げられていた。

　このような背景を踏まえながら，NATO危機を核問題解決の絶好のタイミングと捉えていたラスクやアチソンは，この問題の早期解決に向けて本格的に取り組むことを訴えたのであった。というのも，この問題を先送りしても戦力共有方式推進論と政策協議方式推進論との間の議論が続くだけであり，解決策を見出す上で却って障害となるからであった。また，この問題が長期化するこ

第6章　同盟アプローチの完成

とにより「ロシア人が核拡散問題に関して政治宣伝を行うことを助ける」ことになってしまう点も問題であった。そこで，戦力共有方式か政策協議方式かの二者択一という議論から脱却して，この問題に関する英国と西ドイツの見解の相違を縮めるという方向性に向けて取り組むことが必要であると説かれていた。具体的には，ワシントンで米英独の3ヶ国外相会合を開催し，ANF構想と「マクナマラ委員会」両方の要素を盛り込んだ包括的な核共有制度の可能性を模索すべきであると唱えた。但し，米国としては，この政策方針を進める上で，詳細な提案を用意するのではなく「欧州諸国が，この膠着状態から抜け出せるような道筋をつける，そのような方法を提示していく」という姿勢で臨むことが重要であると訴えたのであった。[19]

(3) SPECOMを巡る国務省と国防省の議論

　NATO危機を背景に，核問題の早期解決に向けた気運が高まる中，国務省と国防省は，戦略問題を検討するために両省間に設置されていた「戦略検討グループ (Strategy Discussion Group)」において，SPECOMのあり方を巡る意見交換が行われていた。戦略協議グループの会合は，必要に応じて開催されており，国務省からは政治問題担当国務次官補室の政軍問題担当副次官補室や欧州局の大西洋政治・軍事問題課，国防省からは国際安全保障局 (ISA) や統合参謀本部 (JCS) を主要な参加メンバーとしていた。[20]

　この戦略検討グループは，国防省よりも国務省にとって有益な場となっていた。というのも，当初，SPECOMを始めその中核として捉えられていた核計画作業グループ (NPWG) に関する政策は，マクナマラ主導の下，専ら国防省とクリーブランドNATO大使間の協議によって進められており，国務省において国防省との窓口である政治・軍事問題局や欧州局がその政策決定プロセスに関与することはほとんどなかったからである。[21]したがって，この省庁間協議枠組みを通じて，国務官僚はSPECOM及びNPWGに対する国防省の基本方針を学ぶと同時に，国務省の立場から懸念事項や具体的な提案を示していたのであった。

　そこで浮上した第1の論点は，NATO核問題の解決に向けてSPECOMが果たす役割についてであり，本質的には，戦力共有方式と政策協議方式を競合

199

的関係にあると捉えるのか，それとも補完的な関係にあるとみるのかという問題であった。国務省の認識では，マクナマラを始め国防省は両方式を競合的とみており，SPECOMを戦力共有方式の潜在的な代替案として捉えているとみていた。

　実際，4月に開催された戦略検討グループ会合において，マクノートン(John T. McNaughton)国防次官補（国際安全保障問題担当）は，戦力共有方式は政策協議方式という要素を含むため，それが実現するのであれば，SPECOMの必要性がなくなるのであり，このような観点からすれば競合的関係にあるという考えを示していた。その一方，同会合に出席したジョンソン(U. Alexis Johnson)国務副次官補（政治担当）や欧州局のスパイヤーズ(Ronald I. Spiers)大西洋政治軍事問題課長補佐としては，両方式は競合的ではなく補完的であり，政策協議方式を先行的に追求し，仮に必要性が生じた場合に，戦力共有方式に切り替えることができると考えていた。国務省が懸念していたのは，国防省の視点からすれば，戦力共有方式を望む同省の姿勢が，実質的にはSPECOMの進展を望まないという認識の表れであると映ることであった。実際，SPECOMがNATO核問題に対する十分な解答であるとは国務省は考えていなかったが，その取り組み自体は支持していたのであり，その点が国務省から強調されていた。

　第2の論点は，SPECOMにおける協議内容を巡る問題であった。国防省は，SPECOMを通じて，①同盟国が核計画立案のあり方を協議できるようになる上で，米国の計画立案の方法を説明することや，②NATO防衛における核戦力や通常戦力オプションの役割という戦略概念に対する同盟国の理解を深めることを目的としており，実質的には「広範な教育コース」を提供する場として考えていた。この点について国務省は，そのような米国による一方的な「講義コース」よりは，同盟国との双方向的な意見交換の場とすべきではないかと考えていた。また政治・軍事問題局のウェイス(Seymour Weiss)は，NATO戦略の内容について議論を進めた場合，核兵器の役割や使用のタイミングについての米欧間での基本的な考え方の違いが，却って浮き彫りとなってしまうおそれがあると懸念を示していた。また，NPWGにおける協議の今後の方向性についても，国務省から提案が示されていた。ジョンソン国務副次官補は，

第6章　同盟アプローチの完成

NPWGの方向性を，①戦略・戦術核，核使用ドクトリンという政策内容自体に関する協議を継続していくのか，或いは②核計画立案や核使用の可能性が高い危機発生時における同盟内の協議体制のあり方という手続的な問題を議論するのか，という2つに大きく分けられると指摘した上で，米国としては後者をより強調すべきであると論じた。但し，その過程では，計画立案への策定プロセスや核兵器使用に関する事前協議への同盟国の参画をどこまで拡大する意向であるのかという問題や，「事前協議について意味のある議論を行えば行うほど，米国の行動の自由が狭められてしまう可能性がある」というディレンマに直面するという問題があるとしながらも，危機管理という観点からやはり重要であると主張したのであった。(26)

このような議論に対してマクノートンは，マクナマラ国防長官の認識としては，同盟国に対する米国の核戦略概念の説明はまだ不十分であり各国国防相が「核問題について学ぶ余地はまだまだある」というものであるため，前者の方向性を継続する意向を示した。但し，NPWGにおける協議内容は，戦略概念についての説明だけにとどまるものではなく，当然ながら核計画立案・事前協議のあり方についても議題として取り上げることを想定していること，それがマクナマラの考えであると伝えていた。(27)

（4）NSAM345号の発令

NATO危機を受け，ホワイトハウスや国務省が作成した政策メモに表れていたように，ワシントンではNATO核問題の早期解決に向けた気運が高まりをみせていた。そのような中，バターやラスク，アチソンの問題意識に賛同していたマクナマラは，政権全体で集中してこの問題に対する解決策を見出すために，NSAMの起案をロストウに求めたのであった。マクナマラとしては，「戦力共有方式以外の解決策」として実質的には政策協議方式案の検討作業を強化することを目指していたものの，政権内には戦力共有方式だけに強いこだわりを抱き続けている人々がおり，彼らは大統領が政策協議方式案の検討を指示しないかぎり「戦力共有方式に関する最終的な決断が下されるまで動こうとしない」ことから，このNSAMが必要であると考えていた。(28)

マクナマラ自身は，戦力共有方式ではなく政策協議方式こそがNATO核問

題の有効な解決策であると確信していたが,その一方で,バターやロストウ,ラスクと同じく,同方式実現の可能性を残すことの政治的重要性も理解していた。彼にとって米国がなすべきことは,代替案を巡る議論を延々と続けることではなく,何らかの政策を決定・提示することであった。ロストウは,このようなマクナマラの提案を受けて,4月上旬にNSAMの起草作業を開始した。その過程で,ロストウは2ヶ月前まで上司であったボール国務次官と内容を調整しながら作成し,ジョンソン大統領の承認を経た後,22日付で,「核の政策立案 (Nuclear Planning)」と題されたNSAM345号が国務長官と国防長官宛に発令されたのであった。[29]

　NSAM345号では,欧州同盟国による核計画への参画や理解の拡大に向けて2つの代替案について検討し,その成果報告書を提出するよう指示していた。1つには「NATO核戦力」の創設案であり,もう1つは「それを想定しない」案――政策協議方式案――であった。[30]そこで興味深い点としては,検討される代替案として,NATO内にメンバーを限定した常設機関の創設を含めることが指示されていた点であった。そこで示されていた当該機関の役割としては,核問題に関する政策協議の強化だけでなく,NATO指揮下に配属されている米国及び英国の核戦力の指揮,運営を担うことも盛り込まれていたが,既にSPECOMやNPWGというかたちで政策協議方式案が現実化していたことやマクナマラの問題意識を踏まえると,この文書は,SPECOMの常設化を目指して作成されていた可能性が高い。

　さらに興味深いのは,NATO核戦力の検討作業において,混合乗員運用制及び洋上艦隊という要素を排除することが明示されていたことであった。MLF構想を最も特徴づけるこれらの要素が検討対象から除外されたこと,さらに,この文書がボールの合意も得ていたことも踏まえると,この時点で戦力共有方式案としてMLF構想が実現する可能性は事実上なくなったのであった。[31]実際,当初の案文では,欧州条項も除外項目の検討対象に含まれていたが,いずれ英国政府が欧州条項の明確な放棄を求めてくるであろうから,米国がそれに先んじて自ら放棄することは政治的に賢明ではないというボールの指摘を受けて,削除はされなかった。[32]このNSAM345号を受けて,国務省と国防省では具体的な政策提言書の作成作業が開始されたのであった。

第6章 同盟アプローチの完成

　約1ヶ月の作成作業を経て，6月上旬，NSAM345号の回答となる政策メモがホワイトハウスに提出された。この文書では，SPECOMやNPWGにおける協議を通じて「核兵器の使用に関する問題を同盟国が初めて本質的に理解」したのであり，NATO核防衛の実態が「不確実性に満ちている」という現実が明らかとなった今，フランスの行動によるNATO危機と相まって，同盟国——特に西ドイツ——の懸念が高まる可能性があると指摘していた。したがって，米国としてはNATO防衛において共通目標を設定し，その達成に向けて取り組むという「雰囲気」を醸成することが必要であるとされた。このような問題意識に基づき，この政策メモでは，米英独の外相及び国防相が参加する3国協議の開催を提案しながら，政策協議方式案と戦力共有方式案のそれぞれについて提言されていた。

　政策協議方式案としては，米国，英国，西ドイツを含む5ヶ国の国防相から構成される核計画グループを常設機関として創設することを提言していた。このような構成国を限定した「核政策グループ」を通じて，核計画立案に同盟国が有意義なかたちで参画する上で求められる「核問題の政治的・軍事的側面についての専門的能力を養う」ことに繋がるのであった。しかしながら，なぜ政策協議方式が核問題を解決する上で有効であるのか，核計画立案に同盟国を参画させることがなぜ有意義であるのか，という点については明確な理由は示されてはおらず，常設化を前提として議論が展開されていた。

　具体的には，①NATO加盟国すべてが参加資格を有し，NATOの核防衛問題や政策ガイダンスの策定を主な任務とする常設委員会（SPECOM）と，②現行の3つの検討作業グループに替わる単一の常設機関として核計画グループという下位組織を設置することが示されていた。前者は，年に1〜2回会合を開催し，NATO事務総長を同委員会の議長とすることが含まれていた。後者の参加資格に関しては，当面はNPWGの参加国（米国，英国，西ドイツ，イタリア，トルコ）とするが，5番目の枠については，1年ごとに他のNATO加盟国の中から交代で選定することが想定されていた。但し，NATOにこのような「内部グループ」を設置することに対する反発が強い場合には，インテリジェンス・データ交換やコミュニケーション設備に関する問題を検討するような委員会を別に設置することも検討すべきであるとされた。

核計画グループの活動内容としては，①米国及び NATO の核政策，攻撃目標の選定，核兵器使用の方針といった核計画の立案過程への参画，②戦争計画及び軍事演習の策定に向けた指針の策定，③ NATO 防衛に関する米国の核兵器の研究開発の実施，④軍備管理・軍縮措置の軍事的側面に関する評価と北大西洋理事会（NAC）への説明，⑤ NAC や NATO 軍事機構内の他の組織への政策協議成果の一部の報告を通じた情報共有，といった項目が挙げられていた。また，将来的に同グループにおける協議の議題になり得る項目としては，①米国と特定の同盟国（特に西ドイツ）との核兵器使用に関する協議体制についての合意，②米国と特定の同盟国（特に西ドイツ）との間での「ホットライン」の設置，米戦略空軍における核計画立案における欧州連合軍最高司令官（SACEUR）の代表の配置，といった問題が示されていた。(37)

戦力共有方式案としては，2つの方法が提案されていた。1つ目の案は，当時米国や英国，西ドイツが NATO 指揮下に「配属（assignment）」していた核運搬手段に新たな兵器プラットフォームを追加し強化するか，配属の規定を改定し，NATO の指揮権から各国の指揮権にそれらの部隊を「引き揚げる（withdrawal）」ことを難しくする，という方法であった。もう1つの案は，それらの戦力から射程距離や航続距離の長い戦略的な核戦力を，NATO 指揮下に設置される「合同機関（joint agency）」を通じて，集団的核戦力とする方法であった。(38)

前者に関して，当時，戦略核戦力として NATO 指揮下に配属されていたのは，米国のポラリス原潜3隻と英国のV型爆撃機11個飛行中隊（88機）であり，追加的な兵器プラットフォームとして挙げられていたのは，①米国のミニットマン ICBM（1基），②米国の B-52 爆撃機（1機）及び KC-135 空中給油機（1機），③可能であればポラリス原潜，であった。(39) また，配属規定の修正については，「NATO 理事会や SACEUR に通知すれば，いつでも配属を解いて各国の指揮下に移すことができる」という，当時の運用実態を踏まえて，特定の配属期間を設定し，当該期間における各国の引き揚げの権利を制限することなどが提案されていた。(40)

後者については，集団的戦力の管理運営を全般的に担う合同機関を設立し，同機関の下に，①参加国の個別的戦力（国別の戦力）と，②統合された戦力の

第**6**章　同盟アプローチの完成

2つの要素を置くことが提案されていた。個別的戦力は，①米国のポラリス原潜（3隻），②英国のポラリス原潜（3隻），③西ドイツのパーシング地対地ミサイル2個部隊（50基），④英国のV型爆撃機飛行中隊（48機または88機）⑤米国本土に配備されるミニットマンICBM（1基），⑥米国のB-52爆撃機（1機）及びKC-135空中給油機（1機），という兵器プラットフォームの一部或いはすべてから構成することができるとされた。

　統合戦力については，具体的な戦力プラットフォームについては言及されておらず，前述した個別的戦力の各プラットフォームを「国際化」することで構成される，という簡単な記述であった。肝心の核兵器コントロールは，核兵器の使用に米国と欧州側の双方の合意を必要とする2重鍵方式を実質的に採用することになっており，米国が拒否権を保持することが明示されていた。したがって，同案では，集団的核戦力における欧州条項の可能性が否定されることとなった。また，参加国については，最低条件として米国，英国，西ドイツの3国が含まれることが示されており，運用に支障をきたさない範囲で，他のNATO諸国から1～2ヶ国程度の追加的参画を認めることも想定されていた。

　この集団的戦力案の特徴的な点は，SACEURによって東側の攻撃目標はカバーされていることから，この集団的戦力によって攻撃目標の選定状況に変化は生じないことが明示されていたことであった。それは，同戦力の軍事的意義は当初から見出されていなかったことを意味する。実際，この政策メモにおいてソ連の軍事的脅威や，NATO防衛における軍事的効果の分析・評価については全く言及されていなかった。また，このような集団的核戦力の創設が同盟国に与える影響としては，限定された規模の戦略核戦力のコントロールにおける政策協議への関与拡大を求める同盟国の声に応えることになり，欧州防衛に対する米国のコミットメントを印象付ける効果があるとされた。但し，その一方で，それらが既にNATO指揮下に配属されているプラットフォームを柱としているため，その影響は限定的となることが指摘されていた。このように，従来の戦力共有方式案に対する積極的なトーンが影を潜める内容となっていた。

2　政策協議方式案の進展

（1）SPECOM の成果

　1965 年 12 月に暫定的な協議体として発足した SPECOM は，翌年 2 月から各作業グループでの協議を開始していた。インテリジェンス・データ交換に関する第 1 作業グループは，2 月 7 日から 2 日間に亘りパリで会合を開き，国際危機発生時に同盟諸国の首脳が核兵器使用の決定判断に必要となるデータについて協議を行った。(45) コミュニケーションに関する第 2 作業グループも会合を開き，NATO 内のコミュニケーション設備の現状評価及び改善点の把握に向けた聞き取り作業を開始した。(46) その中でも，特に存在感が大きかったのが，核計画に関する第 3 作業グループ（NPWG）であった。

　NPWG の第 1 回会合は，2 月 17 日から 2 日間，ワシントンで開かれた。そこでは，議長を担当したマクナマラから，米国の戦略核戦力に関して，米国の戦略核戦力の態勢及び米国の核能力評価，米ソ間の戦略核戦力バランスやソ連の戦略核ミサイルの配備動向，攻撃目標とその軍事的評価，米国における核攻撃計画，指揮統制システム，戦略核兵器システムのコントロール，について説明が行われた。これらは，従来であれば機微な情報として同盟国にでさえ提供されてこなかった項目であったが，ここで初めて，その詳細が明らかにされたのであった。(47) マクナマラは，このような包括的な説明を通じて，核兵器の管理や攻撃計画の立案作業における複雑さを印象付けると同時に，米国の戦略核戦力がソ連に対抗する上で十分な規模であること，さらに，米国が核計画における同盟国の参画拡大を真剣に求めていることを示すという狙いがあった。(48) 実際，このような米国の姿勢に対する同盟国の反応は良く，ワシントンに集まった各国の国防相達は「このセミナーが非常に情報に富んでおり，以前の幼稚園児相手のようなブリーフィングからの大きな米国の姿勢変化」に気付いたのであった。(49) 但し，フォン・ハッセル西独国防相は，SPECOM のような政策協議方式では，非核保有国の安全保障上の懸念を満たす上では不十分であるとして，戦力共有方式の必要性を指摘し，西ドイツの慎重な姿勢を表していた。(50)

　4 月 28 日，ロンドンで開催された NPWG の第 2 回会合では，米国の戦略

核戦力に関する説明が引き続き行われた上，欧州に配備された戦術核兵器のNATO防衛における役割，核兵器の使用決定に関する手続，といった項目について話し合われた。このロンドン会合では，レムニッツァー（Lyman L. Lemnitzer）将軍，モーラー（Thomas H. Moorer）提督，ヒーリー（Denis W. Healey）英国防相により，英国国防省作戦分析当局が実施した，戦術核を用いた欧州正面における机上演習の結果が示され，欧州地域における戦術核兵器の使用が焦点となった。英国の机上演習では，西ドイツ北部国境付近で200発以上もの戦術核兵器が使用され「西ドイツ領土の半分が破壊され，数百万人のドイツ人が犠牲となる」ことが示され，その結果「当時の戦術核の使用ドクトリンは政治的に受け入れられないばかりか軍事的にも不安定であること」が明らかとなった。

　2日間に亘る協議を経て，同会合は次の点について合意した。第1には，欧州に配備された戦術核戦力の規模は十分である一方，「核兵器の適切なミックス」については，さらに検討を重ねる意義を有することであった。第2には，SACEURの「予定プログラム」は，全面核戦争における戦略核兵器も含む核兵器の使用計画であり，米国の戦略空軍司令部（SAC）との連携が重要であることであった。第3には，ソ連の核能力や運用方法における多くの不確実性を背景に，全面戦争より烈度の低い軍事侵攻に対して核兵器の使用を先行することが純粋にNATOにとって有利となるのかという問題について，事前に評価を行うことが困難であることであった。したがって，そのような事例への対処計画の作成に向けて取り組むことが，核兵器使用に附随する問題の全般的理解を拡大するという観点からも必要であるとされた。最後の点は，全面戦争に至らない軍事衝突における核兵器の選択的使用は，政治的決断の対象とされなければならないこと，さらに，核兵器使用に関する「権限の事前移譲（predelegation）」は政治的に深刻な問題を生むことから，特定の状況及び地域における特別な決定手順については本格的な検討作業が必要であるということであった。

　このような合意に加えて，ロンドン会合のもう1つの成果は，参加国がNPWGにおける検討作業の重要性に鑑みて，核政策を協議する場がNATO内に制度化されるべきという点で意見が一致したことであった。すなわち，核計

画に関する上記のような問題について「最上位の政治・軍事関係者による恒常的な検討機会を提供する機関や確立された手続がない」ことから，パリで行われる第3回会合において，そのような機関や手続を始め核計画プロセスへの非核保有同盟国の深い参画を可能とするような措置について検討することで合意したのであった(56)。但し，フォン・ハッセルは，NPWG において核政策及び戦略概念を明確にする必要性について同意する一方，この枠組みが戦力共有方式の代替案ではないという点を改めて強調したのであった(57)。

ワシントンでは，ロンドン会合と並行するかたちで，NSAM345号の発令やその回答政策メモの策定作業を通じて，常設機関の創設が活発に議論されていた。このような流れを受けて，6月上旬にホワイトハウスで開かれた会合において，ジョンソン政権は SPECOM/NPWG の常設化を目指すことを決定したのであった(58)。そこでは，SPECOM を核問題に関する主要な委員会として NATO 諸国すべてが参加できる常設機関とすることや，SPECOM の下部委員会として，現行の3つの作業グループの替わりに「核計画グループ（NPG）」を単一の常設組織して置くこと，さらに NPG については，米国，英国，西ドイツ，イタリアを常任国として，さらに非常任国1ヶ国を合わせた5ヶ国構成とすることなどが提案されていた。国務省では，常設機関を創設するというこの決定自体に対する反対論はみられなかった。但し，NPG が参加国を限定した組織であることから，同盟全体の結束を弱体化するのではないかという懸念が，欧州局から示されていただけであった(59)。

その後，7月上旬に開かれた戦略検討グループの会合において，常設機関のあり方としては，SPECOM のような上位組織を設ける必要はなく，5ヶ国から構成される核計画グループの創設が望ましいという考えを示していた(60)。マクナマラは，NPWG の有効性を高く評価しており，この枠組みを通じて米国の戦略概念の細部まで同盟国が理解することを期待していたのであった。しかし，それは NSAM345 号の回答となる政策メモと矛盾する上，同盟内に限定的なグループが形成されることに対する NATO 内の支持を獲得することが難しい可能性が高かった。そこで，参加国を限定しない上位組織の創設が必要であるというクリーブランド（Harlan Cleveland）NATO 常駐代表大使の指摘を受けて，マクナマラは，常設機関を「2層構造（"two-layer" organization）」で，6ヶ国か

ら構成される作業グループとすることに同意したのであった。⁽⁶¹⁾

　7月26日，NPWG はパリで第3回会合を開催した。そこでは，ワシントン会合やロンドン会合のような核政策の内容に関する協議ではなく，SPECOM/NPWG を常設機関とすべきかどうかという問題が主要な議題となった。その結果，参加国は NPWG のように，構成国を限定したかたちで，核計画に関する問題を検討・協議する常設機関の創設について実質的に同意したのであった。具体的な組織構造のあり方については，各国国防相の副官から構成される検討委員会を中心に案が作成されることとなった。⁽⁶²⁾

　パリ会合で注目すべきもう1つの展開は，新たに常設機関が創設された場合に，そこでの検討事項として戦力共有方式案も含めるのかどうかという問題について，米国と英国の姿勢に違いがみられたことであった。新設される機関の設立趣意書の内容を巡って，米国は将来的な戦力共有方式案についても検討項目として明記することを求めていたが，英国は本会議の席でその削除を提案したのであった。さらに，興味深いことに，西ドイツも「新設グループでこの件が取り上げられることは会合の議事録によって担保される」ことから，英国の提案に同調する姿勢を示した。結果的に，マクナマラはヒーリーやフォン・ハッセルの意向を受け入れ，米国代表の理解としては，新たな常設機関においても戦力共有方式案について協議することは可能であるという立場を示しながら，この項目を削除することに同意したのであった。⁽⁶³⁾

　9月下旬に予定されていたローマでの NPWG 第4回会合を前に，ジョンソン政権内では，戦略検討グループにおいて，ローマ会合に関する政策方針が協議されていた。そこでの焦点は，NATO 内に核計画に関する常設機関を創設することについて，ローマ会合で他の同盟国に強く同意を求めるかどうかという問題であった。国防省は，同会合で正式合意を目指すべきであり，他の参加国に強く働きかけるべきであると考えていた。その一方，クリーブランドやレディ（John M. Leddy）欧州局長は，どのような組織構造とするのかという新設機関の内容についての合意を求めるべきで，ローマでは，創設の時期も含めて必ずしも最終合意に至る必要はなく，同盟国に圧力をかけるべきではないという意見を有していた。クリーブランドは，西ドイツの態度について，常設機関の創設は戦力共有方式案の代替案としてみなされるという理由から12月の時

点での合意に難色を示すようになった点を指摘し，エアハルト首相によるワシントン訪問の時期が重なるローマ会合において，ボンから創設決定の合意を引き出すのは難しいという観測を示していた。マクノートンは，マクナマラの考えとして，SPECOM が1年に亘る協議を踏まえた成果報告書を NAC に提出する12月には，NATO で SPECOM/NPWG の常設化を正式に決定したいと考えていることを明らかにした。最終的に，国防省は，英国と西ドイツの一部がこの機関を現時点で創設することに対して慎重論を唱えていることに配慮して，米国政府としては，12月に常設組織を創設することを目標とはするが，ローマ会合では創設提案の決定を急がないことで国務省と同意した。⁽⁶⁴⁾

　9月23日に開催されたローマ会合では，12月に SPECOM を経由して NAC に提出される成果報告書案の内容に関して，核計画を協議する構成国を限定した常設機関の創設を前提として，その基本的な組織構造やメンバー選定に関する問題が協議された。⁽⁶⁵⁾ 検討対象となった報告書案では，第1に，核計画を協議する常設機関を創設すべきこと，第2に，①SPECOM の後継機関として参加国を限定しない核防衛問題委員会（NDAC）と，②NDAC の下部組織として実質的な協議を行う，参加国を限定した核計画グループ（NPG）の2つの常設機関を創設することなどが盛り込まれていた。⁽⁶⁶⁾

　ここで問題となったのは，NPG の参加国の数であった。そこでは，機能性の維持という観点からメンバー数を6ヶ国とする意見が多数派を占めていた。トルコは，常任国4ヶ国と非常任国2ヶ国の合計6ヶ国とすることを提案し，その基準としては，①当該国の脅威の高さ及び戦術核への依存度の高さ，②地理的条件の2つを挙げながら，メンバー選定の客観的基準を設ける必要性を説いた。⁽⁶⁷⁾ 英国は NPWG と同じ5ヶ国を理想とするも，参加国を限定することへの反発や政治的現実を考慮してトルコ案に合意する姿勢を明らかにした。但し，7ヶ国以上となるとグループ内の緊密性が薄れるため反対であるとしたのに対して，西ドイツは，常任国を5ヶ国，交代枠としての非常任国2ヶ国の合計7ヶ国構成とすることも検討すべきであると述べた。非常任国の選定基準については，SPECOM 或いは NAC において最終決定されるべきであるとも述べた。米国は当初5ヶ国を理想としていたが，同盟内の他の同盟国が参加する必要性を認識しており，6ヶ国案に同意する用意がある一方，それ以上とすることに

は反対する立場を示した。最終的に，NPG の構成数については，ローマ会合では決定されず，2つの常設機関の創設を提言案として SPECOM に提出することが合意された。

（2）MLF/ANF 構想の事実上の凍結

NSAM345 号以降，SPECOM の制度化というかたちで，政策協議方式案に基づく NATO 核共有制度が進展していた。その一方で，MLF/ANF 構想という戦力共有方式案を巡る動きは，米国政府内においてもみられなくなっていった。ホワイトハウスでは，1966 年7月頃には既に MLF/ANF 構想が具体化する可能性はほぼないという認識が主流となっていた。しかしながら，国務省の MLF/ANF 推進派は，この時期においても事態の巻き返しを目指してホワイトハウスへの働きかけを行っていた。

この状況について，ホワイトハウスのモイヤース報道官は，「国務省の MLF クラブは，……（中略），マギー駐西独米国大使によるとドイツ人自身が望んでいない，或いは実現すると期待していないもの［MLF/ANF 構想］を，ドイツのために実現しようとしているという事実を受け入れようとしない」として，「『第2次世界大戦が終結した後でもグアムに残っていた日本人』のように戦っていることは信じられないが，まさにその様である」という認識をジョンソン大統領に直接吐露していた。しかしながら，このような動きも，8月以降になると急速に停滞し，政策課題として再びホワイトハウスで検討されることはなくなっていった。

このように，MLF/ANF 構想は次第に政策の表舞台から姿を消していったのであった。その要因としては，第1に，西欧同盟諸国の支持を背景に SPECOM/NPWG の制度化が進展し，常設機関創設の気運が大きく高まったことで，同構想に対するジョンソン政権の関心が薄まったことが挙げられる。ワシントンでは，実現可能性の高い政策からその実現に向けた取り組みが先行的に本格化されたのであった。第2には，MLF/ANF 構想の象徴的存在であったボールが1966 年9月末をもって政権を離れたことに加え，欧州局のシャエッツェル（J Robert Schaetzel）も欧州経済共同体（EEC）代表部へと移動し，同構想の「神学者／秘密結社」が実質的に解体されたことも影響が大きかった。そ

して第3には，英国はもとより，西ドイツも以前ほど同構想に対して積極的な姿勢を示さなくなっていた。1966年9月，首脳会談のためにワシントンを訪れていたエアハルトは，国務省でラスクやボールと会談したした際に，MLF/ANF構想を「古い計画（old projects）」の1つという文脈で言及しており，ボールもその表現に異議を唱えることはしなかったのであった。[70]

3　政策協議方式案の制度化

（1）NATO核計画グループの創設

　9月下旬のNPWGローマ会合において，核問題を協議する常設機関を2層構造で創設することが合意されて以降，新設機関の組織的内容に関する具体的な協議がパリやワシントンを中心に進められた。その後，12月14日，翌日から始まるNACに合わせて開催されたNATO防衛計画委員会（DPC）は，核計画及び事前協議に関するSPECOMの提言を承認し，NDACとNPGという2つの常設機関を新たに創設することで合意したのであった[71]。NDACの構成国は，米国，英国，西ドイツ，イタリア，カナダ，オランダ，ベルギー，トルコ，ギリシャ，デンマーク，ノルウェー，ポルトガルの合計12ヶ国で構成されることとなった[72][73]。

　12月19日，新たに発足したNDACは，第1回会合を開き，DPCで合意に至ることのできなかったNPGの参加国について協議を行った[74]。ローマ会合の時点では6ヶ国構成とすることで合意していたが，結果的に，米国，英国，西ドイツ，イタリアの常任国（4ヶ国）及びカナダ，オランダ，ベルギー，トルコ，ギリシャの中から選定される非常任国（3ヶ国）から成る7ヶ国構成とし，非常任国については原則として18ヶ月ごとに交代することを，紳士協定として合意した[75]。その結果，第1期（1967年1月1日～1968年6月30日）のNPG参加国は，常任4ヶ国に加えてカナダ，オランダ，トルコ及びギリシャの非常任国となり，第2期（1968年7月1日～1969年12月31日）のNPG参加国は，常任4ヶ国に加えて，ベルギー，デンマーク，トルコ及びギリシャの非常任国から構成されることとなった。ここでトルコとギリシャについては，9ヶ月ごとに交代することで合意された[76]。

年に2回開催されることになったNPGの各会合では，当初，核政策に関する参加各国政府の理解向上を重要な目的と位置付けていたマクナマラの要望で，各国の国防相が持ち回りで議長を務めることが検討されていた。しかしながら，NPGがNATOの一機関であることを象徴することが重要であるというブロジオ（Manilo Brosio）自身の強い希望を受けて，NATO事務総長がNPG議長を恒常的に務めることとなった[77]。また，会合の席では国防相本人の積極的関与及び率直な意見交換が期待されていたため，協議内容に関する資料は事前配布を原則とすることや詳細な議事録の替わりに合意事項を簡潔にまとめてNDACの全参加国に配布するといった措置が採られていた。本会議における各国の出席者は5名に限定されており，通常は国防相，NATO常駐代表大使，参謀本部議長（各国の該当者），その他2名の政府関係者から構成されていた。また，この本会議を支える体制として，①会合開催の準備作業を担うNPG参加国の常駐代表大使間会合と，②各国のNATO代表部，国防・外務省職員，軍関係者から構成されるNPGスタッフ・グループがあった[78]。

12月20日には常駐代表大使間での第1回会合が開催され，本会合の開催場所や議題として何を取り上げるのかといった問題が協議された[79]。その結果，NPG第1回会合では，①NPWGワシントン会合での協議概要を中心とした米国の戦略核戦力の説明，②戦術核兵器に関する事項，③核兵器に関する配備国と被配備国間の取決めに関する事項，を議題とすることで合意した。

（2）活動を開始するNPG

1967年4月6日から2日間に亘り，NPGの第1回会合がワシントンで開かれた。マクナマラの意向を反映して，会合の出席者数は各国ともに国防相を含めて5名程度に抑えられ，国防相の個人的関与を高めながら実質的な議論の場となるよう配慮されていた[80]。会合では，マクナマラから米国の戦略核戦力に関して，前年のNPWGで示された対ソ戦力バランスと比較しながら説明が行われた[81]。そこでは，ソ連の戦略核戦力の実態について具体的な数量比較や損害限定能力を示しながら，第1撃をすべて受けた場合でも第2撃能力が確保される点を強調し，米国の確証破壊能力——戦略核抑止の信憑性——が十分担保されるという認識が示された[82]。さらに，弾道弾迎撃ミサイル（ABM）システムに

関する研究状況や攻撃的・防御的核兵器についてソ連と軍備管理交渉に臨む意向であることもマクナマラから示された。この他には，ヒーリー英国防相から在欧戦術核兵器に関する問題が論じられ，トパログル（Ahmet Topaloglu）土国防相からは特別原子破壊兵器（ADM）に関する問題が論じられた。また，シュレーダー（Gerhard Schroeder）西独国防相からは核兵器被配備国への「事前協議（consultation）」問題が論じられた。同会合後に発表された共同声明では，「既存の戦略核戦力の規模及びそれらの使用計画が十分要請を満たしていること」，戦術核兵器については配備数については十分であるがその「適切な配置のあり方については検討作業を引き続き実施すること」，ADM の軍事的効果を始め配備のあり方という問題についても，引き続き検討作業を行うことで参加 7 ヶ国が一致したことが示された。

トルコが担当することになった ADM 研究や西ドイツが提起した核兵器の配備受入国との協議体制のあり方については，第 1 回会合が開催される前から，米国政府内でも政策方針を早急に検討する必要性が認識されていた。前者については，当時は在欧米軍には ADM が配備されている一方，同盟国部隊での使用は想定されていなかった。しかし，米国は同兵器の軍事的有効性について西ドイツといくつかの合同研究を数回実施しており，国防省も同様の研究を，ADM 配備の可能性がある他の西欧同盟国と実施することについて大統領から承認されていた。この問題が政治的に機微な問題であった背景には，いくつかの西欧諸国では，ADM は配備国領土内で使用される異なるタイプの核兵器であり，それらが完全に防衛的な兵器であることや軍事的効果を最大化するために有事において即時的に使用される必要があることから，その指揮・統制については他の核兵器とは異なるルールが適用されるべきと考えられていた，という事情があった。領土内に核兵器が貯蔵されている同盟国，核兵器の使用により影響を受ける同盟国の役割に関する問題は，シュレーダー西独国防相からマギー駐西独米大使に対して提案されていた。西ドイツは，米国による核兵器使用に対する拒否権を求めているのではないとしたが，同国領土内で，或いは同国内からの核兵器使用に際して何らかの特別な声を求めていることは明らかである，と国務省は認識していた。

NPG 第 2 回会合は，1967 年 9 月 27 日にアンカラで開催された。そこでは，

第6章　同盟アプローチの完成

戦術核兵器の使用計画が主要な議題として意見が交わされた。マクナマラからは，欧州に配備されている7000発もの戦術核兵器を，具体的にどのように使用すべきなのか，その実践的な戦略・計画を早急に合意する必要がある点が指摘された。そこで，特定地域での明確な作戦計画に基づいた，特定種類の核兵器システムの運用計画を早期に策定するよう強く呼びかけ，体系的な核計画や政策指針を策定するための「NATO核計画システム」を提案した。この問題については西ドイツやトルコ，イタリアが研究を継続しておりその状況についても報告された。本会合では，米国が従来から説明していた政策方針を覆しABM配備を決定した経緯についてマクナマラから説明が行われた他，ヒーリーからはABMを欧州配備した場合における軍事的有効性，指揮・統制に関する問題についての検討結果についても報告された。

（3）焦点となる戦術核兵器の役割

　アンカラ会合以降，NPGにおいて次第に焦点が当てられるようになったのが，戦術核兵器の使用計画に関する問題であった。そこでは，どのような状況で実際に戦術核兵器を使用するのかというタイミングに関する問題については，同盟関係への政治的影響の大きい非常に機微な事項であることや，戦争をいつ始めるのかという国家安全保障における最大の問題を他国との協議対象とするのは適切ではないという米国の意向もあり，NATOではその政策指針が存在していなかった。したがって，それまでのNPGにおいて本格的に検討されることはなかった。しかしながら，参加国の関心の高さを背景に，NPGでは戦域核兵器の軍事的効果やその使用による政治的意味合いについて一連の調査研究を実施することを決定したのであった。

　この過程における画期的な出来事は，1968年10月にボンで開催された第4回会合において，西ドイツと英国が，新防衛戦略として米国から提案されていた柔軟反応戦略における戦術核兵器の使用について，その政策指針に関する研究を共同で実施することになったことであった。その成果は1969年5月に開催されたロンドン会合においてNPG参加国に提示され修正を重ねた後，同年11月に米国ジョージア州ワシントンで開催された第6回会合において「NATOによる核兵器の初期防衛における戦術的使用に関する暫定的政治指

針（Provisional Political Guideline for the Initial Defensive Tactical Use of Nuclear Weapons by NATO：PPGs)」として，採用されたのであった。この英独2国による共同研究の実施は，その提言内容の重要性だけでなく，同盟における核政策に関して西ドイツの地位が高まったことを明示する象徴的な展開であった。

このように，1967年から活動を本格化したNPGの意義としては，部分的ながらも，西ドイツを始めとするNATO内の非核保有国も米国の核政策の形成過程に有機的に参画することができるようになった点が挙げられる。そこでは，マクナマラから示された米国の戦略・戦術核戦力の規模を含め，従来はアクセスできなかった情報が共有されるようになっただけでなく，戦術核兵器の使用問題を焦点として，自国の立場や提案を表明する機会となったのであった。NPGでは，ソ連の戦略核戦力能力が向上する中でどのように拡大抑止の信憑性及び信頼性を維持するのか，どのようなタイミングで核兵器を使用するのかというNATO核問題に対して明確な解答を与えることにはならなかったが，この問題に関する米国と同盟国間の認識，利益の相違点を明確にしながら，多角的協議を継続することでその解決策を模索するという政策協議プロセスを提供するという重要な機能を果たすに至ったのであった。

その結果，西欧同盟諸国の戦術核兵器の使用指針に関する認識にも変化が表れていた。例えば，西ドイツはその抑止効果に期待して，有事の際には早い段階で戦術核兵器を使用すべきであると主張していたが，協議プロセスにおける検討作業を通じて，そのような「デモンストレーション」的な意図が相手に十分に伝わらない可能性や，却って全面的な核戦争へのエスカレーションを招く可能性が明らかになるにつれて，より慎重な姿勢を示すようになっていた。

かくして，1960年代初頭からその適切なあり方を巡って苦悶してきた同盟アプローチは1つの着地点に降り立ったのであった。ジョンソン政権において，西ドイツ核武装問題に関する同盟アプローチが成功する条件として浮かび上がったのは，第1に，拡大抑止の信憑性・信頼性の維持・強化を通じて西ドイツの安全保障上の懸念を払拭すること，第2に，同盟における平等性――既に核保有国であった英国や核兵器開発を推進するフランスと同等の政治的地位――の確保，第3に，核共有制度を通じた西ドイツの「核接近」に対するNATOの他の同盟国の懸念を招かないこと，という3つの条件であった。す

なわち，同盟アプローチの実効性には，米国が受け入れられる範囲で，安全の保証，政治的平等性の確保，同盟全体の合意という，これらの条件を満たす政策措置が求められることとなったのであった。

ジョンソン政権内では，同盟アプローチの目的が，①スプートニク・ショックにより浮上した西ドイツの安全保障上の懸念を払拭すること，②NATO防衛の中核を構成している核問題に関して，同国の正当な役割を認めることでボンに被差別意識を抱かせないこと，であるという点で概ね見方は一致していた。しかしながら，そのような目的をどのように実現すべきなのかという方法論において，意見が分かれていたのであった。

MLF/ANF構想という集団的・戦略核戦力の創設案，すなわち戦力共有方式が実現しなかったのは，マクナマラが指摘していたように，①ソ連及び中国の軍事的脅威に対しては米国が十分な核戦力を保有しており，西ドイツが提案するような戦力共有方式案は軍事的必要性がないこと，②新たな核戦力の攻撃能力は相対的にみて非常に小さなものであり，それ自体では有効な抑止力とはなりえないこと，③米国は拒否権を保持することになるため，西ドイツは現在以上のコントロールを獲得することはないこと，という点が問題なのであった。

実際，公式にはMLF/ANF構想においても米国は拒否権を保持する立場を維持している以上，同構想の軍事的必要性に関する説得力は弱かったのであった。英国との平等性を確保するという点についても，英国が拒否権を放棄する可能性は極めて低かったことから，核保有国である英国との「身分の違い」が解消されることも期待するのは難しかった。さらなる問題は，西ドイツを除き，MLF/ANF構想に対する欧州同盟国の態度は受動的・消極的なものであったことである。一貫して消極的態度を示していた英国だけでなく，1964年10月にはフランスが同構想に反対の態度を明確にした。バンディが指摘したように，同構想は「NATOの主要な同盟国間の相互信頼と結束を維持・強化しながら，独立的な核保有国の数を制限し減少させる」という目的とは異なり，NATOの結束を揺るがしかねない「争いの種」としての側面が，次第に強く認識されるようになったのであった。

但し，同盟アプローチが満たすべき安全の保証という条件は，MLF/ANF構想でなくとも，その達成が難しい問題であった。スプートニク・ショック後

の戦略環境において，拡大抑止の信憑性・信頼性を巡る問題に解決策を見出すことは困難であった．米欧間の地理的条件が変わることがない上，いつ核兵器が使用されるのかという死活的な問題について，その究極的な決定権——核兵器のコントロール——が合衆国大統領の手に委ねられている以上，「どの米国大統領もシカゴとリヨンを交換することはしないであろう」というドゴールの言葉は一定の説得力を有していた．すなわち，NATO核共有制度を通じて，欧州同盟国が抱いていた不安を完全に払拭することは極めて難しかったのであった．

この問題に対しては，NDAC/NPG体制も，MLF/ANF構想と同様に解決策を提示できていたわけではなかった．しかしながら，同体制によって，①以前は全く知らされることのなかった，米ソ間の戦略核戦力バランスの状況を含む米国の核政策に関する情報を得る機会，②戦術核兵器の使用方法や核兵器使用に関する事前協議のあり方，というボンの安全保障にとって極めて重要な問題でありながら，歴史的背景から公然と求めることが政治的に難しい問題を協議する機会を，西ドイツに提供することができたのであった．

すなわち，安全保障上の重要な問題について継続的に協議できる制度を構築したことで，安全に関するボンの不安を緩和することに成功したといえる．この点については，西ドイツを始めとする非核保有国に在欧州米軍核戦力の実態や作戦計画，攻撃目標という非常に機微な情報を提供し，現状のNATO核防衛体制が十分ソ連に対して抑止力を有することを「教育」する必要性を指摘していた，マクナマラの問題意識が結果的に正しかったといえる．さらにNPGでは，西ドイツは核保有国である英国と協同して戦術核使用ドクトリンの検討作業を行う機会を得ることとなった．それは，同盟内の平等性の確保という要請に応えると同時に，核防衛にボンの意向を反映させる機会も提供することとなった．

1966年12月に創設されたNDAC/NPGは，従来の2国間・戦術核戦力の共同運用体制と合わせて，結果的に，NATOにおける同盟アプローチの完成形となったのであった．このような同盟アプローチの完成を受けて，多国間制度アプローチにも，大きな成功の機会が訪れようとしていた．

注

(1) Document 137, "Letter from President de Gaulle to President Johnson", (March 7, 1966), No classification marking, *FRUS, 1964-1968, Volume XIII*, pp. 325-326.

(2) Document 142, "Aide-memoire from the French Government to the U.S. Government", (March 11, 1966), No classification marking, *FRUS, 1964-1968, Volume XIII*, pp. 333-335.

(3) "Chronology on Nuclear Problem", (undated), SECRET, *A Nuclear Role for Germany (2of2)*, Box 28, Papers of Francis M. Bator [FMB], LBJL.

(4) この政策メモは、4月1日付で提出されたが、ジョンソン大統領のコメントを基に構成に修正を加えた後、4月4日に改めて提出された。Memorandum for the President from Bator, "A Nuclear Role for Germany—the Question of Hardware", (April 1, 1966), SECRET, *Nuclear Sharing [1/2]*, Box 29, FMB, LBJL ; Memorandum for the President from Bator, "A Nuclear Role for Germany : What Do the Germans Want ?", (April 4, 1966), SECRET, *NATO Nuclear Problem, MLF/ANF*, Box 28, FMB, LBJL.

(5) Bator, "A Nuclear Role for Germany : What Do the Germans Want ?", (April 4, 1966).

(6) Ibid.

(7) Bator, "A Nuclear Role for Germany : What Do the Germans Want ?", (April 4, 1966).

(8) Ibid.

(9) Ibid.

(10) Ibid.

(11) Ibid.

(12) Ibid.

(13) Ibid.

(14) "A Proposal for Nuclear Consultation", (undated), SECRET, *NATO Nuclear Problem, MLF/ANF*, Box 28, FMB, LBJL ; Bator, "A Nuclear Role for Germany : What Do the Germans Want ?", (April 4, 1966).

(15) 但し④の目的に関しては、政策協議方式はNATO全体の福利厚生という観点から正当化されるべきであり、核不拡散を巡るソ連との交渉打開を全面に出して議論すべきではないとされていた。Bator, "A Nuclear Role for Germany : What Do the Germans Want ?", (April 4, 1966).

(16) Ibid.

⑰ Memorandum for the President, "The Nuclear Problem in NATO", (April 11, 1966), SECRET, *Non-Proliferation Aug 1, 1966 - Sep 27, 1966*, Box 30, FMB, LBJL.
⑱ Ibid.
⑲ Ibid.
⑳ Memorandum to Kitchen from Weiss, "NATO Matters", (January 5, 1966), TOP SECRET, *NATO No. 2*, Box 7, Records relating to Ambassador at Large Llewellyn E. Thompson [LET], NARA ; Memorandum for the Record, "Strategy Discussion Group Meeting - April 11 The Next NATO Special Committee", (April 12, 1966), NH01011, U.S. Nuclear History, NSA ; Memorandum of Conversation, "Strategy Discussion Group Meeting , July 13, 1966", (July 18, 1966), NH01018, U.S. Nuclear History, NSA.
㉑ Memorandum to Kitchen from Weiss, "NATO Matters", (January 5, 1966).
㉒ 確かに，国防省が懸念するような見方を有する国務省官僚もいるかもしれないが，それは国防省が考えるほど広く共有された考え方ではないと認識していた。Memorandum for the Record, "Strategy Discussion Group Meeting - April 11 The Next NATO Special Committee", (April 12, 1966).
㉓ Ibid.
㉔ Memorandum to Johnson from Weiss, "Strategy Discussion Group", (February 8, 1966), SECRET, NH01006, U.S. Nuclear History, NSA.
㉕ Memorandum for the Record, "Strategy Discussion Group Meeting - April 11 The Next NATO Special Committee", (April 12, 1966).
㉖ Ibid.
㉗ 国務省では，SPECOM における議論の方向性について，初期段階として米国の戦略核戦力や NATO 防衛戦略に関する米国の考え方を示すにしても，その後，核計画立案の共同作業や核兵器使用に関する事前協議に関する具体的な取決めに同盟国を引き込むのか，米国政府の立場を明確にしておく必要があるとして，次の3つの取り組みを提案していた。すなわち，①NPWG 内に技術的小委員会を設けることで，これらの問題に対する同盟国の意見を反映する機会を提供すること，②将来的な合同での核計画に参加することを同盟国が望むようであれば，現行の計画立案体制を検討し情報や提言を取りまとめる，③オマハの戦略空軍の戦略計画立案プロセスに同盟国の代表者を参加させる，という案であった。Ibid.
㉘ Telephone Conversation between Rostow and Ball, (April 18, 10 : 30 a.m.1966), *NATO I '65～Aug.3, '66*, Box 5, Papers of George W. Ball [GWB], LBJL.
㉙ Memorandum for the President from Rostow, "Attached NSAM", (April 22,

1966), SECRET, *NATO Nuclear Problem, MLF/ANF*, Box 28, FMB, LBJL; Telephone Conversation between Rostow and Ball, (April 18, 1:15 a.m. 1966), *NATO I '65〜Aug.3, '66*, Box 5, GWB, LBJL; Telephone Conversation between Rostow and Ball, (April 22, 8:45 a.m. 1966), *NATO I '65〜Aug.3, '66*, Box 5, GWB, LBJL.

(30) NSAM No. 345, "Nuclear Planning", (April 22, 1966), SECRET. [http://www.lbjlib.utexas.edu/Johnson/archives.home/NSAMs/nsam345-1.gif]

(31) Ibid.

(32) Telephone Conversation between Rostow and Ball, (April 18, 1:15 a.m. 1966).

(33) Draft Memorandum for the President from Rusk and McNamara, "The Nuclear Problem in NATO", (May 14, 1966), SECRET, *Acheson Memo to the President*, Box 1, Records Related to the Acheson NATO Exercise, NARA. この文書はドラフトであったが，5月下旬にマクナマラ及びラスクの承認を経た後，最終的に6月上旬にホワイトハウスに提出された。

(34) Ibid.

(35) 起草過程におけるマクナマラとアチソンの積極的な関与がその背景にあった。Memo form Kitchen to Johnson, "Your Meeting with Harlan Cleveland on May 31, 1966", (May 27, 1966), SECRET, NH01015, U.S. Nuclear History, NSA.

(36) Ibid.

(37) Ibid.

(38) Ibid.

(39) NATO指揮下に配属されていた戦術核兵器（運搬手段）は，次の通りであった。①戦闘爆撃機約1000機（ドイツのF-104Gは126機，戦闘範囲：800〜2800kmを半径とする領域），②パーシング・ミサイル200基（射程距離：400〜1400km，64基は西ドイツ保有であり，1966年末までに100基となる予定），③米国のメースB・ミサイル18基（射程距離4400〜4800km）。Ibid.

(40) Ibid.

(41) Ibid.

(42) Ibid.

(43) Ibid.

(44) Ibid.

(45) Memorandum to Johnson from Weiss, "Strategy Discussion Group", (February 8, 1966), SECRET, NH01006, U.S. Nuclear History, NSA.

(46) Ibid.

(47) Memorandum to Johnson from Weiss, "Strategy Discussion Group", (February 8, 1966), SECRET, NH01006, U. S. Nuclear History, NSA ; Paul Buteux, *The Politics of Nuclear Consultation in NATO 1965~1980*, (Cambridge University Press, 1983), pp. 50-51 ; Christoph Bluth, *Britain, Germany, and Western Nuclear Strategy*, (Clarendon Press, 1995), pp. 182-183.
(48) Bluth, *Britain, Germany, and Western Nuclear Strategy*, pp. 182-183.
(49) Buteux, *The Politics of Nuclear Consultation*, p. 50.
(50) Ibid.
(51) Minute, "Meeting of Nuclear Planning Working Group NATO Special Committee of Defense Ministers London, 28-29 April 1966", (April 30, 1966), SECRET, NH01013, U. S. Nuclear History, NSA ; Buteux, *The Politics of Nuclear Consultation in NATO 1965~1980*, pp. 51-55 ; Bluth, *Britain, Germany, and Western Nuclear Strategy*, p. 183.
(52) Buteux, *The Politics of Nuclear Consultation*, p. 51.
(53) Incoming Telegram for Secretary Clifford from Cleveland, "The Nuclear Planning Group", (April 11, 1968), SECRET, NH01031, U. S. Nuclear History, NSA ; Buteux, *The Politics of Nuclear Consultation*, p. 51. また，英国の机上演習は，戦術核の初期段階における使用はすべて西ドイツ領土内で行われることを想定していたため，フォン・ハッセルはこの見方に強く抗議していた。Bluth, *Britain, Germany, and Western Nuclear Strategy*, p. 181.
(54) Incoming Telegram for Secretary Clifford from Cleveland, "The Nuclear Planning Group", (April 11, 1968).
(55) Bluth, *Britain, Germany, and Western Nuclear Strategy*, p. 183.
(56) Incoming Telegram for Secretary Clifford from Cleveland, "The Nuclear Planning Group", (April 11, 1968).
(57) Bluth, *Britain, Germany, and Western Nuclear Strategy*, p. 183.
(58) Memorandum From the President's Special Assistant and Deputy Special Assistant for National Security Affairs (Rostow and Bator) to President Johnson, "Agenda for NATO/Europe Meeting at 1 : 00 p.m., Thursday, June 23", (June 22, 1966), CONFIDENTIAL, Document 178, *FRUS, 1964-1968, Volume XIII*, pp. 417-419.
(59) Memorandum to Acheson from Schaetzel, "The Establishment of Permanent McNamara Select Committee", (June 24, 1966), SECRET, *Acheson*, Box 3, Subject Files of J. Robert Schaetzel, 1961-1966, NARA.

⑹ Memorandum of Conversation, "Strategic Discussion Group Meeting, July 13, 1966", (July 18, 1966), SECRET, NH1018, U. S. Nuclear History, NSA.
⑹ Ibid.
⑹ 米国は構成国を NPWG と同様の5ヶ国とすることを主張したが,パリ会合では具体的な決定はなされなかった。Telegram From the Mission to the North Atlantic Treaty Organization and European Regional Organizations to the Department of State, "Nuclear Planning Working Group – July 26 meeting", (July 26, 1966), CONFIDENTIAL, Document 189, *FRUS, 1964-1968, Volume XIII*, pp. 439-440.
⑹ Ibid.
⑹ Memorandum for the Secretary from Johnson, "The NATO Special Committee Action Memorandum", (September 15, 1966), SECRET, *9. 1. 66*, Box 1568, Political & Defense, Central File [CF], NARA.
⑹ Memorandum of Conversation, "Special Committee, Nuclear Planning Working Group", (September 23, 1966), SECRET, NH01019, U. S. Nuclear History, NSA ; Memorandum of Conversation, "Special Committee, Nuclear Planning Working Group", (September 23, 1966), SECRET, NH01020, U. S. Nuclear History, NSA.
⑹ Memorandum of Conversation, "Special Committee, Nuclear Planning Working Group", (September 23, 1966), SECRET, NH01020.
⑹ Memorandum of Conversation, "Special Committee, Nuclear Planning Working Group", (September 23, 1966), SECRET, NH01019.
⑹ Ibid.
⑹ Memorandum for the President from Moyers, (July 29, 1966)), No classification marking, *BDM Memos July 12-Aug 12, 1966*, Box 12, Office of Bill Moyers, LBJL.
⑺ Document 174, "Memorandum of Conversation", (September 25, 1966), SECRET/EXDIS, *FRUS, 1964-1968, Volume XV*, pp. 423-428.
⑺ 1963年に創設され,1966年からは NATO 事務総長を議長として常駐代表級または閣僚級会合があり,同年に軍事機構からの脱退を表明したフランスを除く14ヶ国をメンバーとした,NATO 内の防衛計画に関する意思決定機関であった。Jane E. Stromseth, *The Origins of Flexible Response : NATO's Debate over Strategy in the 1960s*, (The Macmillan Press, 1988), pp. 51-53.
⑺ NATO, Final Communique, (December 15, 1966). [http://www.nato.int/cps/en/natolive/official_texts_26668.htm, last accessed on September 7, 2012]
⑺ フランスに加えて,ルクセンブルク,アイスランドの3ヶ国が参加しなかった。Memorandum for Kohler from Weiss, "NATO Nuclear Planning", (January 10,

1967), SECRET, NH01023, U. S. Nuclear History, NSA.

(74) Buteux, *The Politics of Nuclear Consultation*, p. 59.

(75) Incoming Telegram Paris 16672, "NDAC Meeting December 19", (December 19, 1966), SECRET, *DEF 12, NATO 10. 1. '66*, Box 1586, Political & Defense, 1964-1966, CF, NARA.

(76) この参加国の構成については公表せず，各期が開始する際に NPG の参加国を発表すること，また，第3期以降は，参加国増加の可能性も含めて改めて検討されることで合意された。Ibid.

(77) Incoming Telegram Paris 6870, (September 8, 1966), SECRET, *9.1. '66*, Box 1568, Political & Defense, CF, NARA ; Memorandum for The Secretary from Johnson, "The NATO Special Committee action memorandum", (September 15, 1966) ; Memorandum of Conversation, "Special Committee of Defense Minsters", (November 16, 1966), SECRET, *DEF 12, NATO 10. 1. '66*, Box 1586, Political & Defense, 1964-1966, CF, NARA.

(78) この他，NATO 軍事委員会（MC）の委員長でもある SACEUR 及び大西洋連合軍最高司令官（SACLANT）も出席メンバーであり，各司令部の関係者も必要に応じて NPG スタッフ・グループへも自由に出席し協議を行っていた。Buteux, *The Politics of Nuclear Consultation*, pp. 59-60.

(79) Incoming Telegram Paris 9520, "Nuclear Planning Group", (December 22, 1966), SECRET, *DEF 12, NATO 10. 1. '66*, Box 1586, Political & Defense, 1964-1966, CF, NARA.

(80) 同様の配慮から，会合で米国が報告する内容についても，事前に NATO 常駐代表間でのやり取りを通じて全参加国に伝えられていた。Helga Haftendorn, *NATO and the Nuclear Revolution : A Crisis of Credibility, 1966-1967*, (Clarendon Press, 1996), p. 170.

(81) "Agenda Item I(a) : Review of NPWG Conclusions on Strategic Forces SECDEF Remarks on Strategic Forces", (undated), TOP SECRET, *Nuclear Planning Group-April 1967, O-Ib (1of 3)*, Box 94, Records relating to Defense Program and Operations, 1959-1969, NARA.

(82) 具体的には，①米国の核戦略の取得計画，②複数個別誘導再突入体（MIRV）を搭載した新型のポセイドン・ICBM の配備計画，③ソ連の防空システムの突破能力を向上させるための核弾頭改善措置の実施，④ MIRV 化したミニットマン III・ミサイルの配備割合の増加，⑥新核弾頭・再突入体の開発開始，といった事項についても説明された。Ibid.

(83) Haftendorn, *NATO and the Nuclear Revolution*, p. 169 ; NATO, "Final Communique", (April 6-7, 1967), [http://www.nato.int/cps/en/SID-3B9939F8-09830907/natolive/official_texts_26706.htm].

(84) ADMとは通常よりも爆発規模が小さく（1〜15kt），軽量（100〜200kg）の核兵器であり，トンネル，橋，ダムなどの破壊により敵軍の進軍を妨げる目的で開発され，1964年から在欧米陸軍及び米海兵隊に配備されていた。Norman Polmar and Robert S. Norris, *The U. S. Nuclear Arsenal : A History of Weapons and Delivery Systems Since 1945*, (Naval Institute Press, 2009), p. 50.

(85) NATO, "Final Communique", (April 6-7, 1967).

(86) Memorandum for Kohler from Kitchen, "NATO Nuclear Planning", (January 10, 1967), SECRET, NH01023, U. S. Nuclear History, NSA.

(87) 特にトルコや西ドイツは，ADM兵器の使用権限を事前に軍指揮官（どのレベルかは不明）に移譲しておくよう主張していたが，米国は反対していた。トルコが第1回会合でADM問題の報告を担当することに決まった背景には，同国がこのADM使用権限の事前移譲を最も積極的に求めていたことがあった。Memorandum for Kohler from Kitchen, "NATO Nuclear Planning", (January 10, 1967), SECRET, NH01023, U. S. Nuclear History, NSA.

(88) この問題が複雑であったのは，領土内での，或いは領土からの核兵器使用に関して，当時西ドイツは拒否権を有していなかった一方，英国とイタリアは拒否権を有していたという事実があったからであった。Memorandum for Kohler from Kitchen, "NATO Nuclear Planning", (January 10, 1967), SECRET, NH01023, U. S. Nuclear History, NSA.

(89) Incoming Telegram PARIS 4422, "NATO Nuclear Planning Group : What Happened at Ankara", (September 30, 1967), SECRET, NH01025, U. S. Nuclear History, NSA.

(90) トルコが主導していた南欧地域におけるADM配備に関する検討作業は，核計画の最初の事例として位置付けられていた。Incoming Telegram PARIS 4422, "NATO Nuclear Planning Group : What Happened at Ankara", (September 30, 1967), SECRET, NH01025, U. S. Nuclear History, NSA.

(91) 西ドイツによる同国領土内でのADM使用に関する研究プロジェクト，イタリアを議長国としてトルコやギリシャが参加した地域グループによるNATO南欧地域における核兵器使用に関する研究プロジェクト，オランダによるナイキ核防空ミサイル・システムに関する研究プロジェクトが実施されていた。Ibid.

(92) NATO, "Final Communique", (September 29, 1967), [http://www.nato.int/cps/

en/natolive/official_texts_26694.htm]；Haftendorn, *NATO and the Nuclear Revolution*, p. 170.

(93) 1962年5月のアテネ指針では，米国大統領の使用決定の条件については詳細には示されておらず，同盟国との事前協議についても状況が許す限り実施するという記述にとどまっていた。Haftendorn, *NATO and the Nuclear Revolution*, pp. 170-173.

(94) Incoming Telegram for Secretary Clifford from Cleveland, "The Nuclear Planning Group", (April 11, 1968), SECRET, NH01031, U.S. Nuclear History, NSA；Haftendorn, *NATO and the Nuclear Revolution*, pp. 172-173.

(95) これらの研究は，戦術核兵器の使用や，政治コントロールを失うことなく配備に関する時宜を得た決断を可能とする適切な事前協議の制度化に向けた，総合的な政治指針策定の基礎となった。米国はデモンストレーション目的での配備，西ドイツは戦場での配備，英国は海上での配備，イタリアは防空用の配備を扱った。Ibid.

(96) Buteux, *The Politics of Nuclear Consultation in NATO 1965～1980*, p. 89.

(97) Haftendorn, *NATO and the Nuclear Revolution*, pp. 172-173.

(98) Buteux, *The Politics of Nuclear Consultation in NATO 1965～1980*, pp. 90-91.

(99) Haftendorn, *NATO and the Nuclear Revolution*, pp. 172-173.

(100) Ibid.

(101) Incoming Telegram for Secretary Clifford from Cleveland, "The Nuclear Planning Group", (April 11, 1968), SECRET, NH01031, U.S. Nuclear History, NSA.

第7章
多国間制度アプローチの大きな進展

　1966年，同盟アプローチの完成を受けて，多国間制度アプローチを巡る政策過程も大きな局面を迎えることとなった。それまで膠着状態が続いていたNPT交渉は，ジョンソン政権の政策に変化がみられたことを背景に段階的な進展をみせ，同年12月には，NPTの基本原則となる第1条の文言について暫定的な合意に至った。それ以降，ジョンソン政権は西ドイツを始めとする同盟国との間で，条約草案に関する協議を積極的に進めた。この協議が奏功し，第1条及び第2条を始めとする基本的な条文案がNATO諸国に受け入れられることとなった。1967年8月，これを踏まえ米ソ両国は同一のNPT草案をENDCに提出し，NPTの第1条及び第2条が確定された。

　本章では，なぜこの時期にジョンソン政権のNPT交渉に対する姿勢が変化したのか，対ソ交渉の進展はNATO核共有制度に関する米国の妥協により可能となったのか，西ドイツを始めとする同盟国との協議はどのように展開したのかという問題に焦点を当てながら，NPTの成立というかたちで多国間制度アプローチが大きく進展する過程を考察する。

1　NPT成立に向けた取り組みの本格化

(1) パストーレ決議案の可決

　核不拡散条約の早期成立を求める動きは，米国連邦議会から始まった。1966年5月17日，上院は核兵器の不拡散に関する決議第179号を84対0の圧倒的な賛成多数で可決した。同決議は，核兵器の世界的な拡散が米国だけでなく「すべての国々の安全と平和にとって深刻な脅威」であると位置付け，ジョンソン大統領に「核兵器の拡散を制限する国際協定の交渉に向け，早期かつ本格的に取り組むこと」を要請していた。さらに，「大統領による適切で不可欠の

追加的な取り組みの指針を支持する」という立場が示されていた。同決議案は，1月18日に上下両院合同原子力委員会（JCAE）のパストーレ（John O. Pastore）副委員長から提出されたことから，パストーレ決議案と通称されており，NPTの早期締結を求める連邦議会からジョンソン政権への明確なシグナルとなった。

ジョンソン政権では，決議案として上院に提出された当初から，パストーレ決議を巡る議会の動向が注目されていた。当時，国務省の政策企画室長であったロストウは，同決議案に関してJCAEで開かれる公聴会が，核不拡散政策のあり方に関する政権側の考え方を示す良い機会を提供することになると，連邦議会における一連の動きを肯定的に評価していた。それは，上院議員の多くが「NPTにより核拡散問題がすべて解決されると考えている」ため，「この条約の成立に向けた取り組みが米国の核不拡散政策の最重要課題であるべきと結論付けている」ことに不安を感じていたからであった。このような議会の考え方は，NPT交渉における米国の譲歩を求める動きや，ジョンソン政権が核不拡散に向けて十分に取り組んでいないという批判へと繋がるおそれがあった。

ロストウは，2月下旬に上院外交委員会の公聴会に出席するラスクに対して，核不拡散を目指す上では，国際原子力機関（IAEA）の保障措置の強化策や核武装が懸念される対象国ごとに効果的な代替案を提示・追求していくといった，NPT以外の核不拡散措置も並行的に実施する「バランスのとれたアプローチ」を採る必要があることを主張するよう提案していた。特に，NATO核共有制度に関する取り組みを犠牲とすべきではないことを強調していた。

2月23日，ラスク及びフォスターは公聴会に出席し，ジョンソン政権の核不拡散に向けた取り組みについて証言を行った。そこでは，政権が核不拡散を重視する立場からNPT交渉を含め様々な取り組みを行っていることが説明された。そこでは，NATO核共有制度と核拡散の防止とは対立関係にあるのではなく，むしろ核共有制度は「同盟国の安全保障上の懸念に応え，独自核の取得を阻止」しているのであり，NPTを補完している点が強調された。その後，3月上旬にはマクナマラやシーボーグ（Glenn T. Seaborg）委員長が公聴会での証言を行った。これらの公聴会を通じて，核兵器の厳格なコントロールを規定した米原子力法の修正に議会が応じる可能性がほとんどないことも明らかとな

第7章　多国間制度アプローチの大きな進展

った。

　その後，5月にパストーレ決議が可決されると，ホワイトハウスは国務省に対して対応方針を検討するよう指示した。国務省は，同決議が議会内で広く支持されていること，その内容はジョンソン政権のこれまでの取り組みに対する批判ではなく，むしろ肯定的に評価していることを踏まえ，ジョンソン大統領からパストーレ議員宛に書簡を送るよう提言した。6月19日，ジョンソン大統領はパストーレ議員宛の書簡を通じて，同決議への賛成と感謝の意を示し，NPTの早期締結に向けた新たな取り組みを開始するようフォスターACDA長官に指示したことを伝えた。

　ロストウが感じていたように，連邦議会ではNPT締結を重視する意見が主流であり，条約交渉の進展を妨げているとしてMLF/ANF構想に対して批判的な声が少なくなかった。この点に関して，パストーレ決議はジョンソン政権のNATOに対する取り組みを批判することなく，追加的な核不拡散への取り組みを促すというかたちであったため，政権側にも受け入れやすいものであった。

　この背景には，パストーレ決議案の作成過程にACDAが関与していたことが大きな要因としてあった。決議案の文言自体はJCAEスタッフにより作成されたものの，米国内でNPTに対する支持拡大を目指して連邦議会決議を採択するという考えは，NSAM335号に対する回答メモにおいてACDAから示されていた選択肢であった。その意味では，同決議はNPT早期締結を求める連邦議会の姿勢を明確にしただけでなく，多国間制度アプローチの進展を目指すグループの成果でもあった。

　実際この時期には，核不拡散に対するジョンソン大統領の関心を高めるために，フィッシャー（Adrian Fisher）ACDA副長官を中心としたNPT推進派による「ロビー活動」が活発になっていた。フィッシャーは，ギルパトリック委員会の運営スタッフの責任者を務めたキーニー（Spurgeon Keeny）国家安全保障会議スタッフを通じて，モイヤース（Bill Moyers）大統領補佐官への働きかけを積極的に行っていた。この活動はホワイトハウスだけでなく，国防省に対しても及んでおり，マクナマラ国防長官と近い関係にあるマクノートン（John McNaughton）国防次官補（国際安全保障問題担当）が同省における核不拡

散問題に関する「特使」としての役割を果たしていた。ジョンソン大統領は軍縮・軍備管理問題にケネディ大統領ほど高い関心を持っておらず、フォスターがホワイトハウスの執務室で直接説明を行う機会はほとんどなかった。その上、この時期はベトナム戦争が激化の一途を辿っており、大統領へのアクセスは一段と困難になっていた。さらに、4月から新たに大統領特別補佐官(国家安全保障問題担当)としてホワイトハウス入りしたロストウは、NATO核共有制度を重視する立場からソ連とのNPT交渉に消極的な姿勢をとっていた。したがって、軍縮・軍備管理政策の重要性を理解するモイヤースやキーニーのようなホワイトハウス・スタッフの存在は、NPT推進派にとって貴重な政策チャンネルであり、その後のNPT交渉を巡る政策過程にも影響を与えたのであった。

(2)インド核問題の浮上と新たなNPT草案の作成

NPTの早期成立を求める動きは、連邦議会からだけでなく、ジョンソン政権の中からも生じていた。その発端は、1966年5月9日に中国が3回目の核実験を実施したことであった。この実験は中国の核兵器能力が着実に向上していることを示すものであったが、ジョンソン政権がそれ以上に危惧したのは、核兵器開発を巡るインドの意思決定に与える影響であった。6月上旬、ジョンソン大統領は「インド核兵器問題」と題されるNSAM351号を承認し、国務省を中心にインド核問題への対応策を検討するよう指示したのであった。このようなインド核武装への懸念の高まりを背景に、世界的な核拡散を防止するためにはNPTが必要不可欠であるという認識が、ジョンソン政権内で次第に拡大することとなった。

その急先鋒となったのが、マクナマラであった。6月上旬、ラスクに対して「インドにおける拡散圧力の高まりを踏まえ、米国は核不拡散条約に関する立場を見直すべき」であり、NPT交渉の進展に向けて新たな条文草案の作成を求めたのであった。マクナマラは、MLF/ANF構想は政治的な要請から生まれたものであり、軍事的観点からすれば必ずしも必要な核共有制度とみなしていたわけではなかった。したがって、ソ連側が2国間枠組みで運用されている現行のNATO核共有制度や、国防相特別委員会(SPECOM)のような政策協議制度を受け入れるのであれば合意できる可能性は十分あり、NPTの成立が

第7章　多国間制度アプローチの大きな進展

「核拡散に歯止めをかける上で大きな進展」となると考えていた。実際,マクナマラがラスクに示した条文草案は,MLF 構想だけでなく ANF 構想も禁止される文言となっていた。

マクナマラの判断の背景には,NPT 交渉の見通しに関するフォスターの分析が影響していた。5月25日,ACDA はラスク宛に作成されたメモにおいて,ENDC での交渉を総括しながら,NPT に関するソ連の主張に変化が見られることを指摘し,新たな文言の検討を強く促していた。そこで指摘されていたの

マクナマラ国防長官（左）とラスク国務長官（右）
（出所：LBJ Library photo by Yoichi Okamoto）

は,ソ連側は NATO 核共有の形態について MLF/ANF 構想に反対する姿勢は一貫しているが,米国がそのような戦力共有方式案を公式に放棄するとは考えておらず,むしろ同構想は実質的に「死んだのも同然である（"dead" anyway）」とみなしているという変化であった。

その一方で,マクナマラ委員会の後継として同年2月から開始された SPECOM のような政策協議方式案が将来的に戦力共有方式案の実現化に向けた布石とならないこと,さらに政策協議方式案への参加国が核兵器配備を決定する実質的な権限を獲得しないことを「何らかのかたちで保証してほしいと考えているようである」と報告していた。したがって,フォスターは,ソ連側の意図については慎重に判断すべきではあるが,NATO の戦力共有方式案を「明示的に許容も禁止もしない」文言を盛り込んだ NPT 草案の可能性について,真剣に検討すべきであると提言していた。この NPT 交渉の進展を促すフォスターのメモは,ラスクだけでなくマクナマラにも届けられていたのであった。

マクナマラの提案を背景に,ジョンソン政権では新たな草案の検討作業が開始された。6月23日,ラスクは高官委員会において新たな条文草案を提示し,関係省庁からの意見を求めた。ここで示されたラスク案は,6月中旬に開かれ

231

た長官委員会での議論に基づいて ACDA が作成したものであり,その大きな特徴は,核兵器への「物理的アクセス（physical access）」を核保有国から非核保有国に提供することを禁止している点であった。ところが,まさにこの文言を問題視する意見が各省庁から寄せられた。共通して指摘されていたのは,核備蓄制度の運用状況に照らし合わせると,2国間協定に基づいた現行の核共有制度が物理的アクセスの提供に含まれる可能性が高いということであった。

国務省欧州局は,在欧配備のナイキ・ミサイル防空システムでは,米軍の核弾頭を搭載した同盟国所有のミサイルがその所有国の軍部隊により運用されている例や,緊急発進待機（QRA）にある同盟国の航空機が米軍の核爆弾を搭載している例,機動作戦において米軍の核兵器（核弾頭,核砲弾）の運搬任務を同盟国部隊が担う例などを挙げ,これらが物理的アクセスの提供に含まれるおそれがあると説明していた。ACDA も同様の見解を示しており,核兵器及びそのコントロールの移譲を禁止するという,前年に ENDC で提示した米国草案が採用した文言を代替案としてラスクに提案していた。米原子力委員会（AEC）からは,物理的アクセスの提供禁止という規定が,現行の NATO 核共有制度と抵触するおそれがあるため,それが具体的にどのような行為を意味しているのか政府内で見解を統一する必要性があるという意見が示されていた。

米統合参謀本部（JCS）も,ラスク案では,NATO における現行のすべての核共有制度が禁止される可能性があると指摘し,核兵器使用の決定権限・能力という核兵器コントロールの移譲を禁止する文言への変更を提案していた。JCS は,米国は核不拡散政策を継続すべきと考えており,NPT 自体も主要な政策手段として肯定的に捉えていた。ただし,「米国の抑止力の信憑性の低下というリスクを生むような条約は締結されるべきではない」という立場を明示しており,現行の核備蓄制度や,SPECOM のような核政策協議制度の存続が否定されないことが重要な条件であった。その一方で,マクナマラと同様に,MLF/ANF のような新たな核共有制度を NATO 内に設ける必要はないと結論付けていた。このような認識は,NATO 核共有制度と NPT の両立という連立方程式の解としてバンディが確信するに至った条件——ソ連が核備蓄制度と核政策協議制度を容認すること——と一致する立場であった。

このような中,7月5日に行われた記者会見において,ジョンソン大統領は

第7章 多国間制度アプローチの大きな進展

「そのような条約［NPT］の合意に向けてあらゆる努力」を行っており，「両国が賛成できるよう，条文の文言について受け入れられる妥協を見出すことができることを希望する」と発言した(28)。ジョンソン大統領の意思決定スタイルに鑑みれば，このようなかたちで明確に政策方針を示すことは，NPT成立の優先順位が高まったことを表していた。それは，政権内の政策担当者に対する重要なシグナルとなった。7月20日には，フォスターらACDA担当者に対して，ジョンソン大統領は「ソ連との妥協に向けた基盤を見出すことができるかどうか，新たに見直す必要がある」と述べ，政策案の検討を指示していた(29)。

このように，NPT交渉の前進に向けたジョンソン政権内の取り組みが本格化していたが，実際にソ連との交渉がうまくいくかは不透明であった。ACDAの認識では，ソ連は，欧州以外の地域における核拡散の脅威に対して米国ほど緊迫感を有しておらず，「NATO核共有制度について決定がなされるまで待つだけで満足している」のであった(30)。現在提示されているソ連草案は，NATOにおける核共有を不可能とするものであり，ソ連側にそのような立場を変化・軟化させようという兆候は全くみられないと分析していた(31)。

米国としては，NATO核共有制度のあり方について同盟国と協議を進めている最中であり，将来の選択肢を制限するようないかなる文言も受け入れることはできない立場であった。したがって，現状のままではNPT交渉の膠着状態は今後も継続され，「ソ連と合意に達する見込みは全くない」のであった(32)。但し，実際には交渉進展の可能性がまったくないわけではなかった。MLF/ANFのような集団的な核共有制度については，ソ連は公式なかたちでに放棄することを求めているのではなく，それらが実現されないという実質的な保証を重視しているようであった。さらに，SPECOMについては，それが具体的にどのような役割を果たすものなのか判断を保留している段階であるが，最終的にソ連側は容認すると分析していた。したがって，ACDAは，両国が合意する基本的な禁止事項にできる限り限定した条文草案とすることでソ連側の反応をみることをラスクに提案していた(33)。

2　慎重に進められる対ソ交渉

（1）ENDC における米ソ議長間交渉

　7月28日，ラスクはホワイトハウスや国防省の了解を受けることなく，ENDCのためにジュネーブに滞在しているフィッシャーのもとに，ソ連代表のロシチン（Alexei A. Roshchin）と非公式の2国間協議を始めるよう新たな条文案を載せた訓令を送った。ラスクにとってこの協議は，ソ連側が本気でNPT成立を望んでいるのか，それともあくまでNATOの核防衛体制を批判する手段として利用しようとしているのか，モスクワの真意を確かめる機会としての側面が強かった。ジョンソン政権にとっても，そしてラスク自身にとって，この時点で重要なのはソ連の真意を確かめることであった。[34]

　ソ連との交渉は，米国の提案が相手のプロパガンダに利用されるリスクを伴う。NPT成立のために米国が妥協しようとしている，同盟国よりもソ連との合意を優先させようとしている，このような宣伝は流布されるだけで大きな政治的ダメージとなることは必至であった。ましてやこの時期，第3回目のSPECOMがパリで開催されたばかりであり，同盟国に間違った印象を与えることのないように，慎重に交渉を進める必要があった。そこでラスクは，この協議を，「個人的見解」に基づいた両議長間の意見交換というかたちで進めるよう指示した。個人的な意見交換ということであれば，そこで交わされる内容が公にされた場合でも，政治的リスクを低く抑えられる。同時に，自国政府の立場に拘束されないより自由な議論を交わす中で，フィッシャーだけでなくロシチンも，互いの本音を把握できる可能性が高まるのであった。

　8月1日，フィッシャーがロシチンに渡した草案は，非核兵器国に対して核兵器及びそのコントロールを移譲することを禁止することに限定した文言であり，米国がENDCに提示していた草案に含まれていた，軍事同盟に対する間接的な移譲の禁止については省かれていた。フィッシャー提示案では，MLF/ANF構想だけでなく「欧州オプション」の可能性も残される文言であり，ソ連の反発が容易に想像できるものであった。ラスクが確認したかったのは，ソ連側が「移譲の禁止」という文言をどれだけ重視しているのかという点

であった。それは，禁止される行為として米原子力法が用いている文言であり，ジョンソン政権が受け入れられる最も妥当な核拡散行為の定義であった。それまで多用していた核兵器への「アクセス」ではなく，移譲という文言をソ連が受け入れることは，今後の交渉を進める上で重要な前提であった。

　フィッシャーからの個人提案をみせられたロシチンは，同案では同盟を通じた間接的な移譲について言及が欠けている点を指摘しながら，MLF 構想との関係が不明であると述べるに止まった。ENDC ソ連代表団の一員であったチェプロフ（I. I. Cheprov）は，8月1日の協議後，フィッシャー提案はそのままでは受け入れられないが，1966年3月に ENDC に提出された米国条約草案の第1条における「第3国或いは国家連合を通した直接又は間接」の核兵器移譲を禁止する文言を追加することが不可欠であり，「それにより状況が大きく変わることになる」と告げていた。さらに，グロムイコ（Andrei A. Gromyko）外相自身が NPT 締結に強い関心を持っていることや，同外相も含めた政府高官の参加が予定される翌月の国連総会が米ソ交渉の次の局面と成り得ると伝え，ソ連側も米国との継続的な協議に価値を見出しているようであった。

　ロシチンは，8月8日に再び開かれた協議において，交渉の進展を目指す米国の姿勢を評価するものの，フィッシャー案はソ連にとって「十分ではない」と答えた。ソ連の立場では，「軍事同盟を経由した間接的な核拡散の防止」という問題が NPT 交渉の最大の焦点であるのにもかかわらず，フィッシャー案ではこの問題を規定する文言が盛り込まれていない点に強い不満を示した。ロシチンは「この文言をソ連側の認識に近づけるためには，このような間接的な［核兵器の］移譲についても言及することが必要である」と述べ，ソ連側の条件を明らかにした。

　その後，8月25日に ENDC が閉会したことに伴い，NPT 条文を巡るフィッシャー＝ロシチン交渉も具体的な合意案を作成することなく幕を閉じることとなった。しかしながら，この交渉を通じて，ACDA はそう遠くない将来にソ連側と合意できる可能性があると，強い確信を抱くようになっていた。

（2）国連における米ソ交渉の再開

　9月22日，ラスクは第21回国連総会に出席するためにニューヨークを訪れ

ていたグロムイコソ連外相と会談し，NPT についても意見を交わした。ラスクの提案により，同会談に同席していたフォスターとロシチンを中心に条文草案の作成に向けて協議を行うことで一致した。[40]この合意を受けて，米国側はフォスター，デパルマ（Samuel De Palma）ACDA 国際関係局・副局長補，バン（George Bunn）ACDA 法律顧問，ソ連側はロシチン，メンデレヴィッチ（Lev I. Mendelevitch），ティメルバーエフ（Roland Timerbaev），アンチアソフ（M. V. Antiasov）が参加するかたちで，米ソ協議が再開された。[41]

今回の協議は，後に両国政府内で検討されることを前提として，核兵器国の義務を規定する第1条の文言について，担当者レベルでの素案を作成するという具体的な目的の下で始まった。ただし，両外相の夕食会が予定されている9月24日までの2日間という，非常に限られた時間の中で行われることとなった。[42]23日，国連ビルの米国代表部で開かれた最初の協議では，非核保有国に対する核拡散行為として禁止されるべき核兵器の移譲やアクセスという文言には，どのような行為が含まれるのかという点が焦点となった。米国は核弾頭を搭載していない運搬手段を同盟国が保有することは「移譲やアクセス」に含まれないという立場であったが，それはアクセスという文言に含まれると主張するソ連との間で，解釈の違いが浮き彫りとなった。

翌24日，ソ連代表部で行われた午前中の協議では，ソ連側の主張で受け入れられるものを反映させた第1条案がフォスターから提示された。[43]このフォスター案を修正するかたちで，ラスクやグロムイコに提示する第1条の素案が作成された。この文言は，核拡散行為として禁止されるモノ，行為，対象主体，形態を示すかたちで構成されていた。すなわち，核兵器や核爆発装置それ自体やそれらのコントロールを，非核保有国や軍事同盟，国家グループに直接か或いは間接に移譲する行為を核拡散行為として禁止するという文言であった。さらに，非核保有国がそのような行為をとることを支援しないという義務についても盛り込まれていた。

ところが，同じ日の夕方に開かれた協議において，この素案の修正を求める声が米国側から示された。米国が難色を示したのは，移譲が禁止される対象主体として軍事同盟や国家グループが明示されている点であった。それは法的な問題ではなく，政治的な問題が理由であった。フォスターは，暫定案で禁止さ

れる行為が「米国の原子力法で既に禁止されている」としながらも，「このような表現では，我々がこれまで西ドイツ政府と協議してきた問題に関する議論を明確に除外する」ものとなってしまい，エアハルト政権の国内的な評価を下げてしまうため，政治的に好ましくないと説明した。これを受けて，対象主体を明示しない「いかなる者に対しても（any recipient whatsoever）」という表現を用いた文言も代替案の1つとしてラスクやグロムイコに提示することになった。[44]

　それから数時間後，ラスクとグロムイコが出席する夕食会は予定通り行われた。[45] ラスクは，フォスターやロシチン達の担当者間協議を振り返りながら，最終合意に至るには，同盟国との協議及び文言に対する同意が必要であることを強調した。グロムイコは，ソ連側はNPTとの関係で核政策協議制度の問題を提起していない点を指摘しながら，条約では，どのような行為が可能なのかという問題ではなく，禁止される行為だけに限定した文言とすることを提案した。そして，ソ連側の大きな懸念事項は，核兵器へのアクセスを国家連合或いは同盟の加盟国という立場において与える事例であり，このような「核兵器へのアクセス」の移譲も禁止するような文言を見出すことが必要であると主張した。これに対してラスクは，核兵器自体の移譲を禁止することについては互いに認識が一致していると指摘し，問題は，この認識の一致を表現する正しい文言を見出すことであると返した。当初の予定ではこの日が暫定案をまとめる期限であったが，数日間延長して協議を行うことが合意された。

　国連での米ソ協議は，9月27日に再開された。冒頭でロシチンは，「核兵器及び核爆発装置が直接的或いは間接的に核保有国から軍事同盟或いは国家連合に移譲されることを防止するのか」という問題を解決する文言を見出すことが必要であると述べ，ソ連側にとっての懸念事項を示した。[46] その中でもソ連側が強い懸念を示したのは，同盟に対して核兵器などが移譲されることにより「同盟の構成国が核兵器の共同の所有者，共同の参加者，共同管理者」となる事態であった。それはまさに，MLF構想において想定されていた核共有制度であった。

　フォスターは，米国の原子力法が「核兵器自体，その所有権或いは物理的なコントロールの移譲も禁止している」と説明し，①国家に対する直接の移譲，

②軍事同盟又は国家グループを通じた間接的な国家への移譲，③同盟または国家グループに対する移譲，というソ連側の懸念する3つの事例すべてが禁止されることになると論じた。ロシチンやメンデレヴィッチは，国際法とは異なり国内法は一方的に変えられる点を指摘しながら，「いかにしてこの集団的な核兵器の流出（dissemination）」を防止するのかという問題が現時点でソ連の大きな関心事であると納得しなかった。その後の協議において，両国は「個別的または集団的（individually or collectively）」という文言を追加することで合意し，交渉担当レベルでの米ソ暫定案が作成されたのであった。ジュネーブでの個人提案交渉から2ヶ月という短期間で，NPT交渉は重要な局面に到達したのであった。

（3）担当レベルでの暫定合意案

暫定合意案は，核保有国と非核保有国の不拡散に関する義務を規定した第1条及び第2条の文言であった。そこでは，核拡散行為として大きく2つの行為が禁止されていた。1つには，「核兵器またはその他の核爆発物」またはそれらの「コントロール」を，8月の交渉でソ連側が求めていたように「直接的または間接的（directly or indirectly）」なかたちで非核保有国に対して移譲することであった。もう1つは，核兵器またはその他の核爆発物の製造や，それらのコントロールの取得に繋がるすべての「支援，奨励，勧誘」を禁止していた。

この暫定案は，NATO核共有制度にどのような影響を与えるものであったのであろうか。9月30日，フィッシャーはジョンソン大統領への報告書の中で，具体的な関係について説明した。重要な前提として指摘されていたのは，暫定案で定められた禁止事項は米原子力法の下で定められていた禁止事項と同じであるということであった。現行のNATO核共有制度は，米原子力法に抵触しないかたちで形成されてきたことから，この暫定案によって現行の核共有制度が新たに制限を受けることはないということであった。それは西ドイツを始めとする同盟国に対して，米国が必要以上に妥協してはいない，同盟国の利益を犠牲にしてまでソ連と合意しようとしてはいないことを示す重要な前提であった。

ニューヨークでの協議において現行制度の是非が議論されることはなかった

が，米国は同制度を禁止するいかなる文言にも合意できないという立場を強く主張していた。さらに，ソ連側は当初主張していた「アクセス」という文言を途中から求めなくなったことから，モスクワも現在の核共有制度を受け入れる用意ができていると分析されていた。実際，フォスターの認識では，NATO核共有制度の概要は「既に公のものとなっている」のであり，ソ連側も「その実態を把握していることを示していた」のであった。したがって，暫定案にソ連側が同意したということは，モスクワは現行制度を事実上容認していることを示しているのであった。また，暫定案は米ソ協議中に合意された「禁止される行為だけを拘束する」という原則に基づいて構成されており，SPECOMのような核政策の協議制度については，それが核兵器やコントロールの移譲という禁止行為に含まれないことから，論理的帰結として，禁止されることはないと説明されていた。

ここでの問題は，MLF/ANF構想のような集団的な核戦力構想や，「欧州条項／欧州オプション」として認識されていた，将来的に欧州が政治統合を果たした際にMLF/ANF構想が欧州統合核戦力となる可能性が，暫定案の文言によりどのような影響を受けるのかということであった。この点に関して鍵となるのは，核兵器の「所有権の移譲」が禁止されるかどうかという問題であった。

フィッシャーの説明では，暫定案では非核保有国が参加する国家グループに対して核兵器の所有権を移譲することは禁止されていた。MLF構想では，ポラリス・ミサイルだけでなく，それらに搭載する核弾頭についても参加国が共同で調達することが想定されていた。したがって，暫定案の文言では「現在想定されている形態でのMLFは，禁止される」ことが指摘されていた。その一方，核弾頭は現在の核備蓄制度のように米国が管理し，運搬手段を共同調達する形態をとる集団的な核戦力については，核兵器の移譲或いはコントロールの移譲を伴わないものであるため，論理的には禁止されないと説明されていた。この解釈により，核弾頭の所有権やコントロールは米国或いは英国が排他的に保有し，その運搬手段を参加国と共同調達することが想定されるANF構想は，禁止されないのであった。ただし，実際にそのような核戦力を創設しようとした場合，ソ連が「条約の目的と矛盾するものとみなし，条約脱退の原因となる」可能性が指摘されていた。

欧州条項／欧州オプションについては，作業グループ草案において容認される形態と禁止される形態の2つの事例を検討していた。そもそもこの欧州条項／欧州オプションとは，欧州が完全に政治統合を果たした際に米国の拒否権の及ばない独自の核戦力を保有することが可能となるという欧州の期待感が根底にあり，MLF構想の提案を契機に欧州諸国の一部の関心を呼んでいると説明されていた。この草案において許容される前者の形態とは，欧州が単一の新たな国家的主体として十分な統合が達成された際に，英国やフランスが保有する独立的な核戦力及び核兵器国としての法的地位を「継承」する場合であった。すなわち，この新たな欧州連邦は，その構成要素となった元核保有国が有していた「核兵器国」というNPT上の地位を継承することになるが，そこではいかなる核兵器も非核兵器国に対して移譲されていない。したがって，米国の拒否権の及ばない核戦力を統合された欧州連邦が保有することは禁止されないのであった(52)。

　もう一方の形態は，欧州諸国が，各国の軍事組織を保持した状態で防衛政策問題について形成された共同体が核戦力を保有するという選択肢であった。この場合は，それは欧州連邦の創設には程遠い状態であり，その共同体は「核兵器国という地位」を継承したとはみなされない，非核保有国が参加する国家グループとなる。したがって，そのような共同体に対する核兵器の移譲は本草案の第1条によって禁止される，という解釈であった(53)。

（4）ジョンソン大統領の反応

　1966年9月に交渉担当者レベルで暫定的に合意されたNPT草案は，将来的なNATO核共有制度の可能性に一定の制限を設けるものであった。すなわち，現行制度や核政策協議制度は認められるものの，MLF構想の実現は禁止され，欧州核戦力については，英仏の核兵器を「継承」する場合のみ合法となる，というものであった。しかし，米国が保有する核兵器，或いは英・仏と共同で調達する核兵器（核弾頭・核砲弾・核爆弾など）がこの核戦力に含まれる場合は，禁止されるのであった。したがって，MLF/ANF構想の発展した形態として想定されていた欧州核戦力は実現できないということであった。

　暫定案を受け取ったジョンソン大統領は，ラスクやマクナマラ，ロストウと

第7章　多国間制度アプローチの大きな進展

ラスク国務長官（左），ジョンソン大統領（中央），モイヤーズ大統領補佐官（右）
（出所：LBJ Library photo by Yoichi Okamoto）

いった「側近」達をワシントン近郊のキャンプ・デービッドに集め，NPTを巡る今後の対ソ交渉について話し合った。10月1日から2日間に亘り行われたこのキャンプ・デービッド会合には，カッツェンバック司法長官，ロストウ（Eugene Rostow）国務次官（政治問題担当），ゴールドバーグ（Arthur Goldberg）米国連大使，コーラー（Foy Kohler）駐ソ米国大使が参加した。[54]

側近達との会話を通じて，ジョンソン大統領はソ連の本心に関する自らの確信を再び強めた。モスクワは，核不拡散に取り組む意思はあるようであるが，基本的には，NPT交渉を利用して米国と西ドイツ，NATO同盟国との関係を拗らせようとしている。ドイツ人に対する不信感は非常に根深く，ボンが核兵器のコントロールを握る可能性をすべて排除すること，その確実な保証を求めている。[55]ソ連との交渉では，西ドイツやNATOの信頼できる代理人として，米国の責務が常に問われていた。

この年の初めには全く予期できていないことであったが，この時点で，担当者レベルとはいいながらも，ソ連側との暫定案が形成されるほどNPT交渉は進展していた。この状況をどのように評価するのか，同盟国との関係にどのような影響を及ぼすのか，合意目前にある同交渉をすぐに進めるべきという積極

推進論や，合意をあせらず同盟国との協議を十分に重ねるべきという慎重論まで，今後の交渉方針を巡る政府内の様々な意見が大統領の前に示された。

　その中でも，西ドイツ政府を始めとする同盟関係を犠牲にするようなことはできない，というラスクの慎重論は大統領に大きく響いていた。ジョンソン大統領はこの意見に強く賛成しながら，「大西洋同盟がないかのごとく米国に行動することを強いるような，条約上の義務を約束することはできない」として，米ソの担当レベルで合意された暫定案を承認しなかった[56]。やはり，懸案であったMLF構想を禁止すると同時に，欧州オプションを大きく制限する文言は，西ドイツとの関係を考えると，ジョンソン大統領には受け入れられないのであった[57]。

　キャンプ・デービッド会合から間もない10月10日，ジョンソン大統領は，ワシントンを訪問したグロムイコ外相と会談した[58]。そこでNPTについて話題が及ぶと，グロムイコは暫定案に追加された「個別的または集団的に」という文言を用いながら，「核兵器は非核保有国の個別的なコントロール下に置かれるようなことがあってはならないし，非核保有国を含むすべての国家連合の集団的な所有の下にも置かれるようなことがあってはならない」とソ連の立場を説明した。これに対してジョンソン大統領は，「この国においては，核兵器を発射する決定権限を他の誰かに移譲することはできない」のであり，「合衆国大統領だけが核兵器に関する権限を行使できる」と述べ，対象主体が誰であれ核兵器のコントロールが米国から非核保有国に移譲されることが国内法上既に禁止されていることを強調した。

　この会談を終えて，ジョンソン大統領はソ連が本気でNPTの成立を目指しているという認識を持つようになった。暫定案を拒否こそしたものの，大統領は「NATO分裂のリスクを冒すことなく，NPT成立に向けて引き続き交渉すること」をラスク達に指示したのであった。

(5) 西ドイツへの配慮

　同日，ラスク国務長官も，ジョンソン大統領との会談を終え国務省を訪れたグロムイコ外相と会談した[59]。ラスクは米国が核兵器をいかなるかたちでも非核保有国に移譲しないと約束することで，ソ連の懸念に十分応えることができる

という考えを示した。そして，ソ連側の主張は「米国と他の同盟国との間に障壁を打ち立てようとしているようにみえる」と疑念を示し，NATO核共有を真っ向から否定するような文言は到底受け入れられないことを強調した。そのような意図を否定するグロムイコに対して，移譲の禁止される対象主体を明示しない文言で解決できるのではないかと持ちかけ，国連での協議でフォスターが提案した「いかなる者に対しても」移譲を禁止するという文言を改めて提案した。

グロムイコは，ラスクの提案ではNATOという集団的な主体に対する移譲という可能性を排除していないので，不十分であるとして応じなかった。ソ連としては，米国の同意なしに西ドイツが米国の核兵器を発射する可能性はないという説明を受け入れる用意はあるが，他の国家の意図については確証が持てないと主張した。その一方でグロムイコは，「核防衛に関する計画立案に西ドイツを始めとする同盟国が参画することについては問題視していない」という立場を改めて明らかにした(60)。

この会談を踏まえ，国務省内では2つの第1条案が作成された(61)。1つの案は，9月末の暫定案とは異なり，「所有権の移譲に関して現行法［米原子力法］の規定ほど抑制的」ではなく，核弾頭の所有権を国家グループに移譲することを禁止しない文言であった。それは，事実上MLF構想という選択肢を残す草案であった(62)。もう1つの案は，暫定案と同じようにMLF構想は禁止される一方，ANF構想のように運搬手段に限って共同調達・所有する形態での集団的核戦力の創設は禁止されない内容であるものの，暫定案で使用されていた「軍事同盟または国家グループの構成国と集団的」な移譲の禁止という表現から集団的という文言を削除し，「軍事同盟或いは国家グループの構成国としての身分に基づいて」という表現に変更した案であった(63)。

両案を前にしたラスクは，ACDAから提示された後者の文言を選んだ。10月17日，この案に対して西ドイツ政府がどのような反応を示すのか，マギー（George C. McGhee）駐西独米国大使に個人的見解を求めた(64)。集団的な核戦力の創設との関係については，「核弾頭（運搬手段ではなく）の所有権［持分（ownership interest）］が［核兵器国から］移譲されず，米国が核弾頭のコントロールを保持する限り，非核兵器国が参加，創設費用を分担する形態」であれば，禁

243

止されないと説明されていた。翌日，ラスクに宛てた電信の中で，マギー大使は「西ドイツ政府は，これまで核兵器の共同所有を望んできたが，その際に核弾頭と運搬手段の区別をつけてこなかった」という点を指摘し，「西ドイツ政府が共同所有権に見出している利得は，核弾頭の所有権が排除されることで，大きく下がることになり，現在の西ドイツ政府の立場から一歩後退したとみなすであろう」という見解を示した。ただし，「事前に十分な説明をすれば，西ドイツ政府はこの点をNPTへの署名を拒否する理由とはしないであろう」とも述べ，同政府が最終的には受け入れる可能性があると論じた[66]。

マギー大使の電信を受け取ったラスクは，ジョンソン大統領夫妻に帯同してニュージーランドを訪問中のロストウに対して，ACDA作成の第１条案をソ連側に提示すべきであるという考えを伝えた[67]。同案は，「核弾頭の移譲をしないという点，米国のコントロールを放棄しないという点に焦点を絞っており，西ドイツの立場の重要な部分をおさえている」ことから，ボンが「最終的にこの第１条案に合意する」とマギーが結論付けていることにロストウの注意を促した。ただし，まさにその理由により，同案がソ連側に受け入れられる可能性は「ほとんどない」と考えていた。しかしながら，同案に対するソ連側の具体的な反応をみる必要があると，ラスクは考えていた。

NPT草案について西ドイツ政府と十分に協議を重ねることについては，マギー大使と同様にラスクも重要であると考えていたが，それを行うには時期尚早であるとみていた。西ドイツ政府との協議は，その内容が他の同盟国にリークされる可能性が高いため「他のNATO諸国と切り離して個別に実施することはできない」と感じており，ソ連側が受け入れる合理的な可能性の高い文言を見出すまで，西ドイツ政府や他の同盟諸国を「荒立てる（stir up）」ことは避けるべきと判断していた。したがって，当面はソ連側との協議を先行して進めるべきなのであった。ソ連側には，同盟国との協議を行わないかぎり米国はNPTについて一切合意できないという立場を繰り返し示しており，同盟国の同意が不可欠であることはモスクワにも了解されていることであった。ACDAが作成した条文案をソ連側に提示して，もう少し２国間協議を進めても，同盟国への裏切りと映るリスクは低いと判断していた。

ところが，この米国案をフォスターがロシチンに提示したのは，それから約

第7章　多国間制度アプローチの大きな進展

3週間後の11月10日であった(68)。その背景には，西ドイツの国内政治情勢に対する配慮があった。エアハルト政権は，1965年9月の下院選挙において大勝利を収めたものの，この時期，経済状況の悪化を背景に与党CDU/CSU内から経済政策を巡る批判が高まり，退陣の危機に直面していたのであった。

11月3日，マギー大使は西ドイツの国内政治状況を報告しながら，政権交代の可能性が高まっていることを指摘していた(70)。NPT交渉についても，ボンのワシントンに対する不信感を惹起しないことが重要であり，新政権が成立するまでは，NATO核共有体制に関する選択肢に影響を与えるような決定を行うべきではないと訴えていた。さらに，NPT交渉において何らかの進展があった場合には，それを逐次西ドイツ政府に伝えることが重要であり，「新聞報道を通じて米国の新たな提案を知る」ということがないよう注意を促していた(71)。

（6）暫定的な第1条案の形成

11月17日，フォスター案が提示されてから1週間後，ロシチンは「米国草案を踏まえたソ連側草案」を提示した(72)。これまで，協議は第1条の文言だけに限定されて行われてきたが，ここでソ連側が提示されたのは，前文及び7つの条文からなる条約草案であった(73)。懸案であった第1条については，条約は禁止される行為だけを対象として規定するという原則を前提として，核兵器及びコントロールを「いかなる者に対しても」移譲しないという文言であった。この文言は，9月や10月の協議の際にフィッシャーが提示したものであり，その後の夕食会の席でもラスクからグロムイコに対して再度提案されていた文言であった。その時点では，グロムイコは自国に対する移譲も含まれる可能性があるという理由で拒否していた(74)。さらに，ロシチンの説明では「個別的または集団的」という文言を避けたいという米国の立場を考慮して，「個別的または国家グループに基づいて」或いは「個別的または軍事同盟或いは国家グループの他の構成国と共に」という2つの代替案を用意し，ソ連側の懸念する集団的な核戦力への核兵器の所有権の移譲の禁止を規定しようとしていた。

これらの条約草案をみたフォスターは，あくまで個人的な感想であると前置きした上で，ソ連の第1条案は「交渉を大きく後退させる」ものであり，米国はソ連が最も固執している「核兵器コントロールの移譲禁止」という問題につ

245

いて，原子力法に基づいて明確に示す文言を模索してきたことを強調した。さらに，ソ連案では「集団的」という文言が使用されていないものの，「新たな文言は本質的に同じ言葉へと逆戻りするも同然」であると指摘した。すなわち，米国にとっての問題は規定内容そのものではなく，この表現が与える「心理的，政治的な敏感さ」にあると述べ，ソ連案の文言が同盟国にどのような印象を与えるのかという点の重要性を説明した。フォスターは，11月10日に提示した条文案は「最も高いレベルで検討された」文言であることを繰り返し強調し，「合意が可能かどうかは，ソ連側がそれを受け入れるかどうかにかかっている」としてソ連側の譲歩を強く迫った。これに対してロシチンは，ソ連側の条文草案も「高いレベルにおいて検討されている」と返したが，同時に「互いの高いレベルに対して，どのような追加的説明を提示できるかを検討するために，この担当レベルでの協議を継続することが最良であろう」と述べ，修正の余地があることを認めた。⑺⁵

この協議について報告を受けたラスクは，グロムイコに宛てたメッセージを送り，直接的な働きかけを強めた。⑺⁶ そこでラスクは，9月から本格化した条文協議を通じて，「我々はすべての非核兵器国に核兵器を移譲しない，すべての非核兵器国が核保有国となるような支援をいかなるかたちでも行わない，核兵器を発射する権利を他国に委任しない，という3つの簡潔な原則について合意に達した」と指摘した。さらに，11月10日に提示した米国案では「核兵器国による核兵器の移譲や，核兵器のコントロールを放棄するようなすべての多国間制度［集団的核戦力］は禁止される」ことを保証した。

ラスクが強調したのは，米国案の後段で「米ソともに核兵器の使用権限を他のどの主体にも委任しない」ことが「明確かつ説得力のあるかたちで」示されている点であった。核兵器のコントロールの移譲禁止を規定するこの文言であれば，「米国がそのような決定をしない限り，いかなる核兵器も発射されることはない」と明言した。ラスクは，この核兵器コントロールの移譲禁止がNPT交渉における本質的な問題であり，この点に焦点を絞ることで「双方が満足いく解決策に至る可能性が大きく高まるであろう」とソ連側の理解を促した。⑺⁷

それから間もなく，条文を巡る担当レベル協議は重要な局面を迎えた。11

月25日，ロシチンは担当レベルでの暫定的な案としながらも，新たな第1条案として2つの代替案をフォスターに提示した。それらは，11月10日に提示された米国案に大きく近づいていた。最初の案では，核兵国の義務は，核兵器や核爆発装置，それらのコントロールを直接または間接に「いかなる者にも」移譲しないこと，そして非核兵器国が核兵器を製造，取得することをいかなる方法でも「支援，奨励，勧誘しない」ことを，核兵器国の義務として明示するものであった。2番目の案は，第1案とほぼ同じ内容であったが，核兵器のコントロールを「いかなる者にも放棄しない」という一文を加えている点が異なっていた。これらの文言に共通する大きな特徴として，これまでソ連案には必ず含まれていた「個別的または集団的」という文言や，「軍事同盟」，「国家グループ」といったNATO内の集団的核戦力を念頭に置いた文言が消えていたことであった。

この案はラスクからジョンソン大統領にも報告されており，移譲の禁止が核兵器自体に関わっていることや，核兵器のコントロール問題は米国が放棄しないことに限定された表現となっていることを評価しながら，「仮に，西ドイツで『大連立』政権が樹立した場合，この文言は受け入れられるものであろう」と前向きな印象が伝えられていた。ただし，「この文言は『暫定案』であるとソ連側代表に表現されており，モスクワが受け入れない可能性もある」ことを強調しながら，まだ楽観できる状況ではないことを指摘していた。ジョンソン政権内では，核兵器コントロールの移譲ではなく放棄を禁止するという2番目の文言が望ましいという意見が多数であった。

このような米ソ協議の状況は，マギー大使を通じて西ドイツ政府にも伝えられていた。そこでは，11月10日に提示した米国案の見直し作業が進められており，内容について変更はないが，核兵器の移譲禁止に関して「米国以外の核保有国と非核保有国を同じ条件にしようと」表現の一部を変更しており，そうすることで「西ドイツが差別であると反発する原因を和らげることになる」と説明されていた。この点も，「いかなる者にも」という文言が含む重要な効果の1つであった。マギー大使に対して強調されていたのは，現在ソ連側とやり取りされている文言は，暫定的なものであり同盟国との協議を行うまでモスクワと合意することはない，ということであった。また，モスクワを近日中に訪

問予定のブラウン（George Brown）英外相を除き，10日の米国案は他の同盟国には提示されていないことも伝えられていた。

　12月5日，ニューヨークでは，ソ連側の求めに応じて再び協議が行われた。そこで，ロシチンらソ連代表は，25日に提示された2案の中で，最初の条文案を「第1条としてみなす用意がある」と述べた。それがソ連政府の正式な立場なのかどうかを確かめようとするフォスターに対し，ソ連側は明確な回答を避けた。しかしながら，フォスターやゴールドバーグ国連大使を始めとする米国側参加者は，「すべての状況を考慮すると，［モスクワからの］訓令に基づいて発言している」と判断していた。国連で行われてきたこれらの米ソ協議に参加していたゴールドバーグ大使は，25日に提示された2つの条文案を比較しながら，ソ連側が選択した案でも米国の要請や西側の利益は十分確保されるという認識をラスクに報告した。そこで，「この代替案に基づいて我々の同盟国との協議を行い，この交渉がこのまま継続できるよう肯定的な反応を［同盟国に］要求する」ことをラスクに強く求めた。ソ連との最終的な合意を追求すべく，同盟国との必要十分な協議を今こそ行うべきであると訴えたのであった。

　この報告を受けたラスクは，ソ連が選択した文言で同盟国との協議を開始することを決定した。12月15日に開催されるNATO閣僚会合の機会を利用して，英国，カナダ，フランス，西ドイツ，イタリアの各外相に第1条案を提示した。その直後には，米国大使を通じてNATO核共有制度と同案の関係やNPT交渉の現状について追加的な説明が行われることとなった。そこでは，第1条案で示された文言は米原子力法の規定を反映しており，NPGを含む現行のNATO核共有制度を禁止するものではないこと，核弾頭の所有権が移譲されず，米国や他の参加する核兵器国が核弾頭のコントロールを保持する限り，非核兵器国が参加，創設費用を分担する形態での将来的な多角的大西洋核戦力の創設を禁止しないこと，米国の核兵器及びそれらのコントロールが核兵器国を含むいかなる者にも移譲されることは禁止されるため，西ドイツへの差別を解消するものであることを，各外相に指摘することが指示されていた。

　さらに強調されるべき点として，この第1条案は，あくまで最終的に合意される可能性の高い暫定的な文言であり，ソ連側にも同盟国との協議を経ないかたちで合意することはないということが了解されていることが挙げられていた。

ただし、この文言を見出すまでにこれまで広範囲にわたる議論を重ねてきたことも伝えるよう指示されていた。[89]

3　西ドイツによる暫定案の受容

（1）キージンガー政権に対する暫定案の説明

　ジョンソン政権にとって、NPTの成否は、同盟国——特に西ドイツ——が米ソ暫定案を受け容れるのかどうかにかかっていた。したがって、同盟国の中でも、西ドイツとの協議は重視されていた。NACにおけるブラント（Willy Brandt）外相への説明を皮切りに、12月1日に発足したばかりのキージンガー（Kurt G. Kiesinger）政権に対する説明が開始された。ブラントは、新政権が「ハードウェア方式案を忘れる用意があるし、欧州条項を忘れる」とラスクに明言すると同時に、「アデナウアー政権期の柔軟性に欠ける神学に固執せず、東ドイツ人を含む東欧諸国との関係改善の可能性を追求する用意がある」ことを強調したのであった。[90] ブラント外相のNPTに関する前向きな発言を証明するかのように、1967年1月13日、国務省においてフォスターを始めとする担当者達と会談したナップシュタイン（Heinrich Knappstein）駐米西独大使は「キージンガー政権が、原則として、NPTに参加する用意ができていると結論付けた」と伝えていた。[91]

　ジョンソン政権では、このようなNPTに前向きな西ドイツ政府の態度は当然歓迎されていたが、その一方でマギー大使は、この発言により「NPTに関するドイツ人との問題が終わったわけではない」として今後の協議が難航する可能性があると慎重な姿勢を示していた。[92] それは、キージンガー政権において外相から国防相に就任したシュレーダーや、アデナウアー政権期に国防相を務めキリスト教社会同盟（CSU）党首であり蔵相に就任したシュトラウス（Franz Josef Strauss）がNPT反対の姿勢を示しているからであった。キージンガー首相自身も、西ドイツにとって重要性の高い項目について明確にする必要のある場合には、規定文言の修正がまだ可能であると考えている節があり、NPTが欧州統合に与える影響についても気にしている様子であった。[93]

　1967年に入り、キージンガー政権が最初に確認したのは、ラスクが提示し

た第 1 条案が NATO 核共有制度にどのような影響を与えるのかという問題であった。1 月 13 日，ナップシュタイン大使から暫定案に関する西ドイツ政府の質問項目が示された。冒頭で示されていたのは，前年 12 月に創設が決定されたばかりの NPG に関する質問であった。すなわち，第 1 条案における「間接」的な核兵器またはコントロールの移譲に NPG が含まれるのかどうか，そこで攻撃目標の選定を含む作戦計画の立案や核戦略に関する協議は禁止されるのか，という問いであった。これに対してフォスターは，NPT は「禁止されない行為は許容される」という原則を前提としており，ソ連側も「マクナマラ委員会を承認したとはいわないであろうが，NPT がそれを禁止しているというような幻想は抱いて」おらず，グロムイコもそれを了解していると明言した[94]。

次に確認されたのは，2 国間枠組みに基づいた核共有制度への影響に関する問題であった。フォスターは，米国は現行制度の変更を認めないという態度で交渉に臨んできたことを強調しながら，現行の制度は，第 1 条の文言以前に，核兵器の「移譲」を禁止している米原子力法に沿って構築されてきているため，禁止や制限がされることはないと説明した。例えば，QRA の運用は米原子力法が禁止している核兵器の「移譲」に抵触することなく，核弾頭に関する多くの行動を可能なものとしている。このような現行制度の運用実態はソ連側も把握していると説明した[96]。

さらに，欧州条項／欧州オプションの可能性についても言及された。第 1 条案の「いかなる者にも」移譲が禁止されるという文言では，将来において政治的統合を果たした「欧州合衆国 (United States of Europe)」が欧州核戦力を創設することは禁止されるのか。フォスターは，それが英国かフランスの核兵器を継承する形態であれば可能であると回答した。ソ連側もこの解釈に反対を示していないが，「この内容をあまり公にしない方がより好ましい」として注意を促した。これに対してナップシュタインは，西ドイツでは欧州統合と欧州核戦力の問題に対する関心が高いことから，フォスターの要請を守るのは実質的に難しいと指摘した。これに続けて，欧州合衆国まで統合度が進んでいない，いわば統合プロセスの半ばにある欧州防衛共同体 (EDC) が，核弾頭を分離できないものも含めたすべての運搬手段を保有することができるのかという点についても説明を求めた[97]。

第7章　多国間制度アプローチの大きな進展

　フォスターは，ソ連側も非公式ながら了解している前提として，NPT草案における核兵器とは核弾頭或いは核爆弾を意味しておりその運搬手段は規定の対象外となることを指摘した。したがって，ナップシュタインが想定する形態も禁止されないのであった。ただし，核兵器の運搬手段を含む「EDC或いは多角的核戦力に関するすべての議論はできるだけ目立たない」方が好ましいという態度を繰り返した。その上で，米軍のミサイルの核弾頭は，ポラリス・ミサイルも含めて物理的に分離することが可能であると説明し，ナップシュタインが例に挙げたEDCは，核弾頭を除く運搬手段であれば保有できるという米国の立場を示唆したのであった。

　ナップシュタインはこの回答に満足せず，理論的には「核弾頭を厳重に管理して運搬手段から隔離したポラリス原潜の艦隊を保有すること」が可能なのか，より明確な解釈を求めた。国務省の法律顧問として同席していたミーカー（Leonard C. Meeker）は，従前のフォスターの説明を繰り返しながら，暫定案の文言は核弾頭や核爆発装置だけを対象としているため，運搬手段に関する制度は禁止されないと答えるのが精一杯であった。

　さらなる項目として質問が及んだのは，西ドイツ領土内に配備されている外国軍保有の核兵器に対して，西ドイツ政府が将来的に拒否権を保有することに何らかの影響を与えるのかどうかという問題であった。フォスターは，対ソ交渉においてこの問題は取り上げられていないことを明らかにしながら，核兵器使用の拒否権を保有する国が新たに増えることは，核戦争の勃発を防ぐことに資するものであるため，ソ連が反対するとは考えられないと答えた。

　最後の項目は，当時米ソ間の軍備管理に関する交渉項目の1つとして浮上していた弾道弾迎撃ミサイル（ABM）に関するものであった。キージンガー政権が確認したのは，暫定案において「純粋に防衛目的のABMシステム」の移譲も禁止されるのかという点であった。ABMシステムは核弾頭を搭載した核ミサイルであり，フォスターは「防衛だけを目的に使用されるABM」は存在せず，他の核兵器と同じ扱いとなるためABM弾頭の移譲も禁止されると強調した。

　マギー大使は，キージンガー政権の態度の背景には，ボンにおいて欧州核戦力の可能性を残しておくことへの関心が高まっていることがあるとラスクに指

251

摘していた。それは,「伝統的な敵」であるソ連と将来的な欧州オプションの可能性について何らかの約束を結ぶことに対して,西ドイツが「強い拒否感」を抱いていることが理由であった。したがって,実際に実現されるかどうかではなく,その可能性が残されているということが重要なのであった。そこで必要となるのが,キージンガー政権が示した質問事項の回答となる条文解釈を明確に提示することであった。マギー大使が提案したのは,まず,ブラントに対して現時点での米国の条約解釈を明示的に書いた書簡をラスクから早期に送付すると同時に,西ドイツ政府が国内の有力な政治家への説明資料としてこの書簡を使用することを認めることであった。そうすることで,ブラントの西ドイツ国内における立場を強くすることができる。さらに,同書簡において「米国の解釈をいずれ公の記録として残す」意向も示すべきであるとされた。もう1つの提案は,仮に,欧州核戦力の創設は暫定案において禁止されるという立場をソ連が公式に示した場合には,それに反論するような米国側の条約解釈を迅速に発表できるよう準備すること,であった。

(2) 公式解釈の策定問題とNPT第1条・第2条の確定

マギー大使の提案が実行される前に,キージンガー政権は条約の解釈をより公式なかたちで提示するよう,ジョンソン政権に求めた。2月3日,ラスクを訪ねたナップシュタインは,NPT草案に関する西ドイツ政府の覚書を提示した。そこでは冒頭において,NPT草案の解釈に関するジョンソン政権からの説明は,NPTに関するソ連側の意図及びNPTが西ドイツの利益に与える影響に対する西ドイツ内の「多くの疑念及び反対論」を払拭する上で適切であったという評価と謝意が示されていた。疑念や反対論の背景には,第1条案の文言が「曖昧で包括的」であるため,具体的にどのような行為が禁止されることになるのか不明確である点が要因として挙げられていた。さらに,ソ連側が米国の示す解釈を同様の内容で了解しているのか分からないため,NPTが成立した後でもNATO核共有制度に関する取り組みに対してソ連からの批判が継続する可能性も懸念されていた。

したがってボンは,条文で禁止される事項を具体的に示す公式文書の作成を求めたのであった。ジョンソン政権としては,公式文書という形式ではなく,

NPT 批准手続に伴い米上院で開かれる公聴会での政府側の発言を通じて，米国の解釈を公の記録とすることを想定していた。しかし西ドイツの認識では，そのような方法は国際法の基準に照らして不十分であった。キージンガー政権が想定していたのは，米・西独間で正式な解釈文書を作成し，それをソ連側に通告することであった。それにより，NPT の成立後にソ連が異なる解釈に基づいて西ドイツを批判することを防ぐことができると考えられていた。ただし，「ソ連側が同文書に同意する必要性はない」ことも明示しており，あくまで通告で十分であるとの認識を示していた。

マギー大使には，キージンガー政権のこのような要請は，CDU/CSU 内の反NPT 論を強く意識したものであると映っていた。条約解釈の正式文書は，西ドイツが NPT を受け入れることで将来的に不利益を被るリスクを最小限に抑えること，そのための手立てを同政権が十分講じていたという証拠になるのであった。もう 1 つの動機としては，他の主要な核能力国であるスウェーデンやインド，日本，イスラエルが NPT にどのような態度を示すのか，実際に批准する可能性がどの程度あるのか，それを見極めるための時間を確保したいのではないかと指摘していた。マギー大使は，ボンが示した要請に米国は当然ながら積極的に応じるべきであると考えていた。ジョンソン政権は，上院公聴会で米国の条約解釈を提示する予定である以上，それを政府間の交換文書や外相間の書簡の交換というかたちで，公にすることは大きな問題ではなかった。

西ドイツ政府が覚書を提示してから 5 日後の 2 月 8 日，ブラント外相はワシントンを訪れ，ラスクと会談した。NPT を巡る西ドイツの立場についてブラントは，「NPT の考え方に反対しない」が，解決すべき問題は残されていると訴えた。その中でも，国内的な理由から，正式の条約解釈文書を作成することが必要であると明言した。特に，ドイツ連邦議会（Bundestag）の支持を獲得する上でも，それは必要であるとされた。米国が提案している上院公聴会における条約説明での解釈公表までは時間がかかり「待てない」として，改めて条文草案文書の作成を米国政府に求めたのであった。欧州条項に関しては，ブラント自身やキージンガー首相は「米国による欧州条項の解釈が受け入れられることで合意した」と明言したが，すべての閣僚が同意したわけではないという状況も説明した。将来的な欧州合衆国として米国が想定しているのは，防衛及び

政治的政策に対する集権的な政治的組織だと考えるが，そこに至る中間の段階も収めたメカニズムを構築することができれば最良であるという認識もブラントから示された。[111]

　ラスクは，将来に亘り実効性のある条約が成立するためには，当事国間に異なる解釈が存在してはいけないという考えを示しながら，ボンの要望通り解釈文書の作成に応じることを明らかにした。そして，「仮にソ連が米国の公式な立場を否定した場合には，実質的には条約の成立はない」として，あくまで同盟国及び米国の解釈の確保を優先して交渉に臨むという強い姿勢を示したのであった。欧州条項の問題については，まだ存在しておらずその形態が不透明であることから，具体的な法的議論を展開することは難しいことに理解を求めた。但し，条約への参加が欧州統合の障害となるという解釈を避けることが重要であると論じた。同会談に同席していたフォスターも，解釈文書の作成という西ドイツ政府の要望に応じることを支持する姿勢を示したのであった。[112]

　2月下旬には，リリエンフィールド（Georg von Lilienfield）駐米西独公使がフィッシャーらACDAの担当者のもとを訪れ，条文草案の内容についてより詳細に西ドイツ政府の要望を口頭で提示したのであった。[113] そこでは，NATO内の非核保有国の安全の保証という観点から「既存のNATO核共有制度がNPTによって何ら制限されない」ことが強く求められていた。具体的には，①NATO当局レベルにおける非核保有国出身の士官用の補職ポスト，②核兵器運搬手段の保有，③各運搬手段の近代化に対する保証，④NATO内の非核保有国領土における核兵器（核爆弾，核弾頭）の保管に関する2国間協定，⑤核兵器に関する情報交換，といった既存の制度を将来的に確保することを求めたのであった。[114]

　ジョンソン政権は，2月後半にかけて条文草案の公式解釈文書の作成作業を進め，2月28日，その案文を西ドイツ政府に提示した。[115] その後3月2日には，英国，西ドイツ，ベルギー，オランダ，カナダに加えて日本政府に対して，6つの項目からなる解釈文書が提示されたのであった。そこでは，第1に，条約[116]は禁止事項だけを対象とし，何が許容されるのかについては扱わないこと，第2に，条約はいかなる者に対しても核兵器——核爆弾及び核弾頭——の移譲を禁止すると同時に，その他の核爆発装置の移譲についても禁止すること，第

3に,条約は,核運搬手段または核運搬システム,或いはそれらのコントロールの移譲を条約の対象とせず禁止しないこと,第4に,核防衛に関する同盟内の政策協議を対象としないこと,第5には,核兵器配備に関する現存の取決めについて,それが核兵器及びそれらのコントロールの移譲を伴わない限り,また,戦争突入の決定がなされない限り条約の禁止する対象とならないこと,最後には,欧州統合の問題は対象とせず,新たに連邦化した欧州がその構成要素とする国家が従前に保持していた核兵器国という地位を継承することを禁止しない,という解釈が明示されていた[117]。

この内容は,同年1月からジョンソン政権が西ドイツ政府に口頭で説明した解釈をまとめたかたちとなっていた。その後3月上旬には,主要なNATO諸国への説明が不十分との認識から,ACDAはラスクの承認を得た後,NPT草案の解釈及びNATOへの影響に関する説明を直接行うことを目的として,フォスターを西ドイツ,イタリア,ベルギー,オランダに派遣したのであった[118]。

主要なNATO諸国との2国間協議が行われる中,4月からは,NPT草案に関する多国間協議も開始された。4月4日に開催されたNAC会合では,フォスターが出席してNPT草案の条文及び解釈文書に関する説明が行われた[119]。そこでは,西ドイツやイタリアから,核兵器国と非核兵器国との間の義務の衡平性が確保されること,原子力の平和利用に関する非核兵器国の権利が侵害されないことを求める意見が示された。また,条約の期限を無期限と規定していることを問題視する意見も示された。その一方,英国,デンマーク,ノルウェーからはNPTの早期締結の重要性を指摘する意見が示され,ベルギーやオランダも同調する態度を示した。この会合では,西ドイツやイタリアも含めてNPT自体に反対する意見はみられず,原子力の平和利用や保障措置に関する規定を始めとする各条項の影響に対して各国の懸念や意見が集中していた。

ジョンソン政権では,NACにおける同盟国との協議を通じて,NPT草案の各条文における具体的な文言について同盟諸国の合意を目指そうとしていたのではなかった。というのも,そのような技術的な問題は,多国間ではなく2国間枠組みの中で,既に十分行われていると認識していたからであった[120]。むしろ,NACでは,米ソがNPT草案をENDCに提出することに対するNATO諸国の「理解」或いは「総意」を取りつけることで,同盟諸国が同条約に反対して

いないという前提をつくることを目指していたのであった。[121]

このようなワシントンの認識を背景に、4月17日、NACでの協議において提示された同盟国からの疑問や修正意見を踏まえ、ジョンソン政権は3月2日付の条文解釈文書の修正版を作成した。そこでの変更点は、第2の項目に「核爆発装置は兵器またはそのような使用に容易に適用されるため」という禁止事由が追加挿入されたこと、第4項目の核政策協議に関して核防衛に関する「計画立案」という文言が追加されたこと、そして第6項目に「連邦国家による（核兵器国としての地位の）継承を（禁止の）対象としない一方、多角的主体を含むいかなる者に対する」核兵器及びそのコントロールを移譲することを禁止するという一文が加えられたのであった。[122]

西ドイツを始めNATO諸国に対するNPT草案の説明が行われる中、2月中旬からジョンソン政権はソ連側に対しても米国の解釈文書や公表方法について、ロシチンを始めとするENDC代表を通じて提示していた。ソ連側は、条文解釈の中でも欧州条項に関する項目について、「米国は米国の意見を持つことができるが、それが公にされるのであれば、ソ連としては反対しなければならない」として、公式化することに対して否定的な態度を示した。[123] ソ連側の説明によると、それは「たとえ、欧州合衆国なるものが実際に成立する可能性がほとんどないとしても、ソ連側の認識では核兵器に対するドイツ人のアクセスを米国が公に許容すると発言することは政治的に受け入れられない」ということなのであった。[124]

このような態度に対してジョンソン政権は、ソ連の主張を論駁するために、①国際法の一般的理解として、存在していない国際主体の権利義務をNPTによって規定することはできない、②NPTを批准していた核兵器国の核不拡散義務は、欧州合衆国が形成された際に拘束力を失う、という趣旨の法理を検討していた。[125] しかしながら、交渉の手順として、この法理を背景に、解釈文書に対するソ連の同意を早急に迫ることは賢明ではないと判断していた。仮に条文解釈への合意を求めるのであれば、ソ連側が条文草案をENDCに提出することに対して同意した後の方が、はるかに都合がよいと考えていたのであった。また、条文解釈の公式化に関しては、上院公聴会における質疑応答の中でこの問題に関する米国の解釈を公表するという方法の方が、大統領自身の演説より

第7章　多国間制度アプローチの大きな進展

もソ連側にとってまだ問題は小さいと分析していた。[126]

このような精力的な同盟国政府との協議が奏功したのか，4月26日にボンで開かれた米西独首脳会談において，キージンガー首相は「[NPTに関する]いくつかの主要な点が解決した」と発言し，現在の草案の個々の条文については同意できると考えているとジョンソン大統領に伝えた。[127]その後，ENDCにおいて，米ソ間で争点となっていた保障措置に関する規定（第3条）を空欄とする同一の条文草案を提出することについても，西ドイツは同意する姿勢をみせ，[128]6月中旬に開催されたNATO閣僚会合において，ブラント外相はNPTの原則だけでなく条約自体を支持する姿勢を強く示したのであった。[129]

このような西ドイツを始めとする同盟諸国との協議が進められる中，ジョンソン政権はソ連側と条文草案及び交渉手順に関する協議を進めていた。そこで焦点となったのは，原子力の平和利用に対する保障措置の規定を巡る問題であった。同問題を巡り，国際原子力機関（IAEA）の保障措置を通じた原子力分野における産業技術の漏洩のおそれを懸念する西ドイツや欧州原子力共同体（EURATOM）諸国の意向を配慮して，EURATOMとIAEA間の保障措置に関する合意を努力目標とした文言を推す米国と，EURATOM加盟国による合意を義務とするソ連との間で協議が難航していた。したがって，6月上旬までに策定されていた条文草案では，同問題に関する規定（第3条）が空欄とされていた。[130]

西ドイツの要請を背景にソ連側に提示されていた条文解釈文書について，6月下旬までにソ連は「これらの解釈を公式に受け入れないが，その状況を理解し米国がそのような発言をする権利に異議を示さない」として，実質的に米国の考え方に同意する意向を示した。その後8月上旬にはソ連は第3条を空欄とした米ソ同一草案をENDCに提出することに合意し，[131]8月24日，米ソ両国は個別に同一のNPT草案をENDCに提出したのであった。[132]米ソ同一草案は，前文に加え全部で8つの条文から構成されていた。[133]核兵器国の不拡散義務を規定した第1条は，前年12月に米ソ間で暫定合意に達した文言をそのまま採用し，非核兵器国の核不拡散義務を規定した第2条は，その裏返しとなる文言であった。

1968年7月1日，55ヶ国の代表が集まる中，ジョンソン大統領はホワイト

257

ハウスのイースト・ルームにおいて行われた調印式に臨み NPT に署名を果たした。同日、モスクワやロンドンにおいても調印式が行われ、米英ソを含む65ヶ国が署名し、NPT は成立するに至ったのであった[134]。しかしながら、西ドイツ、日本、インドという主要な非核保有国が同日には署名しなかったことに示されているように、米ソが非核兵器国から示された不満・要求を押し切るかたちで成立に漕ぎ付いたというのが、実際の状況であった。

このように、NPT は前途多難な船出となったが、多国間制度アプローチの推進論が全く相手にされなかった 1964 年当時の状況に比べると、それは大きな進展であった。特に、1967 年 8 月 24 日、MLF 構想に象徴される NATO 核共有制度を大きな争点として対立してきた米ソ両国が、個別とはいえ同一の条文草案を提出したことは、NPT の交渉過程において画期的な出来事なのであった。NPT の成立においては、両条文以外にも重要な条項が議論されており、交渉主体も米ソだけでなく、インドやメキシコといった NATO 以外の非核保有国も重要な影響を及ぼした。とはいえ、NPT が成立する上で、第 1 条・第 2 条の成立・確定は大きな局面となったのであった。

注

(1) 当日投票できなかった上院議員達も同決議案の趣旨に賛同する姿勢を示していた。"Report by the Senate Foreign Relations Committee on the Nonproliferation Resolution May 11, 1966", *DODA, 1966*, pp. 302-304; "Senate Resolution on Nonproliferation of Nuclear Weapons, May 17, 1966", *DODA, 1966*, pp. 306-307. パストーレ決議については、次も参照のこと。Glenn T. Seaborg with Benjamin S. Loeb, *Stemming the Tide : Arms Control in the Johnson Years*, (Lexington Books, 1987), pp. 180-183; George Bunn, *Arms Control by Committee : Managing Negotiations with the Russians*, (Stanford University Press, 1992), pp. 72-73.

(2) Ibid.

(3) From Rostow to Rusk, "February 23 Congressional Hearings on Pastore Resolution", (February 21, 1966), *Defense Affairs (14) Jan-1966 DEF 18-10 Nonproliferation*, Box 8, Records relating to Disarmament and Arms Control [DAAC], 1961-1966, NARA.

(4) Ibid.

(5) "Statement by Secretary of State Rusk to the Joint Committee on Atomic Energy: Nonproliferation of Nuclear Weapons, February 23, 1966", *DODA, 1966,* pp. 41-49.
(6) Bunn, *Arms Control by Committee*, p. 73.
(7) Memorandum from Rostow to Rusk (May 19, 1966), *Defense Affairs (14) Jan-1966 DEF 18-10 Non-proliferation*, Box 8, DAAC 1961-1966, NARA.
(8) From Read to Rostow, "The President's Response to the Senate Resolution on the Spread of Nuclear Weapons", (June 1, 1966), *Defense Affairs (14) Jan-1966 DEF 18-10 Non-proliferation*, Box 8, DAAC, 1961-1966, NARA.
(9) Letter from President to Pastore, (June 13, 1966), *Defense Affairs (14) Jan-1966 DEF 18-10 Non-proliferation*, Box 8, DAAC, 1961-1966, NARA.
(10) Bunn, *Arms Control by Committee*, p. 72.
(11) 実際、ACDA はホワイトハウスのキーニーやバンディと調整しながら前年12月の連邦議会会期中に核不拡散決議の提出を検討していたが、会期末ということもあり断念していた。Memorandum to Moyers from Redmon, (May 31, 1966), *BDM Memos April -May 1966*, Box 12, Office of Bill Moyers, LBJL.
(12) Bunn, *Arms Control by Committee*, p. 74 ; Seaborg with Loeb, *Stemming the Tide*, pp. 183-185.
(13) Ibid.
(14) Memorandum to Moyers from Redmon, (May 31, 1966), *BDM Memos April-May 1966*, Box 12, Office of Bill Moyers, LBJL.
(15) 詳細は第5章第2節を参照のこと。
(16) From McNamara to Rusk, (June 7, 1966), *Defense Affairs (14) Jan-1966 DEF 18-10 Non-proliferation*, Box 8, DAAC, 1961-1966, NARA.
(17) Memorandum from McNamara to Rusk, (July 5, 1966), SECRET, *Defense Affairs (14) Jan-1966 DEF 18-10 Non-proliferation*, Box 8, DAAC, 1961-1966, NARA.
(18) 国務省では、米国がソ連との合意のために NATO 核戦力を「売り渡す」ことへの西ドイツの懸念という代償を伴うことになりかねず、新たな米国草案として提示することは難しいという評価を受けていた。From Jonson to the Secretary, "McNamara Proposal for Revising the Non-Proliferation Treaty", (June 16, 1966), SECRET, *Defense Affairs (14) Jan-1966 DEF 18-10 Non-proliferation*, Box 8, DAAC, 1961-1966, NARA.
(19) Document 131, "Memorandum From Director of the Arms Control and Disarmament Agency (Foster) to Secretary of State Rusk : Key ENDC Developments and Recommendations", (May 25, 1966), *FRUS, 1964-1968, Volume XI*, pp.

323-325.
(20) Ibid.
(21) Memorandum for the Secretary of State, "Suggested Revision of Non-Proliferation Text", (June 21, 1966), SECRET, *Defense Affairs (14) Jan-1966 DEF 18-10 Non-proliferation*, Box 8, DAAC, 1961-1966, NARA.
(22) Memorandum to Members of the Committee of Principals, "Non-Proliferation Treaty", (undated), CONFIDENTIAL, *Defense Affairs (14) Jan-1966 DEF 18-10 Non-proliferation*, Box 8, DAAC, 1961-1966, NARA.
(23) Memorandum from Stoessel to Johnson, "Proposed Revised Articles of US Non-proliferation Treaty", (July 5, 1966), SECRET, , *Defense Affairs (14) Jan-1966 DEF 18-10 Non-proliferation*, Box 8, DAAC, 1961-1966, NARA.
(24) Memorandum for the Secretary of State, "Suggested Revision of Non-Proliferation Text", (June 21, 1966).
(25) AECは，非核保有国の平和的な原子力利用に関して，国際原子力機関（IAEA）の保障措置受け入れを義務付ける条文を NPT に盛り込むことも要求していた。Memorandum from Seaborg to Rusk, (July 1, 1966), CONFIDENTIAL, *Defense Affairs (14) Jan-1966 DEF 18-10 Non-proliferation*, Box 8, DAAC, 1961-1966, NARA.
(26) Memorandum from Wheeler to McNamara, "Nonproliferation Treaty", (June 29, 1966), SECRET, *Defense Affairs (14) Jan-1966 DEF 18-10 Non-proliferation*, Box 8, DAAC, 1961-1966, NARA.
(27) 第5章第3節を参照のこと。
(28) "News Conference Remarks by President Johnson : Non-Proliferation of Nuclear Weapons, July, 5, 1966", *DODA, 1966,* p. 405.
(29) Memorandum for Moyers, (July 20, 1966), SECRET, *Defense Affairs (14) Jan-1966 DEF 18-10 Non-proliferation*, Box 8, DAAC, 1961-1966, NARA.
(30) Ibid.
(31) Memorandum, "Need to Review U. S. Approach to Non-Proliferation Treaty", (June 17, 1966), SECRET, *Defense Affairs (14) Jan-1966 DEF 18-10 Non-proliferation*, Box 8, DAAC, 1961-1966, NARA.
(32) Ibid.
(33) Ibid.
(34) ラスクの指示を翌日知らされたホワイトハウスのキーニーは，ロストウに対して不満を吐露しながら，この文言がソ連に受け容れられる可能性は「実質的にゼロ」

であると指摘していた。Memorandum for Rostow from Keeny, "EXIDIS cable to Geneva on Non-Proliferation Treaty", (July 28, 1966), SECRET/EXDIS, *Treaty - Non-Proliferation III 1966b*, Box 8, Files of Spurgeon Keeny, LBJL.

(35) Incoming Telegram Geneva 576, (August 1, 1966), SECRET, *Treaty - Non-Proliferation III 1966b*, Box 8, Files of Spurgeon Keeny, LBJL.

(36) Incoming Telegram Geneva 655, (August 4, 1966), SECRET, *Treaty - Non-Proliferation III 1966b*, Box 8, Files of Spurgeon Keeny, LBJL.

(37) Ibid.

(38) Incoming Telegram Geneva 703, (August 8), SECRET, *Treaty - Non-Proliferation III 1966b*, Box 8, Files of Spurgeon Keeny, LBJL.

(39) Ibid.

(40) Document 152, "Memorandum of Conversation", (September 22, 1966), *FRUS, 1964-1968, Volume XI*, pp. 368-374.

(41) Bunn, *Arms Control by Committee*, p. 76.

(42) Memorandum of Conversation, "Non-proliferation Treaty", (September 23, 1966), SECRET, *DEF 18-6 9/1/66*, Box 1579, SNF 1964-1966, NARA.

(43) Memorandum of Conversation, "Non-proliferation Treaty", (September 24, 1966), SECRET, *DEF 18-6 9/1/66*, Box 1579, SNF 1964-1966, NARA.

(44) Ibid.

(45) Document 153, "Memorandum of Conversation", (September 24, 1966), *FRUS, 1964-1968, Volume XI*, pp. 375-382.

(46) Memorandum of Conversation, "Non-proliferation Treaty", (September 27, 1966), SECRET, *DEF 18-6 9/1/66*, Box 1579, SNF 1964-1966, NARA

(47) "Working Group Language for the Non-proliferation Treaty: Relationship to existing and possible allied nuclear arrangement", (September 30, 1966), SECRET-EXDIS, *Treaty - Non-Proliferation III 1966b*, Box 8, Papers of Spurgeon Keeny, NSF, LBJL.

(48) 後段の禁止事項に関して、9月28日の米ソ協議において、ソ連側は核兵器製造に繋がる「情報」提供の禁止を規定する文言の挿入を求めたが、米国側は「何ら支援しない」という文言に含まれていると主張した。結果的に、この文言で読み込むことで合意した。Memorandum of Conversation, "Non-proliferation Treaty", (September 28, 1966), SECRET, *DEF 18-6 9/1/66*, Box 1579, SNF 1964-1966, NARA.

(49) "Working Group Language for the Non-Proliferation Treaty", (September 30,

1966).
⑸⓪ 米国政府内で6月頃から議論されていたように、核兵器へのアクセス禁止という文言では、核備蓄制度の運用態勢が抵触するおそれがあったため、米国にとってこれは重要なシグナルであった。Ibid.
⑸① Ibid.
⑸② Ibid.
⑸③ Ibid.
⑸④ Lyndon B. Johnson, *The Vantage Point*, (Holt, Rinehart and Winston, 1971), p. 478.
⑸⑤ Ibid.
⑸⑥ Johnson, *The Vantage Point*, p. 479.
⑸⑦ 西ドイツへの配慮を重視するジョンソン大統領の姿勢には、この時期、西ドイツとの間で軍事オフセット協定を巡る緊張関係が表面化していたことも背景にあった。西ドイツが米軍装備品を購入することで、同国に駐留する米軍の費用負担を相殺するというこの協定は、1961年に米・西独間で締結され、その後2年ごとに延長されていた。1966年、エアハルト政権は、財政問題を理由に合意通りに履行することが困難であることをジョンソン政権に申し出たが、ベトナム戦争の費用拡大を背景に財政赤字が増大していたジョンソン政権は強い難色を示していた。George McGhee, *At the Creation of a New Germany: From Adenauer to Brandt An Ambassador's Account*, (Yale University Press, 1989), pp. 188-195 ; Helga Haftendorn, *NATO and the Nuclear Revolution: A Crisis of Credibility, 1966-1967*, (Clarendon Press, 1996), pp. 239-294 ; Hubert Zimmermann, *Money and Security, Troops, Monetary Policy, and West Germany's Relations with the United States and Britain, 1950-1971*, (Cambridge University Press, 2002).
⑸⑧ Memorandum of Conversation, "Non-proliferation", (October 10, 1966), SECRET, *DEF 18-4 7/1/66*, Box 1577, SNF 1964-1966, NARA
⑸⑨ Memorandum of Conversation, "Non-Proliferation", (October 10, 1966), CONFIDENTIAL/EXDIS, *Nuclear Weapon*, Box 26, Records relating to Ambassador at Large Llewellyn E. Thompson, 1961-1970 [LET], NARA.
⑹⓪ Ibid.
⑹① Memo from Read to the Secretary, (October 12, 1966), SECRET, *DEF 18-4 7/1/66*, Box 1577 Subject Numerical File [SNF], 1964-1966, NARA.
⑹② Memorandum for the President, "Suggested Languages for the Non-Proliferation Treaty: Relationship to Existing and Possible Allied Nuclear Arrangements", undated, SECRET, *DEF 18-4 7/1/66*, Box 1577, SNF 1964-1966, NARA.

(63) Memorandum to Rostow, Bowie, and Thompson from Fisher, "Suggested Language for the Non-Proliferation Treaty", (October 12, 1966), SECRET, *Nuclear Weapon*, Box 26, LET, NARA ; Memorandum for the Secretary from Fisher, "Suggested language for the Non-Proliferation Treaty", (October 14, 1966), SECRET, *Nuclear Weapon*, Box 26, LET, NARA.

(64) 同案がNATO核共有制度に与える影響については，9月30日の暫定案と同じ内容であった。Outgoing Telegram STATE 67145, (October 17, 1966), *DEF 18-4 7/1/66*, Box 1577, SNF 1964-1966, NARA.

(65) Incoming Telegram BONN 4673, (October 18, 1966), *DEF 18-4 7/1/66*, Box 1577, SNF 1964-1966, NARA.

(66) この文言がMLF構想を事実上禁止する内容という点は，ラスクからの電信で明示されておらず，この点をマギーが十分理解していなかった可能性も残る。Ibid.

(67) Outgoing Telegram STATE 68276, (October 18, 1966), *DEF 18-6 10/18/66*, Box 1579, SNF 1964-1966, NARA.

(68) Outgoing Telegram STATE 71355, (October 21, 1966), SECRET, *Treaty - Non-Proliferation III 1966b*, Box 8, Papers of Spurgeon Keeny, LBJL ; Telegram to President from Rostow, (November 7, 1966), SECRET, *Walt W. Rostow Vol. 15 Nov1-30, 1966 [2/2]*, Box 11, Memo to the President, NSF, LBJL.

(69) さらに，マニラ会議への出席を含めたアジア歴訪のため，ジョンソン大統領を始めラスクら政府高官がワシントンから離れていたことも背景にあった。

(70) Text of Cable from Ambassador McGhee (Bonn, 5393), "Implications of a new German Government for U.S. Policy", (November 3, 1966), CONFIDENTIAL, *Walt W. Rostow Vol. 15 Nov1-30, 1966 [2/2]*, Box 11, Memo to the President, NSF, LBJL.

(71) Incoming Telegram Bonn 5564, "Eyes Only for the Secretary from Ambassador McGhee", (November 5, 1966), SECRET, *Treaty - Non-Proliferation III 1966b*, Box 8, Papers of Spurgeon Keeny, LBJL.

(72) Incoming Telegram USUN 2437, "U.S. - Soviet Talks on Non-Proliferation Treaty", (November 17, 1966), SECRET, *DEF 18-4 7/1/66*, Box 1577, SNF 1964-1966, NARA.

(73) 条約草案は，第1条（核兵器国の義務），第2条（非核兵器国の義務），第3条（非核保有国のIAEA保障措置の受入義務），第4条（改正手続き），第5条（署名，批准，発効，受託，通知），第6条（有効期間：無期限），第7条（正文）という構成であった。Ibid.

(74) Document 153, "Memorandum of Conversation", (September 24, 1966), *FRUS, 1964-1968, Volume XI*, pp. 375-382.
(75) Ibid.
(76) Outgoing Telegram STATE 88826, (November 21, 1966), *DEF 18-4 7/1/66*, Box 1577, SNF 1964-1966, NARA.
(77) Ibid.
(78) Memorandum from Rusk for the President, (November 26, 1966), SECRET, *DEF 18-4 7/1/66*, Box 1577, SNF 1964-1966, NARA.
(79) Ibid.
(80) Ibid.
(81) Bunn, *Arms Control by Committee,* p. 79. 当時ジョンソン政権内では，同盟国領土内に配備されている米軍の核兵器使用に対する拒否権を，その同盟国に与えるという選択肢が検討され始めており，核兵器コントロールの放棄を禁止するという第2案の文言の方が望ましいという意見があった。Incoming Telegram USUN 3106, "Non-Proliferation Treaty", (December 10, 1966), SECRET, *DEF 18-6 12/1/66*, Box 1580, SNF 1964-1966, NARA.
(82) Incoming Telegram USUN 2934, "Soviet Talks on Non-Proliferation Treaty", (December 5, 1966), SECRET, *DEF 18-6 12/1/66*, Box 1580, RG59, SNF 1964-1966, NARA; Incoming Telegram USUN 2981, "Discussions Non-Proliferation Treaty", (December 7, 1966), SECRET, *DEF 18-6 12/1/66*, Box 1580, SNF 1964-1966, NARA.
(83) Incoming Telegram USUN 2981, (December 7, 1966).
(84) Incoming Telegram USUN 3106, (December 10, 1966).
(85) Ibid.
(86) Memorandum for the President, "Non-Proliferation Treaty Text", (December 19, 1966), SECRET, *DEF 18-4 7/1/66*, Box 1577, SNF 1964-1966, NARA.
(87) Outgoing Telegram STATE 109454, (December 20, 1966), SECRET, SECRET, *DEF 18-6 12/1/66*, Box 1580, SNF 1964-1966, NARA.
(88) さらに，手続きに関する条文（条約の修正，脱退，再検討会議の開催）についても協議が行われていること，原子力の平和利用に関する保障措置を規定する条文を巡ってはNPTにそれを盛り込むべきかどうかも含めて検討中であることが，これらの大使に限定した背景情報として伝えられていた。Ibid.
(89) Ibid.
(90) Incoming Telegram Paris 9261, (December 16, 1966), SECRET, *Walt W. Rostow*

Vol. 17, Dec. 14-31' 66 [1/2], Box 12, Memorandum to POTUS, NSF, LBJL; Outgoing Telegram State 105379, (December 19, 1966), SECRET/NODIS, *NPT 7.22.66. Vol. I (1/2)*, Box 26, Subject File, NSF, LBJL. その後ブラントと会談したマギーからも，NPT 草案の受け容れに対する同外相の前向きな態度が報告されていた。Incoming Telegram Bonn 7342, "Non-Proliferation Draft Treaty", (December 20, 196), SECRET, *NPT 7.22.66. Vol. I (1/2)*, Box 26, Subject File, NSF, LBJL.

(91) Outgoing Telegram State 118737, "Non-Proliferation Treaty", (January 13, 1967), SECRET, *NPT 7.22.66. Vol. I (1/2)*, Box 26, Subject File, NSF, LBJL.

(92) Incoming Telegram Bonn 8272, "German Reactions to Non-Proliferation Treaty", (January 17, 1967), CONFIDENTIAL, Box 1729, *DEF 18-6 2.1.67*, Central File 1967-1969, NARA.

(93) Ibid.

(94) State 118737, "Non-Proliferation Treaty", (January 13, 1967).

(95) Ibid.

(96) この点に関してナップシュタインは，現行の核共有制度の下で共同運用の対象とされている核兵器の改修，或いは新たな核兵器への交換作業の可否についても確認を求めた。しかしながら，ジョンソン政権は，NPT は核兵器の配備について規定も言及もしないため，容認されるとの認識を示した。Outgoing Telegram State 121338, "Non-Proliferation Treaty", (January 18, 1967), SECRET, *NPT 7.22.66. Vol. I (1/2)*, Box 26, Subject File, NSF, LBJL.

(97) この問題に関して，ナップシュタインは，将来欧州合衆国が成立した場合，NPT の合意に関して選択の余地があるのかどうかを確認した。これに対してミーカーは，通常の国際法の理解では，新たな国家は，従前の国家の義務を自動的に受け継ぐものではないが，米国としては新たな欧州合衆国が NPT に参加することを望むし期待していると答えていた。Ibid.

(98) フォスターは，「仮に我々が，それが可能であるという声明を出したら条約の成立が危ぶまれるであろう」とまで述べていた。Ibid.

(99) Ibid.

(100) ミーカーは，EDC の場合には，運搬手段を加盟国が共同で費用負担，所有，管理を行うと同時に，核弾頭については別の取決めを講じることは可能であるという解釈を示していた。Ibid.

(101) Ibid; State 118737, "Non-Proliferation Treaty", (January 13, 1967). 西ドイツ政府がこの拒否権の問題に関心を有していた背景には，当時はまだ同国には知らされていなかったが，英国やイタリアと異なり，ボンは領土内に配備されている米国の核

兵器の使用について公式の発言権が与えられていなかったという事実があった。この問題については，この時期，NPG 会合に向けた準備作業として米国防省内で政策方針の検討作業が開始されたばかりであった。Memorandum from Weiss to Kohler, "NATO Nuclear Planning", (January 10, 1967), SECRET, NH01023, U. S. Nuclear History, NSA.

(102) この他には，原子力平和利用に関する国家間協力に NPT が与える影響について質問が示されたが，フォスターは，平和的核爆発を除けば，NPT によってこの分野における協力が制限されることはないと答えた。State 118737, "Non-Proliferation Treaty", (January 13, 1967).

(103) Bonn 8272, "German Reactions to Non-Proliferation Treaty", (January 17, 1967).

(104) Ibid.

(105) Memorandum of Conversation, "NPT", (February 3, 1967), SECRET, *DEF 18-6 2.1.67*, Box 1729, Central File 1967-1969, NARA.

(106) Ibid.

(107) 西ドイツ政府が具体的に求めていたのは，次の4つの点を明確にすることであった。第1には，同国の原子力に関する研究や平和利用を通じた経済活動に制限が及ばないこと，第2には，原子力の平和利用分野における西ドイツと他の国々との協力が干渉されないこと，第3には外交及び防衛政策における欧州の統合政策に対する「ソ連の拒否権」を排除すること，最後に，西欧地域の防衛のためのミサイル迎撃システムの可能性の留保であった。Ibid.

(108) Incoming Telegram Bonn 9142, "German Aide Memoire on NPT", (February 6, 1967), SECRET, *DEF 18-6 2.1.67*, Box 1729, Central File 1967-1969, NARA.

(109) Ibid.

(110) Ibid.

(111) Ibid.

(112) Ibid.

(113) Memorandum of Conversation, "Non-Proliferation Treaty", (February 22, 1967), SECRET, *DEF 18-6 2.22 67*, Box 1729, Central File NARA; Outgoing Telegram State 142161, "NPT", (February 22, 1967), SECRET, *DEF 18-6 2.22.67*, Box 1729, Central File 1967-1969, NARA; Outgoing Telegram State 142987, (February 23, 1967), SECRET, *DEF 18-6 2.22.67*, Box 1729, Central File 1967-1969, NARA.

(114) 同会談では，西ドイツ政府として，公式の条文解釈文書に対するソ連の同意までを求めないという姿勢が，改めて提示された。Memorandum of Conversation, "Non-Proliferation Treaty", (February 22, 1967).

第7章　多国間制度アプローチの大きな進展

⑮ Incoming Telegram Bonn 10064, "Discussion with FONMIN Brandt on NPT", (February, 22, 1967), SECRET, *NPT 7.22.66. Vol. I (1/2)*, Box 26, Subject File, NSF, LBJL.
⑯ Outgoing Telegram State 147730, "Non-Proliferation Treaty (NPT)", SECRET, *NPT 7.22.66. Vol. I (1/2)*, Box 26, Subject File, NSF, LBJL.
⑰ Ibid.
⑱ 同時期にNATO諸国に対して、原子力の平和利用に関する保障措置を規定する第3条を除く、NPT草案が各国在米大使館を通じて提示されていた。Outgoing Telegram State 146956, (March 1, 1967), SECRET/NODIS, LITERALLY EYES ONLY - Foster from SECRETARY, *NPT 7.22.66. Vol. I (1/2)*, Box 26, Subject File, NSF, LBJL.
⑲ Incoming Telegram Paris 15437, "NAC Discussion NPT", (April 4, 1967), SECRET, *DEF Defense Affairs 18-6 4-1-67*, Box 1731, Central File 1967-1969, NARA ; Incoming Telegram Paris 15438, "NAC Discussion NPT", (April 4, 1967), SECRET, *DEF Defense Affairs 18-6 4-1-67*, Box 1731, Central File 1967-1969, NARA ; Incoming Telegram Paris 15468, "NAC Discussion NPT", (April 5, 1967), SECRET, *DEF Defense Affairs 18-6 4-1-67*, Box 1731, Central File 1967-1969, NARA.
⑳ Incoming Telegram Paris 15468, "NPT - Prospects for Current NATO Consultation", (April 5, 1967), CONFIDENTIAL, *DEF Defense Affairs 18-6 4-1-67*, Box 1731, Central File 1967-1969, NARA.
㉑ Outgoing Telegram State 171545, "NPT Discussion in NAC April 12", (April 8, 1967), CONFIDENTIAL, *DEF Defense Affairs 18-6 4-1-67*, Box 1731, Central File 1967-1969, NARA.
㉒ "Non-Proliferation Treaty Interpretation", (April 17, 1967), SECRET *NPT 7.22.66. Vol. I (1/2)*, Box 26, Subject File, NSF, LBJL.
㉓ Incoming Telegram Geneva 2443, "Non-Proliferation Treaty (NPT)", (February 22, 1967), SECRET/LIDIS, *NPT 7.22.66. Vol. I (1/2)*, Box 26, Subject File, NSF, LBJL.
㉔ Ibid.
㉕ Incoming Telegram Geneva 2467, "Non-Proliferation Treaty (NPT)", (February 23, 1967), SECRET, *NPT 7.22.66. Vol. I (1/2)*, Box 26, Subject File, NSF, LBJL.
㉖ Ibid. その後、ソ連は4月下旬においてもなお、この問題に関する態度を明らかにしていなかった。Incoming Telegram Geneva 3422, (April 28, 1967), SECRET,

DEF Defense Affairs 18-6 4-1-67, Box 1731, Central File 1967-1969, NARA.

(127) Document 214, "Memorandum of Conversation", (April 26, 1967), SECRET, *FRUS, 1964-1968, Volume XV*, p. 532.

(128) キージンガー政権は,保障措置に関する条文箇所を空欄として,米ソが同一草案を ENDC に提出することに当初難色を示していたが,6月中旬にはその手順で交渉を進めることに同意したのであった。Outgoing Telegram State 195851, "Message for Brandt on NPT", (May 16, 1967), SECRET, *NPT 7.22.66. Vol. I (1/2)*, Box 26, Subject File, NSF, LBJL.

(129) Document 258, "Telegram From the Mission to the North Atlantic Treaty Organization and European Regional Organizations to the Department of State", (June 17, 1967), SECRET, *FRUS, 1964-1968, Volume XIII*, p. 588.

(130) Incoming Telegram Geneva 4116, "NPT - Foster-Roshchin Talks - Recommended Text", (June 7, 1967), SECRET, *NPT 7.22.66. Vol. I (1/2)*, Box 26, Subject File, NSF, LBJL.

(131) Memorandum for Bundy from Keeny, "NPT-Safeguards (Article III) and Interpretations", (June 23, 1967), SECRET, *NPT 7.22.66. Vol. I (1/2)*, Box 26, Subject File, NSF, LBJL.実際,1968年7月10日に開催された上院外交委員会の公聴会において,ラスクは解釈条文と同様の内容を発言したが,ソ連側からこのことに対する反応はみられなかった。"Statement by Secretary of State Rusk to the Senate Foreign Relations Committee on the Nonproliferation Treaty, July 10, 1968", *DODA, 1968*, pp. 495-496;黒崎輝「アメリカ外交と核不拡散条約の成立(二・完)」『法学』第65巻第6号(2001年)793-794頁。

(132) Document 201, "Memorandum From the President's Special Assistant (Rostow) to President Johnson", CONFIDENTIAL, *FRUS, 1964-1968, Volume XI*, pp. 494-495; "Draft Treaty on the Nonproliferation of Nuclear Weapons, August 24, 1967", *DODA, 1967*, pp. 338-341.

(133) "Draft Treaty on the Nonproliferation of Nuclear Weapons, August 24, 1967".

(134) "Treaty on Nonproliferation of Nuclear Weapons, July 1, 1968", *DODA, 1968*, pp. 461-465.

終　章
競合性の克服

1　ジョンソン政権における核不拡散政策の課題

　ジョンソン政権にとって核拡散問題とは，1950年代半ばから浮上した西ドイツによる核武装問題であり，NATOにおける核拡散への懸念であった。ところが，1964年10月に中国が核実験を実施したことにより，欧州以外の世界的な核拡散に対する危機感も大きな高まりをみせた。このように，1960年代半ばに核拡散問題の地平が拡大したことを背景として，同政権は2つの核拡散リスクへの対応に迫られることになったのであった。

　ジョンソン政権は，これらに対して2つの政策アプローチを採った。同盟内の核拡散リスクに対しては，NATO核共有制度による同盟アプローチを追求した。同盟国が核武装に求めるであろう，絶対的な対ソ抑止力や同盟における政治的平等性の確保という機能を，米国の核兵器運用に同盟国を参画させる核共有制度により代替的に提供することで，NATOにおける核拡散の防止を目指したのであった。その一方，世界的な核拡散リスクに対しては，包括的な核実験禁止条約や軍備管理協定に加え，NPTを中核とする多国間制度アプローチを追求した。核兵器保有国と非保有国に対して，核兵器の拡散行為や取得行為を禁止する多国間条約を成立させることによって，欧州地域も含めた世界的な核拡散の防止を目指すようになった。

　しかしながら，この2つの政策アプローチを同時に追求することは大きな困難を伴うこととなった。ソ連は，同盟アプローチの主眼として掲げられていた多角的核戦力（MLF）構想が西ドイツに対する事実上の核拡散行為であるとして強く反発し，多国間制度アプローチの中核である核不拡散条約（NPT）において，同構想を禁止することを主張して譲らなかった。これにより，両アプロ

ーチの間には競合性が生まれたのであった。

　MLF 構想や大西洋核戦力（ANF）構想という戦力共有方式に基づいた同盟アプローチを追求した場合，ソ連との NPT 交渉が妥結する可能性は極めて低くなる。その一方，NPT 交渉の妥結を目指した場合，同盟アプローチについて妥協せざるを得なくなり，それに不満を蓄積させた西ドイツがいずれ核武装を選択するかもしれない。将来的な西ドイツの核武装を防止すると同時に，世界的な核拡散も予防する。ジョンソン政権の核不拡散政策が成功するためには，同盟アプローチと多国間制度アプローチの間に生じた競合性の問題を克服することが不可欠の条件となった。

　本書の目的は，ジョンソン政権の核不拡散政策において浮上した政策間の競合性の問題が解決されたのかという疑問に答えることであった。そこでの焦点は，なぜ NPT は締結に至った一方，当初追求された MLF 構想は実現されなかったのか，という問題であった。これまでの考察を通じて明らかとなったのは，ジョンソン政権は競合性の問題を克服し，2 つの政策アプローチを共に進展させるに至ったということである。同盟アプローチについては，1950 年代後半に創設された核備蓄制度に加え，核政策に関する協議体として核防衛問題委員会（NDAC）／核計画グループ（NPG）の創設というかたちで完成するに至った。それと同時に，NPT の成立というかたちで多国間制度アプローチにおける政策目標を達成したのであった。MLF/ANF 構想が実現されなかったのは，同盟アプローチにおいて集団的・戦略核戦力の創設という戦力共有方式の妥当性が失われたからなのであり，NPT 妥結のために「犠牲」となったからではなかった。それではなぜ，どのように政策アプローチ間の競合性を克服することが可能となったのか。

2　核不拡散政策を進展に導いた 3 つの要因

　ジョンソン政権が競合性の問題を解決し，2 つの政策アプローチを共に進めることができた背景には，次の 3 つの要因があった。

　第 1 には，先行的に追求された同盟アプローチに関して，MLF/ANF 構想という戦力共有方式から方針転換がなされ，NDAC/NPG という政策協議方式

に基づいた NATO 核共有制度を創設することが，西ドイツを始めとする西欧同盟諸国に受容されたことである。

その背景には，戦力共有方式でなくとも，軍事上の実用性に加え政治的にも有用な政策協議方式によって，西ドイツの核武装を防止する上で不可欠とみられていた，ソ連という脅威に対する安全の提供や，同盟における平等性の確保という条件を満たすことができるという考え方が，ジョンソン政権において広く受容されるようになったことがある。

ボール国務次官や政策企画室のオーウェンを始めとする MLF/ANF 推進派の考えでは，西ドイツの核武装を防止するためには，信憑性・信頼性の高い対ソ抑止力の提供という条件以上に，既に核保有国となっていた英国やフランスと同等の政治的地位を確保することが重要な条件であった。したがって，英国やフランスの核戦力を融合させた集団的・戦略核戦力を創設し，混合乗員制により運用することを強く主張したのである。さらに，新核戦力の創設費用を共同負担することにより，西ドイツを含めて核兵器を集団的に「所有」することも重視されていた。しかし，西ドイツを除き，この提案に対して西欧同盟諸国は消極的・受動的態度に終始したことから，ホワイトハウスを中心に，その妥当性に疑念がいだかれるようになった。

その一方，マクナマラ国防長官の提案を契機として設置された国防相特別委員会（SPECOM）は，同盟内での支持を拡大していた。多くの西欧同盟諸国は，SPECOM での協議を通じて，米ソ間の戦略核戦力バランスの状況などの米国の核政策に関する機微な情報に接することが初めて可能となった。さらに NPG では，欧州地域における戦術核兵器の使用方針や核兵器使用決定の事前協議のあり方という，西ドイツの安全保障にとり極めて重要な問題でありながら，歴史的背景から公然と求めることが政治的に難しい問題を協議する機会を得られていたのであった。SPECOM や NPG に対しては，英国だけでなくフランスも消極的ながら支持する姿勢を示したことも，MLF 構想への対応とは対照的であった。このような同盟国の積極的な反応を前に，ジョンソン政権は同盟アプローチの中核として政策協議方式を優先的に追求することを決定したのであった。

第 2 の要因は，ジョンソン政権内で，世界的な核拡散に対する危機意識が高

まり，その防止に向けて米国は積極的に取り組むべきであるという認識が次第に共有されるようになったことである。その結果，その実効性に対する懐疑論の強かった多国間制度アプローチが継続的に追求されることになった。

ジョンソン政権では当初，世界的な核拡散は米国の安全にとって望ましい状況とはいえないものの，すべての核拡散を防止するためには莫大な政治的・軍事的負担が必要となるため，米国が積極的に関与するほどの脅威ではないという意見が少なくなかった。その背景には，国家が核兵器の取得を目指すのは，安全保障の維持や国家威信の確保が大きな理由であるという考え方や，国務省内の欧州中心主義的な世界観の影響があった。

西ドイツ核武装問題は，米国の安全保障に直結する重要な問題であることに加え，同盟アプローチを通じてソ連という脅威に対する「安全」と同盟内の政治的な「地位」を代替的に提供することで，核武装を防止することが期待できる。その一方，欧州以外の地域において同盟アプローチを追求することは，核不拡散措置としての実効性や予想される莫大なコストを考えた場合，妥当な選択肢ではなかった。さらに，インドのような非同盟主義を掲げる国家に対して米国が積極的に安全の保証を与えることは，他の同盟国に対するコミットメントの信憑性・信頼性を相対的に下げてしまうおそれもある。

この認識に立てば，米国は，NATO内の核拡散リスクへの対応を優先的に追求すべきであり，世界的な核拡散リスクに積極的に関与する必要性は低いという結論に至るのであった。それは，有効な核不拡散措置とは同盟アプローチのみであり，多国間制度アプローチの核不拡散政策としての実効性は低いという見方にもつながっていた。とりわけNPTは，安全や地位を提供するどころか，条約交渉を通じソ連に対して同盟アプローチのあり方に関与する機会を与えてしまう。さらに，核保有国と非核保有国との間の境界線を明確に引くことにより，西ドイツの「永続的に劣った地位」を確定させてしまうことになるため，国務省では核武装に対する有効な代替案とはなり得ないという見方が主流を占めていた。

このような状況の中，多国間制度アプローチが継続的に追求される上で重要な役割を果たしたのが，軍備管理・軍縮庁（ACDA）やホワイトハウスのNSCスタッフの熱意とプラグマティズムであった。ACDAは，早くから世界的な

終章　競合性の克服

核拡散が米国の安全保障に大きな影響を与えると確信しており，その防止に向けて NPT の妥結は不可欠であると考えていた。

　すなわち，「核能力国」の核武装をめぐる意思決定に影響を与えるためには，直接的な 2 国間枠組みでの対応では不十分であり，核兵器開発に反対する各国内の政治主体の影響力を強化することができる多国間条約の存在が重要なのであった。ただし，同盟アプローチが主流であった国務省では，このような意見は少数派に止まっていた。

　その後，中国の核実験を受けて設置されたギルパトリック委員会は，大きな転機となった。その最終報告書では，米国は世界的な核拡散の防止に向けて積極的に取り組むべきであり，核開発が懸念される対象国に対する直接的な措置に加え，NPT をはじめとする多国間条約の締結を追求すべきという明確な方向性が示されたことを契機として，ACDA の政策論が政権内に浸透することになった。同報告書自体は極秘扱いとなったが，多国間制度アプローチ推進派の積極的な取り組みを背景に，軍備管理交渉の進展に向けた政策措置の検討を指示した NSAM335 号や，それを受けて作成された政策文書において，多国間制度アプローチを有効な核不拡散措置として追求すべきという提言が採用されたのであった。

　競合性の克服に影響を与えた第 3 の要因は，先行的に完成された同盟アプローチの内容を禁止しない文言で，NPT 第 1 条・第 2 条が確定したことである。この過程では，ソ連側との間で暫定的な合意案が成立したことも重要な局面であったが，暫定案の文言及び解釈について，西ドイツをはじめとする西欧同盟諸国の同意を取り付けることができたことが，決定的であった。

　ジョンソン政権は，1966 年，インド核問題やパストーレ決議の採択という国内外の要因により NPT を求める声が強まる中，慎重に対ソ交渉を進めた。ソ連側が最初に提示した NPT 草案では，MLF 構想だけでなく核備蓄制度までもが禁止される可能性があり，NPT の締結をソ連が本気で求めているのか，その真意が不明確であった。SPECOM のような政策協議制度に対しても，ソ連側は曖昧な態度を示していた。これに対しジョンソン政権は，NPT の妥結には西ドイツをはじめとする西欧同盟諸国との協議・同意が要件であるという姿勢を堅持しながら，交渉に臨んだのであった。

その後の交渉において，ソ連側から現行のNATO共有制度やNDAC/NPGという政策協議制度を容認する姿勢が示されると，焦点はMLF/ANF構想に関する文言の策定に絞られた。ジョンソン政権は，非核保有国に対して核兵器及びコントロールや所有権の移譲を禁止する現行の米原子力法を改正しないという姿勢をとることで，核兵器の共同所有が想定されていたMLF構想を事実上放棄することを示した。ただし，ワシントンは，ソ連側草案のように軍事同盟を通じた間接的な核兵器及びコントロールの移譲を明示的に禁止するのではなく，「いかなる者にも」禁止するという文言の中で，その事実を読み込むことを求めたのであった。ただし，核弾頭ではなく運搬手段の移譲が想定されるANF構想は実現可能性が残されることとなった。結果的に，ソ連側もこの求めに応じたため，NPT第1条についての暫定合意案が形成されるに至った。

　米国政府による説明・協議が奏効し，西ドイツをはじめ西欧同盟諸国は，米ソの暫定合意案が現行の核共有制度やNPGを禁止しないことや，現行の米原子力法で禁止される行為以外は容認されるという解釈を早期に受け入れていた。その後，西ドイツの要請に応じて条文解釈の正式文書を作成し，それに対するソ連側の事実上の同意を取り付けることに成功した。この過程は，条文解釈文書というかたちを通じて，同盟アプローチのあり方についての米国の認識を同盟内外に明示する機会にもなった。したがって，条文解釈の内容に同盟諸国やソ連が同意したことは，同盟アプローチのあり方に対する同盟諸国やソ連の事実上の承認を意味するものでもあった。

　ジョンソン政権は，核不拡散に向けた2つの政策アプローチ間に生じた競合性を克服し，1950年代に浮上して以来未解決の問題であった西ドイツ核武装問題に加え，中国の核実験により浮上した世界的な核拡散問題に対して，NATO核共有制度による同盟アプローチとNPTを中核とする多国間制度アプローチを共に追求することに成功したのであった。

資料一覧

1. 1次資料
2. 政府公刊物, オーラル・ヒストリーなど
3. 学位論文
4. 参考文献

1. 1次資料

(1) 米国国立公文書館 (National Archives and Records Administration, College Park, Maryland [NARA])

National Security Council Meeting Files and Policy Reports, 11/1959-05/1966.

Records of the Ambassador at large, Llewellyn E. Thompson, 1961-1970.

Records of the US ACDA Numbered Documents of the UN Conference of the Committee on Disarmament, 1962-78.

Records of the Undersecretary of State George W. Ball, 1961-1966.

Records related to the Acheson NATO Exercise, 1966.

Records relating to the Defense Program and Operations, 1959-1969.

Record Group 59 WH&AF 1963-1966.

Record Group 59 Central File, 1964-1966.

Record Group 59 Central File, P&D, 1967-1969.

Bureau of European Affairs NATO and Atlantic Political-Military Affairs Records Relating to NATO Affairs, 1959-1966.

Bureau of European Affairs NATO and Atlantic Political-Military Affairs Records Relating to Political Affairs.

Bureau of European Affairs Office of European Regional Affairs Records of the NATO Advisor 1957-1961.

Bureau of European Affairs Office of Northern European Affairs Records Relating to the United Kingdom, 1962-1974.

Deputy Assistant Secretary for Politico-Military Affairs Records Relating to Disarmament and Arms Control, 1961-1966.

Deputy Assistant Secretary for Politico-Military Affairs Office of Operations Subject Files, 1962-1966.

Subject Files of J. Robert Schaetzel, 1961-1966.

Deputy Assistant Secretary for Politico-Military Affairs, Combined Policy Office Subject Files, 1961-1966.

Deputy Assistant Sec for Politico-Military Affairs Office of Operations Subject Files, 1962-1966.

Deputy Assistant Secretary for Politico-Military Affairs Subject files of the Special Assistant for Atomic Energy and Aerospace, 1950-1966.

Subject Files of the Deputy Assistant Secretary for Politico-Military Affairs, 1961-1968.

Records of the Multilateral Force Negotiating Team, 1961-1965.

SMLF Sub-Group and Paris Working Group Files 1963-1965.

SMLF Subject Files 1963-1966.

Office of the Special Assistant to the Security of State for MLF (S/MF) Chronological Files 1963-1965.

Office of the Special Assistant to the Security of State for MLF (S/MF) Sub-Group and Paris Working Group Files 1963-1965.

Office of the Special Assistant to the Security of State for MLF (S/MF) Subject Files 1963-1966.

(2) ジョンソン大統領記念図書館 (**Lyndon B. Johnson Library and Museum, Austin, Texas [LBJL]**)

The Lyndon Baines Johnson Library Papers of Francis M. Bator.

The Lyndon Baines Johnson Library Papers of George W. Ball.

【National Security File [NSF]】

LBJ, 1963-1969, NSF, Country File, Europe & USSR.

LBJ, 1963-1969, NSF, Files of Charles E. Johnson.

LBJ, 1963-1969, NSF, Files of Francis M. Bator.

LBJ, 1963-1969, NSF, Files of Robert W. Komer.

LBJ, 1963-1969, NSF, Memos to the President.

LBJ, 1963-1969, NSF, NSC Meetings.
LBJ, 1963-1969, NSF, Walt W. Rostow.
Papers of LBJ President, 1963-1969 NSF, Subject File [SF].
Papers of LBJ President, 1963-1969 NSF, Agency File [AF].
Papers of LBJ President, 1963-1969 NSF, Files of Spurgeon Keeny.
Papers of LBJ President, 1963-1969 NSF, Name File [NF].
Papers of LBJ President, 1963-1969 Office Files of Bill Moyers.
Papers of LBJ President, 1963-1969, NSF, Files of McGeorge Bundy.

(3) 英国公文書館（The National Archives, Kew, Richmond）
FO 371. 179079
FO 371. 179080
FO 371. 184457
FO 371. 184458
FO 371. 184461
FO 371. 184462
FO 371. 190635
FO 371. 190636

2．政府公刊物，オーラル・ヒストリーなど

(1) Foreign Relations of the United States [FRUS]

Department of State, *Foreign Relations of the United States, 1955-57, Volume IV : Western European Security and Integration*, (USGPO, 1986).

Department of State, *Foreign Relations of the United States, 1955-1957, Volume XIX : National Security Policy*, (USGPO, 1990).

Department of State, *Foreign Relations of the United States, 1958-1960, Volume III : National Security Policy ; Arms Control and Disarmament*, (USGPO, 1996).

Department of State, *Foreign Relations of the United States, 1958-1960, Volume VII Part 1 : Western European Integration and Security Canada*, (USGPO, 1993).

Department of State, *Foreign Relations of the United States, 1958-1960, Volume VII Part 2 : Western Europe*, (USGPO, 1993).

Department of State, *Foreign Relations of the United States, 1961-1963, Volume VII : Arms Control and Disarmament,* (USGPO, 1995).

Department of State, *Foreign Relations of the United States, 1961-1963, Volume VIII : National Security Policy,* (USGPO, 1996).

Department of State, *Foreign Relations of the United States, 1961-1963, Volume XIII : West Europe and Canada,* (USGPO, 1994).

Department of State, *Foreign Relations of the United States, 1964-1968, Volume X : National Security Policy,* (USGPO, 2002).

Department of State, *Foreign Relations of the United States, 1964-1968, Volume XI : Arms Control and Disarmament,* (USGPO, 1997).

Department of State, *Foreign Relations of the United States, 1964-1968, Volume XII : Western Europe,* (USGPO, 2001).

Department of State, *Foreign Relations of the United States, 1964-1968, Volume XIII : Western Europe Region,* (USGPO, 1995).

Department of State, *Foreign Relations of the United States, 1964-1968, Volume XIV : The Soviet Union,* (USGPO, 2001).

Department of State, *Foreign Relations of the United States, 1964-1968, Volume XV : Germany and Berlin,* (USGPO, 1999).

(2) **Documents on Disarmament [DODA]**

Department of State, *Documents on Disarmament 1945-1959, Volume I 1945-1956,* (USGPO, 1960).

Department of State, *Documents on Disarmament 1960,* (USGPO, 1961).

United States Arms Control and Disarmament Agency, *Documents on Disarmament 1961,* (USGPO, 1962).

United States Arms Control and Disarmament Agency, *Documents on Disarmament 1962, Volume I : January-June,* (USGPO, 1963).

United States Arms Control and Disarmament Agency, *Documents on Disarmament 1962, Volume II : July-December,* (USGPO, 1963).

United States Arms Control and Disarmament Agency, *Documents on Disarmament 1963,* (USGPO, 1964).

United States Arms Control and Disarmament Agency, *Documents on Disarmament*

1964, (USGPO, 1965).

United States Arms Control and Disarmament Agency, *Documents on Disarmament 1965*, (USGPO, 1966).

United States Arms Control and Disarmament Agency, *Documents on Disarmament 1966*, (USGPO, 1967).

United States Arms Control and Disarmament Agency, *Documents on Disarmament 1967*, (USGPO, 1968).

United States Arms Control and Disarmament Agency, *Documents on Disarmament 1968*, (USGPO, 1969).

(3) **Public Papers of the Presidents**

Lyndon B. Johnson, *Containing the Public Messages, Speeches, and Statements of the President 1963-64, Book I - November 22, 1963 to June 30, 1964*, (GPO, 1965).

Lyndon B. Johnson, *Containing the Public Messages, Speeches, and Statements of the President 1963-64, Book II - July 1, 1968 to January 20, 1969*, (GPO, 1965).

(4) オーラル・ヒストリー

Transcript, McGeorge Bundy Oral History Special Interview I, 3/30/93, by Robert Dallek, Internet Copy, LBJ Library.

Transcript, McGeorge Bundy Oral History Special Interview II, 11/10/93, by Robert Dallek, Internet Copy, LBJ Library.

Transcript, Walt W. Rostow Oral History Interview I, 3/21/69, by Paige E. Mulhollan, Internet Copy, LBJ Library.

Transcript, Dean Rusk Oral History Interview I, 7/28/69, by Paige E. Mulhollan, Internet Copy, LBJ Library.

Transcript, Dean Rusk Oral History Interview II, 9/26/69, by Paige E. Mulhollan, Internet Copy, LBJ Library.

Transcript, Dean Rusk Oral History Interview III, 1/2/70, by Paige E. Mulhollan, Internet Copy, LBJ Library.

Transcript, Dean Rusk Oral History Interview IV, 3/8/70, by Paige E. Mulhollan, Internet Copy, LBJ Library.

Transcript, Bromley Smith Oral History Interview I, 7/29/69, by Paige E. Mulhollan,

Internet Copy, LBJ Library.

Transcript, Bromley Smith Oral History Interview II, 9/25/69, by Paige E. Mulhollan, Internet Copy, LBJ Library.

⑸ 国家安全保障アーカイブ (National Security Archives [NSA])

U. S. Nuclear History : Nuclear Arms and Politics in the Missile Age, 1955-1968.

U. S. Nuclear Non-Proliferation Policy, 1945-1991.

⑹ その他

Historical Office, Office of the Secretary of Defense, History of The Office of the Secretary of Defense Volume V : Lawrence S. Kaplan, Ronald D. Landa, and Edward J. Drea, *The McNamara Ascendancy 1961-1965*, (USGPO, 2006).

Lord Ismay, *NATO : The First Five Years 1949-1954*, (Bosch, 1955).

NATO Information Service, *NATO : Facts about the North Atlantic Treaty Organization*, (Bosch, 1965).

3. 学位論文

Barnes Jr., Henley H., "The Nuclear Non-proliferation Treaty : Participants, Interests and Processes in American Foreign Policy Formulation", (Ph. D dissertation submitted to Rutgers University, 1976).

Maddock, Shane Joseph, "The Nth Country Conundrum : The American and Soviet quest for nuclear nonproliferation : 1945-1970", (Ph. D dissertation submitted to the University of Connecticut, 1997).

Smith, Roger K., "The Origins of the Regime : Non-Proliferation, National Interest, and American Decision-Making, 1943-1976", (Ph. D dissertation submitted to the faculty of the Graduate School of Georgetown University, 1990).

4. 参考文献

⑴ 欧文

Alagappa, Muthiah, ed., *The Long Shadow : Nuclear Weapons and Security in 21st*

Century Asia, (Stanford University Press, 2008).

Aldrich, Richard J., "Intelligence within BAOR and NATO's Northern Army Group", *The Journal of Strategic Studies*, Vol. 31, No. 1, (February, 2008), pp. 89-122.

Allison, Graham, and Philip Zelikow, *Essence of Decision : Explaining the Cuban Missile Crisis*, (Longman, 1999).

Ball, Desmond, "U. S. Strategic Forces : How Would They Be Used ?", *International Security*, Vol. 7, No. 3, (Winter, 1982-1983), pp. 31-60.

―――, *Politics and Force Levels : The Strategic Missile Program of the Kennedy Administration*, (University of California Press, 1980).

―――, and Robert C. Toth, "Revising the SIOP : Taking War-Fighting to Dangerous Extremes", *International Security*, Vol. 14, No. 4, (Spring, 1990), pp. 65-92.

Ball, George W., *The Past Has Another Pattern : Memoirs*, (W. W. Norton and Company, 1983).

―――, *The Discipline of Power : Essentials of a Modern World Structure*, (An Atlantic Monthly Press Book, 1968).

Beschloss, Michael, ed., *Reaching for Glory : Lyndon Johnson's Secret White House Tapes, 1964-1965*, (Simon & Schuster, 2001).

Bird, Kai, *The Color of Truth : McGeorge Bundy and William Bundy : Brothers in Arms*, (Touchstone, 1998).

Bluth, Christopher, *Britain, Germany, and Western Nuclear Strategy*, (Oxford University Press, 1955).

Bobbitt, Philip, Lawrence Freedman, and Gregory F. Treverton, eds., *US Nuclear Strategy : A Reader*, (New York University Press, 1989).

Boulton, J. W., "NATO and the MLF", *Journal of Contemporary History*, Vol. 7, No. 3/4, (Jul.-Oct., 1972), pp. 275-294.

Boutwell, Jeffrey, *The German Nuclear Dilemma*, (Cornell University Press, 1990).

Bowie, Robert R., "Strategy and the Atlantic Alliance", *International Organization*, Vol. 17, No. 3, The Atlantic Community : Progress and Prospects, (Summer, 1963), pp. 709-732.

Brands, Hal, "Non-Proliferation and the Dynamics of the Middle Cold War : The Superpowers, the MLF, and the NPT", *Cold War History*, Vol. 7, No. 3, (August, 2007), pp. 389-423.

―――, "Rethinking Nonproliferation : LBJ, the Gilpatric Committee, and U. S. National Security Policy", *Journal of Cold War Studies*, Vol. 8, No. 2, (Spring, 2006), pp. 83-113.

Brodie, Bernard, "The Development of Nuclear Strategy", *International Security*, Vol. 2, No. 4, (Spring, 1978), pp. 65-83.

Buchan, Alastair, "The Multilateral Force in Historical Perspective", *Adelphi Paper*, No. 13, (October, 1964).

Bull, Hedley, *Hedley Bull on Arms Control*, (The Macmillan Press, 1987).

―――, *The Control of the Arms Race : Disarmament and Arms Control in the Missile Age*, (Frederick A. Praeger, Publishers, 1961).

Bundy, McGeorge, *Danger and Survival : Choices About the Bomb in the First Fifty Years*, (Vintage Books, 1990).

Bunn, George, *Arms Control by Committee : Managing Negotiations with the Russians*, (Stanford University Press, 1992).

Burr, William, and Jeffrey T. Richelson, "Whether to 'Strangle the Baby in the Cradle' : The United States and the Chinese Nuclear Program, 1960-1964", *International Security*, Vol. 25, No. 3, (Winter, 2000-2001), pp. 54-99.

Busch, Nathan E., and Daniel H. Joyner, eds., *Combating Weapons of Mass Destruction : The Future of International Nonproliferation Policy*, (The University of Georgia Press, 2009).

Buteux, Paul, *The Politics of Nuclear Consultation in NATO 1965〜1980*, (Cambridge University Press, 1983).

Campbell, Kurt M., Robert J. Einhorn and Mitchell B. Reiss, eds., *The Nuclear Tipping Point : Why States Reconsider Their Nuclear Choices*, (The Brookings Institution Press, 2004).

Carter, Ashton B., John D. Steinbruner and Charles A. Zraket, et al., *Managing Nuclear Operations*, (The Brookings Institution, 1987).

Chang, Gordon H., "JFK, China, and the Bomb", *The Journal of American History*, Vol. 74, No. 4, (March, 1988), pp. 1287-1310.

Charles, Daniel, *Nuclear Planning in NATO : Pitfalls of First Use*, (Ballinger Publishing Company, 1987).

Clarke, Duncan L., *Politics of Arms Control : The Role and Effectiveness of the U. S.*

Arms Control and Disarmament Agency, (The Free Press, 1979).

Clausen, Peter A., *Nonproliferation and the National Interest : America's Responses to the Spread of Nuclear Weapons*, (HarperCollins College Publishers, 1993).

Cleveland, Harlan, *NATO : The Transatlantic Bargain*, (Harper & Row, Publisher, 1970).

Cochran, Thomas B., William M. Arkin, and Milton M. Hoenig, *Nuclear Weapons Databook Volume II : U. S. Nuclear Warhead Production*, (Ballinger Publishing Company, 1987).

―――, *Nuclear Weapons Databook Volume I : U. S. Nuclear Forces and Capabilities*, (Ballinger Publishing Company, 1984).

Cogan, Charles G., *Forced to Choose : France, the Atlantic Alliance, and NATO - Then and Now*, (Praeger Publishers, 1997).

Cohen, Avner, *Israel and the Bomb*, (Columbia University Press, 1998).

Cohen, Warren, and Nancy B. Tucker, et al., *Lyndon Johnson Confronts the World : American Foreign Policy, 1963-1968*, (Cambridge University Press, 1994).

Colman, Jonathan, *The Foreign Policy of Lyndon B. Johnson : The United States and the World, 1963-1969*, (Edinburgh University Press, 2012).

―――, *A 'Special Relationship' ? : Harold Wilson, Lyndon B. Johnson and Anglo-American Relations 'at the Summit', 1964-68*, (Manchester University Press, 2004).

Craig, Campbell, and Sergey Radchenko, *The Atomic Bomb and the Origins of The Cold War*, (Yale University Press, 2008).

Dallek, Robert, *Lyndon B. Johnson : Portrait of A President*, (Penguin Books, 2004).

Destler, I. M., and Ivo H. Daalder, *In the Shadow of the Oval Office*, (Simon & Schuster, 2009).

Destler, I. M., Leslie H. Gelb and Anthony Lake, *Our Own Worst Enemy : The Unmaking of American Foreign Policy*, (Simon and Schuster, 1984).

DiLeo, David L., *George Ball, Vietnam, and the Rethinking of Containment*, (University of California Press, 1991).

Divine, Robert A., ed., *The Johnson Years, Volume One : Foreign Policy, the Great Society, and the White House*, (University Press of Kansas, 1987).

Dobrynin, Anatoly, *In Confidence : Moscow's Ambassador to America's Six Cold War*

Presidents, (Times Books, 1995).

Duffield, John S., *Power Rules : The Evolution of NATO's Conventional Force Posture*, (Stanford University Press, 1995).

Dupuy, Trevor N., and Gay M. Hammerman eds., *A Documentary History of Arms Control and Disarmament*, (T. N. Dupuy Associates, 1973).

Elman, Colin, and Mirian Fendisus Eleman, *Bridges and Boundaries : Historians, Political Scientists, and the Study of International Relations*, (The MIT Press, 2001).

Enthoven, Alain C., and K. Wayne Smith, *How Much Is Enough ? : Shaping the Defense Program, 1961-1969*, (Happer&Row, Publishers, 1971).

Feaver, Peter D., *Guarding the Guardians : Civilian Control of Nuclear Weapons in the United States*, (Cornell University Press, 1992).

―――, *Assuring Control of Nuclear Weapons : The Evolution of Permissive Action Links*, (University Press of America, 1989).

Fox, William T. R., and Annette B. Fox, *NATO and the Range of American Choice*, (Columbia University Press, 1967).

Freedman, Lawrence, *The Evolution of Nuclear Strategy*, (Palgrave, 2003).

Freeman, J. P. G., *Britain's Nuclear Arms Control Policy in the Context of Anglo-American Relations, 1957-60*, (The MacMillan Press, 1986).

Gaddis, John L., *Strategies of Containment : A Critical Appraisal of American National Security Policy during the Cold War*, (Oxford University Press, 2005).

―――, *The Landscape of History : How Historians Map the Past*, (Oxford University Press, 2004).

―――, *We Now Know : Rethinking Cold War History*, (Oxford University Press, 1998).

―――, *The Long Peace : Inquiries Into the History of the Cold War*, (Oxford University Press, 1989).

―――, *The United States and the Origins of the Cold War, 1941-1947*, (Columbia University Press, 1972).

Garthoff, Raymond L., *A Journey through the Cold War : A Memoir of Containment and Coexistence*, (Brookings Institution Press, 2001).

Gavin, Francis J., *Nuclear Statecraft : History and Strategy in America's Atomic Age*, (Cornell University Press, 2012).

―――, "Blasts from the Past : Proliferation Lessons from the 1960s", *International Security*, Vol. 29, No. 3 (Winter 2004/05), pp. 100-135.

George, Alexander L., and Andrew Bennett, *Case Studies and Theory Development in the Social Science*, (MIT Press, 2004).

Geyelin, Philip, *Lyndon B. Johnson and the World*, (Frederick A. Praeger, 1966).

Gregory, Shaun R., *Nuclear Command and Control in NATO : Nuclear Weapons Operations and the Strategy of Flexible Response*, (St. Marting's Press, 1966).

Haftendorn, Helga, *NATO and the Nuclear Revolution : Crisis of Credibility, 1966-1967*, (Clarendon Press, 1996).

―――, Georges-Henri Soutou, Stephen F. Szabo, and Samuel F. Wells Jr., eds., *The Strategic Triangle : Franc, Germany, and the United States in the Shaping of New Europe*, (Woodrow Wilson Center Press, 2006).

Halberstam, David, *The Best and the Brightest*, (Ballantine Books, 1993).

Halperin, Morton H., *Bureaucratic Politics & Foreign Policy*, (The Brookings Institution, 1974).

Heller, Francis H., ed., *NATO : The Founding of the Atlantic Alliance and the Integration of Europe*, (The Macmillan Press Ltd, 1992).

Hennessy, Peter, *The Prime Minister : The Office and its Holders since 1945*, (Penguin Books, 2000).

Heuser, Beatrice, *NATO, Britain, France and the FRG : Nuclear Strategies and Forces for Europe, 1949-2000*, (St. Martin's Press, 1997).

Hildenbrand, Gunter, "A German Reaction to U. S. Nonproliferation Policy", *International Security*, Vol. 3, No. 2, (Autumn, 1978), pp. 51-56.

Hymans, Jacques E. C., *The Psychology of Nuclear Proliferation : Identity, Emotions, and Foreign Policy*, (Cambridge University Press, 2006).

Inderfurth, Karl F., and Loch K. Johnson, *Fateful Decisions : Inside the National Security Council*, (Oxford University Press, 2004).

Jervis, Robert, "Realism in the Study of World Politics", *International Organization*, Vol. 52, No. 4, International Organization at Fifty : Exploration and Contestation in the Study of World Politics, (Autumn, 1998), pp. 971-991.

Johnson, George W., ed., *The Johnson Presidential Press Conferences*, Volume 1 (Publishers International Corporation Tokyo, 1978).

―――, *The Johnson Presidential Press Conferences*, Volume 2 (Publishers International Corporation Tokyo, 1978).

Johnson, Lyndon B., *The Vantage Point : Perspectives of the Presidency 1963-1969*, (Holt, Rinehart and Winston, 1971).

Jordan, Robert J., *Norstad : Cold War NATO Supreme Commander : Airman, Strategist, Diplomat*, (St. Marting's Press, 2000).

Kaplan, Fred, *The Wizards of Armageddon*, (Stanford University Press, 1983).

Kaplan, Lawrence S., *The long Entanglement : NATO's First Fifty Years*, (Praeger Publishers, 1999).

Karpin, Michael, *The Bomb in the Basement : How Israel went Nuclear and What That means for the World*, (Simon & Schuster Paperbacks, 2006).

Katzenstein, Peter J., ed., *The Culture of National Security : Norms and Identity in World Politics*, (Columbia University Press, 1996).

Kaufmann, William W., *The McNamara Strategy*, (Happer&Row, 1964).

Kelleher, Catharine M., *Germany and the Politics of Nuclear Weapons*, (Columbia University Press, 1975).

Keohane, Robert O., ed., *Neorealism and Its Critics*, (Columbia University Press, 1986).

King, Gary, and Robert O. Keohane, Sidney Verba, *Designing Social Inquiry : Scientific Inference in Qualitative Research*, (Princeton University Press, 1994).

Kissinger, Henry, *A Troubled Partnership : A Re-appraisal of the Atlantic Alliance*, (McGraw-Hill for the Council on Foreign Relations, 1965).

Kistiakowsky, George B., *A Scientist at the White House : The Private Diary of President Eisenhower's Special Assistant for Science and Technology*, (Harvard University Press, 1976).

Kohl, Wilfrid L., *French Nuclear Diplomacy*, (Princeton University Press, 1971).

―――, "Nuclear Sharing in NATO and the Multilateral Force", *Political Science Quarterly*, Vol. 80, No. 1, (Mar., 1965), pp. 88-109.

Legge, J. Michael, *Theater Nuclear Weapons and the NATO Strategy of Flexible Response*, (Rand Corp, 1983).

Liang, Pan, "Cooperation for Economic Survival and Status : Japan's Relationship with the World Bank 1960-90", *Journal of International Political Economy*, No. 11, (Mar., 2003), pp. 1-20.

―――, "The Formation of Japan's UN Policy in the early Postwar Era 1946-57", *Journal of International Political Economy*, No. 4, (Sep., 1999), pp. 17-41.

Lobel, Aaron ed., *Presidential Judgment : Foreign Policy Decision Making in the White House*, (Hollis Publishing Company, 2001).

Maddock, Shane J., *Nuclear Apartheid : The Quest for American Atomic Supremacy from World War II to The Present*, (The University of North Carolina Press, 2010).

―――,"The Fourth Country Problem : Eisenhower's Nuclear Nonproliferation Policy", *Presidential Studies Quarterly*, 28 (Summer, 1998), pp. 555-574.

McGhee, George, *At the Creation of a New Germany : From Adnauer to Brandt An Ambassador's Account*, (Yale University Press, 1989).

McNamara, Robert S., *In Retrospect : The Tragedy and Lessons of Vietnam*, (Times Books, 1995).

―――, *The Essence of Security : Reflections in Office*, (Hodder and Stoughton, 1968).

Nash, Philip, *The Other Missiles of October : Eisenhower, Kennedy, and the Jupiters, 1957-1963*, (The University of North Carolina Press, 1997).

Neustadt, Richard E., *Report to JFK : The Skybolt Crisis in Perspective*, (Cornell University Press, 1999).

Norris, Robert S., Andrew S. Burrows, and Richard W. Fieldhouse, *Nuclear Weapons Databook Volume V : British, French, and Chinese Nuclear Weapons*, (Westview Press, 1994).

Nye, Joseph S., Jr., *Understanding International Conflicts : An Introduction to Theory and History, 7th ed.*, (Longman, 2008).

―――, *Soft Power : The Means to Success in World Politics*, (PublicAffairs, 2004).

―――, "Nuclear Learning and U.S.-Soviet Security Regimes", *International Organization*, No. 41, (Summer, 1987), pp. 371-402.

―――, *Nuclear Ethics* (The Free Press, 1986).

―――, and Robert O. Keohane, *Power and Interdependence : World Politics in Transition*, (Longman, 2000).

Onozawa, Toru, "The Serch for an American Way of Nuclear Peace : The Eisenhower Administration Confronts Mutual Atomic Plenty", *The Journal of American Studies*, No. 20, (2009), pp. 27-46.

Osgood, Robert E., *NATO : The Entangling Alliance*, (University of Chicago Press,

1962).

Owen, Henry, and John T. Smith II, eds., *Gerard C. Smith : A Career in Progress*, (University Press of America, 1989).

Paul, T. V., Patrick M. Morgan and James J. Wirtz, *Complex Deterrence : Strategy in the Global Age*, (The University of Chicago Press, 2009).

Paul, T. V., *Power versus Prudence : Why Nations Forgo Nuclear Weapons*, (McGill-Queen's University Press, 2000).

Perkovich, George, *India's Nuclear Bomb : The Impact on Global Proliferation*, (University of California Press, 1999).

Pierre, Andrew J., *Nuclear Politics : The British Experience with an Independent Strategic Force 1939-1970*, (Oxford University Press, 1972).

Pierson, Paul, *Politics in Time : History, Institutions, and Social Analysis*, (Princeton University Press, 2004).

Pollack, Jonathan D., "Chinese Attitudes towards Nuclear Weapons, 1964-9", *The China Quarterly*, No. 50, (Apr.-Jun., 1972), pp. 244-271.

Polmar, Norman, and Robert S. Norris, *The U. S. Nuclear Arsenal : A History of Weapons and Delivery Systems Since 1945*, (Naval Institute Press, 2009).

Press, Daryl G., *Calculating Credibility : How Leaders Assess Military Threats*, (Cornell University Press, 2007).

Priest, Andrew, " 'In Common Cause' : The NATO Multilateral Force and the Mixed-Manning Demonstration on the USS *Claude V. Ricketts*, 1964-1965", *The Journal of Military History*, Vol. 69, No. 3, (July, 2005), pp. 759-789.

Quester, George H., *Nuclear Monopoly*, (Transaction Publishers, 2000).

Redford, Emmette S., and Marlan Blissett, *Organizing the Executive Branch : The Johnson Presidency*, (The University of Chicago Press, 1981).

Richelson, Jeffrey, *Spying on the Bomb : American Nuclear Intelligence from Nazi Germany to Iran and North Korea*, (W. W. Norton & Company, 2007).

Ritter, Scott, *Dangerous Ground : America's Failed Arms Control Policy, from FDR to Obama*, (Nation Books, 2010).

Rose, Richard, *Arsenals of Folly : The Making of the Nuclear Arms Race*, (Vintage Books, 2007).

Rothkopf, David J., *Running the World : The Inside Story of the National Security Council* and the Architects of American Power, (PublicAffairs, 2005).

Sagan, Scott D., *The Limits of Safety : Organizations, Accidents, and Nuclear Weapons*, (Princeton University Press, 1993).

――――, *Moving Targets : Nuclear Strategy and National Security*, (Princeton University Press, 1989).

――――, "SIOP-62 : The Nuclear War Plan Brifieng to President Kennedy", *International Security*, Vol. 12, No. 1, (Summer, 1987), pp. 22-51.

――――, and Kenneth N. Waltz, *The Spread of Nuclear Weapons : A Debate Renewed*, (W. W. Norton & Company, 2003).

Schelling, Thomas C., and Morton H. Halperin, *Strategy and Arms Control*, (The Twentieth Century Fund, 1961).

Schlesinger, Arthur M., *The Imperial Presidency*, (Mariner Books, 2004).

――――, *A Thousand Days : John F. Kennedy in White House*, (Mariner Books, 2002).

Schwartz, David, *NATO's Nuclear Dilemmas*, (The Brookings Institution, 1983).

Schwartz, Thomas A., *Lyndon Johnson and Europe : In the Shadow of Vietnam*, (Harvard University Press, 2003).

――――, *America's Germany : John J. McCloy and the Federal Republic of Germany*, (Harvard University Press, 1991).

Seaborg, Glenn T., with Benjamin S. Loeb, *Stemming the Tide : Arms Control in the Johnson Years*, (Lexington Books, 1987).

――――, *Kennedy, Khrushchev, Test Ban*, (University of California Press, 1983).

Shaker, Mohamed I., *The Nuclear Non-Proliferation Treaty : Origin and Implementation 1959-1979*, Vol. I, II, and III, (Oceana Publications, 1980).

Smith, Gerard C., *Disarming Diplomat : The Memoirs of Ambassador General C. Smith, Arms Control Negotiator*, (Madison Books, 1996).

Snyder, Glenn H., *Alliance Politics*, (Cornell University Press, 1997).

Steinbruner, John D., Ashton B. Carter and Charles A. Zraket, *Making Nuclear Operations*, (The Brookings Institution, 1987).

――――, and Leon V. Sigal, eds., *Alliance Security : NATO and the No-First-Use Question*, (The Brookings Institution, 1983).

――――, *The Cybernetic Theory of Decision : New Dimensions of Political Analysis*, (Princeton University Press, 1974).

Stromseth, Jane E., *The Origins of Flexible Response : NATO's Debate over Strategy in the 1960s*, (The Macmillan Press, 1988).

Tal, David, *The American Nuclear Disarmament Dilemma 1945-1963*, (Syracuse University Press, 2008).

Trachtenberg, Marc, *The Cold War and After : History, Theory, and the Logic of International Politics*, (Princeton University Press, 2012).

―――, *The Craft of International History : A Guide to Method*, (Princeton University Press, 2006).

―――, *Between Empire and Alliance : America and Europe during the Cold War*, (Rowan & Littlefield Publishers, 2003).

―――, *A Constructed Peace : The Making of the European Settlement, 1945-1963*, (Princeton University Press, 1999).

―――, "Strategic Thought in America, 1952-1966", *Political Science Quarterly*, Volume 104, Number 2, (Summer, 1989), pp. 301-334.

Twigge, Stephan, and Alan Macmillan, "Britain, the United States, and the Development of NATO Strategy, 1950-1964", *The Journal of Strategic Studies*, Vol. 19, No. 2, (June, 1996), pp. 260-281.

Walker, John R., *Britain and Disarmament : The UK and Nuclear, Biological and Chemical Weapons Arms Control and Programmes 1956-1975*, (Ashgate, 2012).

Waltz, Kenneth N., *Theory of International Politics*, (McGraw Hill, 1979).

―――, *Man, the State and War : A Theoretical Analysis*, (Columbia University Press, 1954).

Wenger, Andreas, Christian Nuenlist and Anna Locher eds., *Transforming NATO in the Cold War : Challenges beyond Deterrence in the 1960s*, (Routledge, 2007).

Wilson, Harold, *The Labour Government 1964-1970 : A Personal Record*, (Penguin Books, 1974).

Wittner, Lawrence S., *Resisting the Bomb : A History of the World Nuclear Disarmament Movement, 1954-1970*, (Stanford University Press, 1997).

Wohlstetter, Albert, "Nuclear Sharing : NATO and the N+1 Country", *Foreign Affairs*, Vol. 39, No. 3, (April, 1961), pp. 355-387.

Younger, Stephen M., *The Bomb : A New History*, (HarperCollins Publishers, 2009).

Zimmermann, Hubert, *Money and Security : Troops, Monetary Policy, and West*

Germany's Relations with the United States and Britain, 1950-1971,（Cambridge University Press, 2002）.

(2) **和文**

青野利彦『「危機の年」の冷戦と同盟——ベルリン，キューバ，デタント　1961～63年』（有斐閣，2012年）。

赤根谷達雄，落合浩太郎編『日本の安全保障』（有斐閣，2004年）。

―――― 『「新しい安全保障論」の視座』（亜紀書房，2001年）。

赤根谷達雄「軍備管理レジームの比較と核兵器レジームの将来展望」『新防衛論集』28巻(4)（2001年3月）69-90頁。

―――― 『日本のガット加入問題　《レジーム理論》の分析視角による事例研究』（東京大学出版会，1992年）。

秋野豊『偽りの同盟——チャーチルとスターリンの間』（勁草書房，1998年）。

秋山信将『核不拡散をめぐる国際政治——規範の遵守，秩序の変容』（有信堂，2012年）。

新垣拓「ジョンソン政権における核シェアリング政策——NATO核問題と政策協議方式案の採用」『国際政治』第163号（2011年3月）68-80頁。

―――― 「核拡散問題とジョンソン政権——米国の核不拡散戦略の形成」『国際政治経済学研究』第13号（2004年3月）43-54頁。

今井隆吉『核軍縮——軍備管理の実態』（サイマル出版会，1987年）。

今田高俊『自己組織性——社会理論の復活』（創文社，1995年）。

岩田修一郎「単極構造時代の軍備管理——大量破壊兵器の規制条約と米国の対応」『国際安全保障』第31巻第1・2合併号（2003年9月）93-108頁。

―――― 『核戦略と核軍備管理——日本の非核政策の課題』（日本国際問題研究所，2000年）。

岩間陽子「ヨーロッパ分断の暫定的受容——1960年代」臼井実稲子編『ヨーロッパ国際体系の史的展開』（南窓社，2000年）。

―――― 「ベルリン危機とアイゼンハワー外交——『大量報復戦略』の限界」（一）（二・完）『法学論叢』第141巻1号（1997年）72-89頁，第142巻3号（1997年）86-107頁。

―――― 『ドイツ再軍備』（中央公論社，1993年）。

梅本哲也『アメリカの世界戦略と国際秩序——覇権，核兵器，RMA』（ミネルヴァ書

房，2010 年)。
——『核兵器と国際政治 1945〜1995』(国際問題研究所，1996 年)。
小川伸一『「核」，軍備管理・軍縮のゆくえ』(芦書房，1996 年)。
金子譲『NATO 北大西洋条約機構の研究——米欧安全保障関係の軌跡』(彩流社，2008 年)。
川嶋周一『独仏関係と戦後ヨーロッパ国際秩序——ドゴール外交とヨーロッパの構築 1958-1969』(創文社，2007 年)。
倉科一希『アイゼンハワー政権と西ドイツ——同盟政策としての東西軍備管理交渉』(ミネルヴァ書房，2008 年)。
——「西独核兵器保有の不安と米国政府の対応——アイゼンハワー政権期」『アメリカ研究』第 40 号 (2006 年 3 月) 159-175 頁。
黒崎輝「米国の核優位への執着と全面完全軍縮 1959-1963 年——核軍備競争における米国の役割の再考」『国際政治』第 163 号 (2011 年 1 月) 41-54 頁。
——『核兵器と日米関係——アメリカの核不拡散外交と日本の選択 1960-1976』(有志舎，2006 年)。
——「アメリカ外交と核不拡散条約の成立 (二・完)」『法学』第 65 巻第 6 号 (2002 年 2 月) 789-842 頁。
——「アメリカ外交と核不拡散条約の成立 (一)」『法学』第 65 巻第 5 号 (2001 年 12 月) 644-705 頁。
黒沢満編『大量破壊兵器の軍縮論』(信山社，2004 年)。
黒沢満『軍縮問題入門〈第 4 版〉』(東信堂，2012 年)。
——『核軍縮と国際法』(有信堂，1992 年)。
——『軍縮国際法の新しい視座——核兵器不拡散体制の研究』(有信堂，1986 年)。
小島かおる「ジョージ・ボールと『大西洋パートナーシップ』構想——多角的核戦力 (MLF) 問題を中心に」『法学政治学論究』第 44 号 (2000 年 3 月) 59-96 頁。
小林弘幸「第 1 次ハロルド・ウィルソン政権の大西洋核戦力構想」『法学政治論究』第 97 号 (2013 年 6 月) 185-204 頁。
——「第 1 次ハロルド・ウィルソン政権とポラリス・ミサイル搭載型潜水艦建造問題，1964-1965 年」『法学政治学論究』第 94 号 (2012 年 9 月) 101-125 頁。
齋藤嘉臣『冷戦変容とイギリス外交——デタントをめぐる欧州国際政治 1964〜1975』(ミネルヴァ書房，2006 年)。
佐々木卓也『アイゼンハワー政権の封じ込め政策——ソ連の脅威，ミサイル・ギャッ

プ論争と東西交流』(有斐閣, 2008年)。

――『封じ込めの形成と変容――ケナン, アチソン, ニッツェとトルーマン政権の冷戦戦略』(三嶺書房, 1993年)。

佐々木卓也編『戦後アメリカ外交史』(有斐閣, 2002年)。

佐藤栄一『現代の軍備管理・軍縮――核兵器と外交』(東海大学出版会, 1989年)。

武田悠『「経済大国」日本の対米協調』(ミネルヴァ書房, 2015年)。

津崎直人「核拡散防止条約の起源 (1955-1961年)(二・完)」『法学論叢』161巻1号 (2007年4月) 46-67頁。

――「核拡散防止条約の起源 (1955-1961年)(一)」『法学論叢』159巻5号 (2006年8月) 59-81頁。

――「ベルリン危機における西ドイツ核武装問題と核拡散防止条約の起源 (1961-1962年)(二)・完――核不拡散体制の起源」『法学論叢』151巻4号 (2002年) 112-133頁。

――「ベルリン危機における西ドイツ核武装問題と核拡散防止条約の起源 (1961-1962年)(一)――核不拡散体制の起源」『法学論叢』150巻5号 (2002年) 95-117頁。

土山實男『安全保障の国際政治学――焦りと傲り』(有斐閣, 2004年)。

――「リアリズムの再構築は可能か――ツキディディスの国際政治学」『国際政治』第124号 (2000年5月) 45-63頁。

仲本和彦『研究者のためのアメリカ国立公文書館徹底ガイド』(凱風社, 2008年)。

納家政嗣「軍縮問題と国際体制」『国際政治』第76号 (1984年5月) 62-82頁。

納家政嗣, 梅本哲也編『大量破壊兵器不拡散の国際政治学』(有信堂, 2000年)。

西岡達裕『アメリカ外交と核軍備競争の起源――1943～1946』(彩流社, 1999年)。

波多野雄『歴史としての日米安保条約――機密外交記録が明かす「密約」の虚実』(岩波書店, 2010年)。

波多野澄雄編著『池田・佐藤政権期の日本外交』(ミネルヴァ書房, 2004年)。

細谷雄一『倫理的な戦争――トニー・ブレアの栄光と挫折』(慶應義塾大学出版会, 2009年)。

――『外交による平和――アンソニー・イーデンと二十世紀の国際政治』(有斐閣, 2005年)。

――『大英帝国の外交官』(筑摩書房, 2005年)。

――『戦後国際秩序とイギリス外交――戦後ヨーロッパの形成 1945年～1951

年』（創文社，2001 年）。

前田寿『軍縮交渉史　1945〜1967 年』（東京大学出版会，1968 年）。

牧野和伴「MLF 構想と同盟戦略の変容」（一）（二・完）『成蹊大学法学政治学研究』第 21 巻（1999 年 2 月）25-46 頁，第 22 巻（2000 年 6 月）57-81 頁。

松岡完『ケネディとベトナム戦争——反乱鎮圧戦略の挫折』（錦正社，2013 年）。

―――『ケネディと冷戦——ベトナム戦争とアメリカ外交』（彩流社，2012 年）。

―――『20 世紀の国際政治——二度の世界大戦と冷戦の時代』（同文舘出版，2003 年）。

―――『ベトナム戦争——誤算と誤解の戦場』（中央公論新社，2001 年）。

―――『1961 ケネディの戦争——冷戦・ベトナム・東南アジア』（朝日新聞社，1999 年）。

―――「1950 年代アメリカの同盟再編戦略——統合の模索」『国際政治』第 105 号（1994 年 1 月）80-93 頁。

―――『ダレス外交とインドシナ』（同文舘出版，1988 年）。

―――「ダレス外交と欧州防衛共同体——米国主導下の欧州統合をめざして」『筑波法政』第 9 号（1986 年 3 月）259-292 頁。

森聡『ヴェトナム戦争と同盟外交——英仏の外交とアメリカの選択　1964-1968 年』（東京大学出版会，2009 年）。

山本健太郎『ドゴールの核政策と同盟戦略——同盟と自立の狭間で』（関西学院大学出版会，2012 年）。

山本吉宣『国際レジームとガバナンス』（有斐閣，2008 年）。

―――『「帝国」の国際政治学——冷戦後の国際システムとアメリカ』（東信堂，2007 年）。

―――「安全保障レジーム」『国際政治』第 117 号（1998 年 3 月）21-38 頁。

―――「国際レジーム論——政府なき統治を求めて」『国際法外交雑誌』95 巻 1 号（1996 年 1 月）1-53 頁。

吉田真吾『日米同盟の制度化——発展と深化の歴史過程』（名古屋大学出版会，2012 年）。

あとがき

　本書は，2013 年度に筑波大学大学院人文社会科学研究科国際政治経済学専攻に提出した博士論文「ジョンソン政権における米国の核不拡散政策の進化——包括的な核不拡散アプローチの形成」を加筆修正したものである。
　博士論文の執筆をはじめ，本書を出版することができたのは，多くの方々のご指導，ご助言，ご支援のおかげである。これまでお世話になった方々，助けていただいたすべての方々に，心から御礼申し上げたい。
　まず，本書の基盤となる博士論文を審査していただいた，論文審査委員会の赤根谷達雄先生，首藤もと子先生，松岡完先生，潘亮先生に厚く御礼申し上げたい。大学院に進学して以来ご指導いただいている赤根谷先生には，本書の研究テーマを見出す上で，大きなご示唆をいただいた。大学院に進学して間もないころ，安全保障分野における国際レジームへの関心から，NPT レジームの形成過程に興味があると相談したところ，歴史と理論の融合的な理解を重視される先生は，まず米国の公文書館に向かうようご助言くださった。それが，本書をはじめ筆者の研究の端緒となった。博士論文の執筆中も，筆者が 1 次史料の微細にとらわれ全体的な研究課題を見失うことの多い中，現実主義的視点から示される本質的な問いやコメントを通じて，幾度となく救っていただいた。
　首藤先生には，急なお願いにもかかわらず審査をご快諾いただいた上，鋭いご指摘だけでなく温かい励ましのお言葉もいただいた。松岡先生には，当初，複雑で読みづらい内容となっていた論文草稿について，構成の重要性について貴重なご指摘，ご助言をいただいた。また，研究者として，社会人としての作法についても，多くを勉強させていただいている。潘先生には，研究課題と構成の関係についての貴重なご指摘や激励のお言葉をいただいた。
　次に，波多野澄雄先生（筑波大学名誉教授，アジア歴史資料センター長）と故・秋野豊先生に御礼申し上げたい。波多野先生には，秋野豊先生の訃報に接し，快く学部ゼミ生として受け入れていただいた。温厚柔和なお人柄だけでなく，学問に対する厳しい姿勢にも多くを学ばせていただいている。

秋野先生には，国際政治のダイナミズムや面白さだけでなく，人間として多くのことを教えていただいた。先生の言動に「惑わされて」大学を休学し，ロシアをはじめ中央アジア諸国をバックパッカーとして放浪できたことは，世界の多様な現実を肌身で感じる貴重な経験であった。今は直接お話しすることはできないが，困難を楽しみとして捉え，ユーモアと共に常に挑戦を惜しまなかった姿勢に多くの勇気をいただいている。

　本書で利用した1次史料の大部分は，大学院生時代に客員研究員としてメリーランド大学に滞在していた時期に収集させていただいた。そのような貴重な機会を提供してくださった日米教育委員会の皆様，デスラー（I. M. Destler）教授をはじめ同大学においてお世話になった方々，米国立公文書館，ジョンソン大統領図書館，英国公文書館において求める史料の在り処を丹念に探していただいたアーキビストや職員の方々にも厚く感謝したい。

　日本国際政治学会において研究報告の機会をいただいた際には，青野利彦先生（一橋大学），赤木完爾先生（慶應義塾大学），倉科一希先生（広島市立大学），黒崎輝先生（福島大学）から，鋭いご質問や丁寧なコメントをいただいた。それらにより，筆者が見落としていた重要な視点，研究を進める上での課題に気付かせていただくと同時に，大きな学問的刺激もいただいた。厚く御礼申し上げたい。

　本書の一部は，日本学術振興会科学研究費（基盤研究B）「NATOにおける核共有制度・核協議制度の成立と運用」（研究課題番号25285053）および，政策研究大学院大学政策研究センター・リサーチプロジェクトの研究支援による成果である。同研究会では，研究報告の機会に加え，1960年代の核問題について，欧州諸国の視点や，その背景にある国内政治情勢を学ぶ貴重な機会をいただいている。代表者である岩間陽子先生（政策研究大学院大学）をはじめ，川嶋周一先生（明治大学），小窪千早先生（静岡県立大学），合六強氏（EUSI），小林弘幸氏（関東学院大学）には，心より感謝申し上げたい。

　現在奉職している防衛省防衛研究所では，防衛省・自衛隊のシンクタンクという立場から，学術的な研究だけでなく政策研究や行政業務に携わる経験もさせていただいている。その中で，研究テーマは異なるものの，安全保障に関する様々な課題に取り組む先輩や後輩の研究者の方々から多くの知的刺激をいた

あとがき

だいている。

　本書は，財団法人アメリカ研究振興会の出版助成を得て刊行された。その際には，常務理事の油井大三郎先生および審査委員の先生方から，本書の完成に不可欠の貴重なご指摘，ご示唆をいただいた。心より御礼申し上げたい。また，出版にあたってはミネルヴァ書房の皆様にお世話になった。編集をご担当いただいた大木雄太氏は，出版助成の応募から校正まで，怠惰な筆者を忍耐強く見守り，丁寧かつ的確なご助言をくださった。

　最後に，私事ではあるが，家族に感謝したい。父母や兄は，実家から遠く離れた地に進んだ筆者を，学部・大学院時代を通じて様々なかたちで支援してくれた。義父母や義妹も，筆者夫婦を常に温かく見守り続けてくれている。そして妻綾は，自らの体調も顧みず，怠惰な筆者を叱咤激励しながら心身ともに支えてくれている。妻がいなければ，本書はもとより，研究者としての自分はいなかったであろう。本書を妻に捧げることをお許しいただきたい。

　2016年4月

　　　　　　　　　　　　　　　　　　　　　　　　　新　垣　　拓

※本書の内容・意見は筆者個人の見解であり，防衛研究所や防衛省・自衛隊，日本国政府の見解を示すものではない。

人名索引

あ 行

アイゼンハワー, D. D.　12
アチソン, D.　194, 198, 201
アデナウアー, K. A.　11, 103, 249
アンチアソフ, M. V.　236
ウィーラー, E. G.　113
ウィルソン, H.　55
ウェイス, S.　113, 200
ウェブスター, W. S.　90
エアハルト, L.　28, 52, 63, 127, 142, 145, 148, 149, 179, 193, 210
オーウェン, H.　20, 21, 26, 28, 53, 180

か 行

ガーソフ, R. L.　91, 98, 100, 102, 113, 166
ガイヤール, F.　13
ガンディ, I.　168
キージンガー, K. G.　249, 251-253, 257
キーニー, S. M.　91, 157, 158, 229, 230
キシアコウスキー, G. B.　90
ギルパトリック, R. L.　90, 91, 104, 105, 112, 114
クライン, D.　50, 54, 55, 61, 127
グランサー, A. M.　17, 90
クリーブランド, H.　165, 208
グレヴェ, W.　52
グロムイコ, A. A.　179, 235-237, 242, 243, 245, 246, 250
ケネディ, J. F.　1
ケネディ, R.　159
ゴードンウォーカー, P. G.　55
コーラー, F.　241
ゴールドバーグ, A.　241, 248

さ 行

サラガット, G.　57
シーボーグ, G. T.　162

シャエッツェル, J. R.　26, 53, 211
シャストリ, L. B.　100
シュトラウス, F. J.　249
シュレーダー, G.　28, 129, 149, 214, 249
ジョンソン, C. E.　91
ジョンソン, L. B.　1, 51, 52, 55, 63-65, 67, 68, 86, 91, 112-114, 127, 148-150, 163, 170, 229, 230, 232, 233, 240-242, 257
ジョンソン, U. A.　200
スタッセン, H. E.　31
スパイヤーズ, R. I.　126, 200
スミス, B.　127
スミス, G. C.　26-28, 49, 50, 126, 127

た 行

タイラー, W. R.　50, 56, 57, 126, 127
ダレス, A. W.　90
ダレス, J. F.　15, 18, 31
チェプロフ, I. I.　235
チャルフォント, L.　175
ツァラプキン, S. K.　80, 179
デ・ジョン　133
ディーン, A. H.　90
ティメルバーエフ, R.　236
デパルマ, S.　236
ドゴール, C.　13
トポログル, A.　214
ドブルイニン, A. F.　33, 80, 177-179
ドミュルヴィル, M. C.　96
トルーマン, H. S.　14, 30
トンプソン, L.　85, 87-89, 102, 103, 158, 159, 163-165, 168

な 行

ナップシュタイン, H.　249-252
ニューシュタッド, R.　56
ネルー, J.　100
ノースタッド, L.　17, 19, 23

は 行

パーキンス, J. A.　90
ハーター, C.　21
バーバ, H. J.　100, 162
パストーレ, J. O.　228
バター, F. M.　134, 194-198, 201, 202
バルーク, B.　30
バン, G.　236
バンディ, M.　50, 54-58, 61-63, 68-70, 90, 113, 127, 128, 134-136, 138, 142-146, 157-159, 174, 178-180
ヒーリー, D. W.　63, 207
ピノー, C. P.　17
ビレンバッハ, K.　145
ファーリー, P. J.　53
フィッシャー, A.　87, 159, 229, 234, 235, 238, 239, 245, 254
フィンレター, T. K.　50, 53
ブーイ, R.　21-23, 26
フォスター, W. C.　31, 50, 51, 80, 159, 160, 179, 180, 228-231, 233, 236, 237, 239, 243-246, 248-251, 254, 255
フォン・ハッセル, K.-U.　28, 206, 208, 209
ブラウン, G.　248
ブラント, W.　249, 252-254, 257
ブルース, D. K. E.　58, 127
ブロジオ, M.　130-133
ボール, G.　26, 50, 52, 55-61, 64, 90, 102, 104, 126-128, 136-140, 142-145, 149, 202, 211, 212

ま 行

マーチャント, L.　24, 28
マーレー, R.　91
マギー, G. C.　127, 243
マクナマラ, R.　8, 25, 50, 55, 58, 61, 63, 86, 105, 106, 112, 127-131, 133, 135, 142-145, 147, 148, 158, 169, 199, 200-202, 206, 208-210, 213-217, 228-232, 240
マクノートン, J.　56, 229
マクミラン, H.　14, 27, 53
マコーン, J. A.　86
マックロイ, J. J.　90, 102-104
ミーカー, L. C.　251
メンデレヴィッチ, L. I.　236
モイヤース, B. D.　194, 211, 229, 230
モーラー, T. M.　207

や・ら・わ行

ヨーク, H. F.　90
ラスジェンス, G.　91
リー, J. M.　26
リード, B.　56
リヴキン, S. R.　91
リコーバー, H. G.　26
リリエンフィールド, G.　254
レディ, J. M.　145, 209
レムニッツァー, L. L.　207
ロシチン, A. A.　234
ロストウ, E.　241
ロストウ, W. W.　26, 50, 180, 194, 201, 202, 228-230, 240, 244
ワトソン, A. K.　90

事項索引

あ 行

アイルランド決議　33, 80, 84, 98, 99, 107, 173
アフリカ統一機構（OAU）　84
安全の保証　26, 87, 88, 102, 103, 109, 112, 114, 161-166, 168, 171, 172, 217
インテリジェンス・データ交換作業グループ　131
インド核問題　8, 159, 161, 162, 166, 168, 170-172, 230, 273
欧州原子力共同体（EURATOM）　257
欧州条項／欧州オプション　54, 60, 81, 94, 95, 145, 160, 174, 175, 202, 203, 205, 239, 240, 249, 250, 253, 254, 256
欧州パートナーシップ構想　61
欧州防衛共同体（EDC）　250
欧州連合軍最高司令官（SACEUR）　17-19, 22, 24, 52, 65, 66, 90, 147, 204, 205, 207
欧州連合軍最高司令部（SHAPE）　19, 129

か 行

核計画グループ（NPG）　4, 5, 193, 208, 210-213, 215, 218, 248, 250
核計画作業グループ（NPWG）　131, 199, 200-203, 206-213
拡大抑止の信憑性及び信頼性　13
核能力国　84
核兵器管理局（NA）　21
核兵器コントロール　19, 21, 23, 27, 35, 54, 66, 70, 81, 85, 95, 108, 138, 146, 161, 168, 174, 178, 180, 196, 205, 232, 245-247
核兵器搭載・発射可能兵器　16
核兵器の不拡散に関する条約（NPT）　1, 3-8, 33, 112-114, 136, 138-140, 146, 148, 149, 160, 161, 173-181, 227-238, 240-242, 244-246, 248-258
核防衛問題委員会（NDAC）　4, 193, 210, 212, 213, 218
火曜昼食会　61
北大西洋多角的核戦力憲章　51
北大西洋理事会（NAC）　16-20, 26, 130, 131, 174, 204, 210, 211, 249, 255, 256
北大西洋理事会核管理局（NACNA）　20, 21
キューバ危機　90
競合性の問題　3-7, 33, 270
協力プログラム（POC）　18
拒否権　21, 23, 53, 54, 60, 62, 66, 67, 81, 88, 93-95, 145-147, 174, 175, 195, 196, 205, 214, 217, 240, 251
キリスト教民主同盟（CDU）　127
ギルパトリック委員会　91, 92, 102, 104, 105, 108, 112, 157, 164, 168, 173, 229
ギルパトリック報告書　105, 106, 112-114, 157, 158, 160, 161
緊急発進待機（QRA）　232, 250
軍事支援プログラム　16
軍縮・軍備管理交渉　11, 29-31
軍備管理・軍縮庁（ACDA）　31, 32, 50, 80-89, 91-93, 95-97, 103, 112, 114, 157, 159, 160, 162, 168, 170, 173, 174, 176, 177, 180, 181, 229, 231-233, 235, 236, 243, 244, 254, 255, 270, 272
ケベック協定　14
ケロッグ＝ブリアン協定　102
原子力の平和利用　91
5ヶ国小委員会　30
国際機構問題局　165
国際原子力開発機関（IADA）　30
国防相特別委員会（SPECOM）　131, 133, 150, 193, 199, 200, 202, 203, 206, 208-212, 230-234, 239
国連安全保障理事会　166
国連軍縮委員会（UNDC）　30, 174
国連決議第1665号　3

301

国連原子力委員会（UNAEC） 30
国連総会 11
国家安全保障行動覚書（NSAM）147号 26
コミュニケーション作業グループ 131
混合運用制 53

さ 行

在欧米軍最高司令官（USCINCEUR） 18, 19
指揮・統制（C^2）システム 168
18ヶ国軍縮委員会（ENDC） 3, 32, 51, 79-81, 146, 166, 173-175, 179-181, 231, 232, 234, 235, 255-257
柔軟反応戦略 112, 128, 215
上下両院合同原子力委員会（JCAE） 228, 229
常設グループ 12
情報分析局（INR） 86
ジョンソン＝エアハルト会談 142
神学者達 126
スカイボルト 27
スプートニク・ショック 18
西欧同盟（WEU） 11
政策協議方式 133
国務省政治・軍事問題局 166, 199, 200
戦術核兵器 12, 18, 22, 23, 64, 145, 147, 207, 213-216, 218
選択的核拡散論 106
選抜委員会 128-131, 133, 135, 136, 142
戦略核兵器 145
戦略空軍司令部（SAC） 129, 207
戦略検討グループ 199, 200, 208, 209
戦力共有方式 8, 125, 134-136, 139-141, 143, 145, 147, 148, 150, 181, 193-204, 206, 208, 209, 211, 217, 231

た 行

第4番目国問題 19
大西洋核戦力（ANF） 64, 126, 248
大西洋ミサイル戦力（AMF） 58, 62, 69
大量報復戦略 12

多角的核戦力（MLF）構想 3-8, 25-29, 35, 36, 49-63, 67-70, 80-82, 85-89, 91-96, 100, 103, 107, 108, 114, 125, 126, 131, 133-135, 138, 139, 149, 174, 178, 193, 198, 202, 217, 231, 235, 237, 239, 240, 242, 243, 251, 258
打撃力（force de frappe） 99, 146
多国間制度アプローチ 5-8, 11, 29, 31, 36, 79, 86, 89, 102, 112, 114, 150, 157, 159, 160, 180, 227, 229, 258
弾道弾迎撃ミサイル（ABM） 111
中距離弾道ミサイル（IRBM） 18, 19
長官委員会 32, 82, 113, 157-160, 164-166, 174, 232
電子安全装置（PAL） 35, 112
ドイツ連邦議会 253
統合参謀本部（JCS） 17, 32, 50, 112, 114, 168, 169, 199, 232
同盟における平等性 14, 138, 216, 270
特別原子破壊兵器（ADM） 214
ドゴール主義派 127
トンプソン委員会 87-90, 159, 160, 162, 164-166

な 行

ナイキ・ミサイル防空システム 232
西ドイツ核武装問題 2-7, 11, 15, 70, 103, 216, 272, 274
2重鍵方式 18, 168, 177, 205
ニュールック戦略 12

は 行

パーシングⅠ戦術弾道ミサイル 53, 195, 205
ハイドパーク覚書 14
パストーレ決議案 227-229
パリ作業グループ（PWG） 29, 126, 127
バルーク案 30
不移譲宣言 25, 34, 173
副官委員会 87
物理的アクセス 232
部分的核実験禁止条約（LTBT） 32, 36,

96, 98-100
プログラム案　160
米原子力委員会（AEC）　31, 232
米原子力法　14, 15, 17, 18, 111, 228, 235, 238, 243, 248, 250
ボール委員会　54, 58, 61, 63
ポラリス・ミサイル　3, 26, 52, 66, 95, 239, 251
ポラリス原潜　22-24, 26-28, 55, 60, 61, 64, 66, 138, 142, 144, 149, 195, 204, 205, 251

ま・ら行

ミニットマン ICBM 部隊　64, 65, 96
ローマ会合　210
ロプノール核実験場　86
ロンドン会合　207

欧文

A-4 スカイホーク　167
ADM　214
IAEA 査察　98
MC14/2　16
MC48　12, 16
MC48/2　16
MLF/ANF 構想　70, 104, 108, 110, 114, 125-129, 131, 134, 135, 141, 142, 150, 160, 174, 176, 179, 180, 211, 212, 217, 229-234, 239, 240

MLF 事務局長　51
MLF 司令官　51
MRBM　23
NATO・MRBM 戦力　24-26
NATO 核共有制度　3-7, 11, 15, 16, 18, 19, 33, 36, 67, 126, 128, 134, 145, 174, 177, 178, 180, 211, 218, 227, 228, 230, 232, 233, 238-240, 248, 250, 252, 254, 258
NATO 核共有制度による同盟アプローチ（同盟アプローチ）　5-8, 11, 31, 36, 49, 70, 108, 114, 125, 150, 157, 181, 193, 216-218, 227
NATO 核備蓄制度　17-21, 167, 176
NATO 常駐代表大使　130
NSAM160 号　35
NSAM218 号　27
NSAM318 号　62
NSAM320 号　90
NSAM322 号　67, 68, 70, 110, 125-127, 142, 173
NSAM335 号　157, 159, 160, 173, 229
NSAM345 号　201-203, 208, 211
NSAM351 号　170, 172, 230
NSAM355 号　172
NSC162/2　12
TSR-2 爆撃機　53
V 型爆撃機　64

≪著者紹介≫

新垣　拓（あらかき・ひろむ）
　1976年　沖縄県生まれ。
　2001年　筑波大学第三学群国際総合学類卒業。
　2008年　筑波大学人文社会科学研究科国際政治経済学専攻博士課程単位取得退学。
　　　　　その後，防衛省防衛研究所研究部助手を経て，
　現　在　防衛省防衛研究所地域研究部米欧ロシア研究室主任研究官。博士（国際政治経済学）。
　著　作　「ジョンソン政権における核シェアリング政策――NATO核問題と政策協議方式案の採用」『国際政治』第163号（2011年3月）68-80頁。

Minerva Library〈政治学〉①
ジョンソン政権における核不拡散政策の変容と進展

2016年5月30日　初版第1刷発行　　　　　　　　　〈検印省略〉

定価はカバーに
表示しています

著　者　新　垣　　　拓
発行者　杉　田　啓　三
印刷者　林　　初　彦

発行所　株式会社　ミネルヴァ書房
607-8494　京都市山科区日ノ岡堤谷町1
電話代表　(075)581-5191
振替口座　01020-0-8076

©新垣　拓，2016　　　　　　　　　　太洋社・新生製本

ISBN978-4-623-07693-2
Printed in Japan

益田　実・池田　亮・青野利彦・齋藤嘉臣　編著 冷戦史を問いなおす 　　──「冷戦」と「非冷戦」の境界	A 5 判・434頁 本　体 7000円
武田　悠　著 「経済大国」日本の対米協調 　　──安保・経済・原子力をめぐる試行錯誤，1975〜1981年	A 5 判・400頁 本　体 7500円
梅本哲也　著 アメリカの世界戦略と国際秩序 　　──覇権，核兵器，RMA	A 5 判・368頁 本　体 6500円
松岡　完　著 ケネディはベトナムにどう向き合ったか 　　──JFKとゴ・ジン・ジェムの暗闘	四六判・312頁 本　体 3200円
倉科一希　著 アイゼンハワー政権と西ドイツ 　　──同盟政策としての東西軍備管理交渉	A 5 判・288頁 本　体 5000円
R. コヘイン・J. ナイ　著／滝田賢治　監訳 パワーと相互依存	A 5 判・504頁 本　体 4800円
川﨑　剛　著 社会科学としての日本外交研究 　　──理論と歴史の統合をめざして	A 5 判・372頁 本　体 6000円
石井貫太郎　著 21世紀の国際政治理論	A 5 判・224頁 本　体 3000円

── ミネルヴァ書房 ──
http://www.minervashobo.co.jp